Inhaltsseiten

vermitteln dir – unterstützt durch **Merksätze,** Tabellen, Fotos, Grafiken und Übersichten – biologisches Grundlagenwissen über wichtige Begriffe, Gesetzmäßigkeiten, Erscheinungen und Zusammenhänge.

Beobachtungen/Experimente

Diese Seiten enthalten Aufgaben praktischer Art, z. B. Beobachtungen und Experimente. Sie ermöglichen dir ein tieferes Eindringen in die biologischen Grundlagen.

Methoden

Für die Biologie charakteristische Denk- und Arbeitsmethoden zeigen dir, wie du bei bestimmten Tätigkeiten (z. B. Erklären, Beobachten, Beschreiben, Vergleichen, Experimentieren, Protokollieren, Lesen von Sachtexten) schrittweise vorgehen kannst.

Projekte

Neben Sachinformationen enthalten Projekte interessante Fragen, Beobachtungen und Experimente zu einem Thema, das du in der Gruppe bearbeiten kannst. Sie regen dich außerdem an, eigene Projektideen zu entwickeln.

Biologie

Lehrbuch für die Klassen 5/6
Brandenburg

Duden Schulbuchverlag

Berlin

Autoren
Sabine Alex
Dr. Rainer Hartelt
Dr. Edeltraud Kemnitz
Prof. Dr. sc. Manfred Kurze
Dr. habil. Christa Pews-Hocke

Helga Simon
Katrin Täger
Birgit Weidemann
Aenne Wood
Prof. Dr. habil. Erwin Zabel

Beiträge von
Dr. Susanne Brezmann

Redaktion Dr. Edeltraud Kemnitz
Reihengestaltung und Umschlag Britta Scharffenberg
Layout Simone Hoschack, Jessica Kupke, Marion Schneider
Grafik Christiane Gottschlich, Martha-Luise Gubig, Karin Mall, Christiane Mitzkus, Walther-Maria Scheid, Jule Pfeiffer-Spiekermann, Sybille Storch

www.duden-schulbuch.de

1. Auflage, 11. Druck 2013

Alle Drucke dieser Auflage können im Unterricht nebeneinander benutzt werden.

© 2005 Duden Paetec GmbH, Berlin
© 2013 Cornelsen Schulverlag GmbH, Berlin

Dieses Werk enthält Vorschläge und Anleitungen für **Untersuchungen** und **Experimente**. Vor jedem Experiment sind mögliche Gefahrenquellen zu besprechen. Die Gefahrstoffe sind durch die entsprechenden Symbole gekennzeichnet. Experimente werden nur nach Anweisung des Lehrers durchgeführt. Solche mit Gefahrstoffen dürfen nur unter Aufsicht durchgeführt werden. Beim Experimentieren sind die Richtlinien zur Sicherheit im naturwissenschaftlichen Unterricht einzuhalten.

Das Werk und seine Teile sind urheberrechtlich geschützt. Jede Nutzung in anderen als den gesetzlich zugelassenen Fällen bedarf der vorherigen schriftlichen Einwilligung des Verlages. Hinweis zu den §§ 46, 52 a UrhG: Weder das Werk noch seine Teile dürfen ohne eine solche Einwilligung eingescannt und in ein Netzwerk eingestellt oder sonst öffentlich zugänglich gemacht werden.
Dies gilt auch für Intranets von Schulen und sonstigen Bildungseinrichtungen.
Das Wort **Duden** ist für den Verlag Bibliographisches Institut GmbH als Marke geschützt.

Druck: Stürtz GmbH, Würzburg

ISBN 978-3-89818-436-6

 Inhalt gedruckt auf säurefreiem Papier aus nachhaltiger Forstwirtschaft.

Inhaltsverzeichnis

1 Biologie – was ist das? 6

Kennzeichen des Lebens 7
Lebendes oder Nichtlebendes 8
Arbeitsgebiete und Arbeitsgeräte der Biologen 9
Tiere sind Lebewesen 10
Pflanzen sind Lebewesen 12
Wirbellose Tiere und Wirbeltiere 14

2 Lebewesen ernähren sich auf verschiedene Weise 18

2.1 Ernährung des Menschen 19
Bestandteile unserer Nahrung 20
Arbeitsmethoden: Protokollieren 23
Struktur und Funktion der Verdauungsorgane 27
Regeln für eine gesunde Ernährung 32
Projekt: Gesunde Ernährung 34

2.2 Ernährung der Tiere 39
Ernährung der Säugetiere 40
Arbeitsmethoden: Lesen und Erfassen von Sachtexten 42
Ernährung der Vögel 44
Ernährung der Insekten 46

2.3 Ernährung der Pflanzen 49
Bau der Samenpflanzen 50
Aufnahme und Leitung von Wasser und Mineralstoffen 52
Arbeitsmethoden: Experimentieren 53
Ernährung und Bildung organischer Stoffe 55

3 Lebewesen atmen auf verschiedene Weise 60

3.1 Atmung des Menschen 61
Struktur und Funktion der Atmungsorgane 62
Einatmen und Ausatmen 64
Gefahren für die Atmungsorgane 67
Projekt: Untersuchungen zur Atmung und zum Training der Atmungsorgane 69

3.2 Atmung von Tieren in Abhängigkeit vom Lebensraum 73
Atmung von Fischen 74
Atmung der Lurche 78
Atmung der Vögel 79

3.3 Atmung von Pflanzen 83
Wie Pflanzen atmen 84
Ohne Pflanzen – kein Leben 8
Pflanzen brauchen eine saubere Umwelt 87

4 Lebewesen bewegen sich 88

4.1 Bewegung des Menschen 89
Das menschliche Skelett 90
Die Wirbelsäule des Menschen 92
Arbeitsmethode: Arbeit mit Modellen 94
Bau und Funktion der Knochen 96
Bau und Funktion von Gelenken 98
Bau und Funktion der Muskulatur 99
Bewegung als komplexes Zusammenspiel von Muskeln, Sehnen, Knochen und Gelenken 100
Körperhaltung und Haltungsschäden 102
Gesunderhaltung des Bewegungssystems und Maßnahmen bei Verletzungen 104
Projekt: Erforschen der Ursachen von Haltungsschäden 106

4.2 Bewegung von Tieren unter dem Aspekt der Angepasstheit an ihre Lebensräume 110
Fortbewegung von Säugetieren 111
Fortbewegung der Vögel 114
Fische bewegen sich im Wasser 120

5 Lebewesen pflanzen sich fort und entwickeln sich 124

5.1 Fortpflanzung und Entwicklung des Menschen 125
Junge oder Mädchen? 126
Bau und Funktion der männlichen Geschlechtsorgane 127
Bau und Funktionen der weiblichen Geschlechtsorgane 128
Befruchtung und Schwangerschaft 130
Entwicklung des Säuglings 131
Pubertät – Übergang vom Kind zum Erwachsenen 132
Verhütungsmethoden 133
Schutz vor sexuell übertragbaren Krankheiten 134
Sexuelle Wertorientierung 135
Sexuelle Gewalt und sexueller Missbrauch 136

5.2 Fortpflanzung und Entwicklung der Wirbeltiere 139
Fortpflanzung und Entwicklung der Säugetiere 140
Fortpflanzung und Entwicklung der Fische 142
Fortpflanzung und Entwicklung der Lurche 144
Fortpflanzung und Entwicklung der Kriechtiere 146
Fortpflanzung und Entwicklung der Vögel 147
Projekt: Fortpflanzung und Entwicklung von Mensch und Säugetier 150

5.3 Fortpflanzung und Entwicklung von Samenpflanzen 153
Von der Blüte zur Frucht 154
Bestäubung und Befruchtung 156
Bildung von Früchten und Samen 158
Entwicklung einer neuen Samenpflanze 163
Geschlechtliche und ungeschlechtliche Fortpflanzung bei Samenpflanzen 165
Projekt: Verbreitung von Samen 167

6 Lebewesen besitzen gemeinsame und unterschiedliche Merkmale 170

6.1 Merkmale von Tieren 171
Vielfalt der Tiere 172
Körpergliederung von Wirbeltieren 174
Körperbedeckung von Wirbeltieren 175
Arbeitsmethode: Vergleichen 177
Merkmale der Wirbeltierklassen 180
Verwandtschaft und systematische Kategorien 182
Arbeitsmethode: Begründen 183
Arbeitsmethode: Bestimmen von Tieren 184
Körpergliederung von wirbellosen Tieren 186
Körperbedeckung von wirbellosen Tieren 188
Bestimmen von Insektengruppen 189

6.2 Merkmale von Samenpflanzen 192
Vielfalt und Einheitlichkeit der Samenpflanzen 193
Familie der Kreuzblütengewächse 196
Familie der Schmetterlingsblütengewächse 202
Andere Familien der Samenpflanzen 206
Samenpflanzen brauchen unseren Schutz 207
Arbeitsmethode: Herbarisieren 209

7 Lebewesen bestehen aus Zellen 212

Zellen – Bausteine des Lebens 213
Aufbau des Lichtmikroskops und seine Handhabung 214
Arbeitsmethode: Mikroskopieren 215
Mikropräparate und ihre Herstellung 218
Bau von Pflanzenzellen 220
Arbeitsmethode: Anfertigen von mikroskopischen Zeichnungen 224
Bau von Tierzellen 226
Von der Zelle zum Organismus 228
Einzellige Lebewesen 230
Projekt: Wir basteln Zellmodelle 231

Register 235
Bildquellenverzeichnis 236

1

Biologie – Was ist das?

Kennzeichen des Lebens

Atmung – ein Lebensmerkmal
Wenn Taucher für längere Zeit unter Wasser die farbige Pflanzen- und Tierwelt beobachten wollen, müssen sie mit Atemgerät und Sauerstoff-Flasche ausgerüstet sein (Abb.).
Warum benötigen Taucher unter Wasser eine Taucherausrüstung?

Fortpflanzung – ein Lebensmerkmal
Im Frühjahr kann man auf den Wiesen zahlreiche leuchtend gelbe Blüten vom Löwenzahn sehen. Wenige Wochen später tragen sie Früchte mit Samen. Fallen diese Früchte auf den Boden, können sie auskeimen. Es entwickeln sich neue Pflanzen aus den Samen. *Findest du diese Art der Fortpflanzug auch bei anderen Pflanzen?*

Bewegung – ein Lebensmerkmal
An Badestränden kann man viele Menschen beobachten, die schwimmen, spazieren gehen oder Volleyball spielen (Abb.). Nicht nur Menschen bewegen sich an den Stränden. Auf dem Wasser schwimmen Schwäne, im Wasser kleine Fische und in der Luft kreisen Vögel.
Welche Bedeutung hat das Lebensmerkmal Bewegung für die Lebewesen?

Lebendes oder Nichtlebendes?

Sonnenblumen, Pferde, Hunde, Rosen, Menschen, Zimmerpflanzen und viele andere Lebewesen gehören zur **lebenden Natur**. Gegenstände, die eigentlich so ähnlich aussehen wie Tiere, Menschen und Pflanzen, z. B. Puppen, Tiere aus Kunststoff und Kunstblumen (Abb.), gehören dagegen zur **nicht lebenden Natur**. Auch Steine, Wasser, Autos und Büchsen zählen dazu.

Worin besteht der Unterschied zwischen lebender und nicht lebender Natur?
Woran erkennt man, ob ein Gegenstand lebend oder nicht lebend ist?

Obwohl Lebewesen wie Pflanzen, Tiere und Menschen so unterschiedlich aussehen, haben sie **gemeinsame Merkmale**. Und genau durch diese Merkmale unterscheiden sie sich von nicht lebenden Gegenständen.

Diese Unterscheidungsmerkmale kann man beispielsweise durch genaues Beobachten von Pflanzen und Tieren herausfinden (s. unten).

1 Künstliche Gerbera und echte Gerbera sind im Aussehen kaum zu unterscheiden.

Mäuse können sehr unterschiedlich sein

Der Biologielehrer hat einen Käfig mit Mäusen mit in den Unterricht gebracht. Vorsichtig trägt er zwei weitere Mäuse in seiner Hand.

1. Beobachte die Mäuse in ihrem Käfig!
   Beschreibe, welche Tätigkeiten sie ausführen!
2. Stelle ein Schälchen mit Körnerfutter in den Käfig!
   Beobachte, wie die Mäuse darauf reagieren!
3. Vergleiche die Mäuse im Käfig mit den Mäusen auf der Hand des Lehrers!
4. Welche Merkmale kennzeichnen die Mäuse im Käfig als Lebewesen?

Arbeitsgebiete und Arbeitsgeräte der Biologen

Mit der lebenden Natur beschäftigt sich die Biologie. Man sagt auch, sie ist die **Lehre vom Leben** (*bios* = Leben, *logos* = Lehre). Biologen untersuchen z. B. den Körperbau und die Lebensvorgänge bei den Lebewesen, bei Pilzen, Pflanzen, Tieren und dem Menschen. Deshalb gibt es auch **verschiedene Teilgebiete** der Wissenschaft Biologie.

Die **Pflanzenkunde** beschäftigt sich ganz genau mit dem Körperbau und den Lebensvorgängen der Pflanzen, z. B. bei Algen, Moos-, Farn- und Samenpflanzen.
Die **Tierkunde** untersucht dagegen den Bau und die Lebensvorgänge von Tieren, z. B. von wirbellosen Tieren und Wirbeltieren.
Den Bau, die Lebensvorgänge, die Entwicklung des menschlichen Körpers und das Verhalten erforscht die **Menschenkunde**.

Für diese Untersuchungen und Beobachtungen benötigen die Biologen spezielle **Arbeitsgeräte**.
Auch im Biologieunterricht werden Pflanzen und Pflanzenteile sowie kleine Tiere betrachtet und untersucht. Dafür benötigt man ebenfalls einige Arbeitsgeräte.

Arbeit mit der Lupe

Die **Lupe** ist ein Vergrößerungsglas. Du kannst Pflanzen und Tiere bzw. deren Teile durch sie wesentlich größer sehen als sie wirklich sind. Gebräuchlich sind Lupen, die ein 5- bis 12fach vergrößertes Bild des untersuchten Objektes zeigen.

Um die kleinen Gegenstände vergrößert sehen zu können, musst du die Lupe richtig handhaben.
Du hältst die Lupe zwischen Auge und Objekt. Das Objekt kannst du deutlich vergrößert sehen, wenn du den Abstand zwischen Auge und Objekt veränderst. Das erreichst du, indem du entweder das Objekt oder die Lupe bewegst. Benutzen kannst du eine *Standlupe, Stiellupe* oder *Einschlaglupe*.
Mithilfe der Lupe kannst du beispielsweise wesentliche Merkmale des Lebens an lebenden Käfern, Ameisen oder anderen Insekten beobachten, z. B. ihre Fortbewegung. Lebende Tiere sind wieder in ihre natürliche Umwelt auszusetzen.
Mit der Lupe kannst du auch die Körpergliederung, z. B. bei toten Käfern, Fliegen oder Honigbienen, sowie den äußeren Bau des Körpers dieser Insekten genau erkennen, z. B. die Mundwerkzeuge, die Zahl der Beine.

Die Petrischale – eine wichtige Arbeitsschale

Die **Petrischale** ist eine Glasschale, die aus einem Unterteil und einem Deckel besteht. In ihr kannst du Pflanzen und Tiere bzw. deren Teile aufbewahren und anschließend untersuchen.

Schere, Nadeln und Pinzette – wichtige Hilfsgeräte

Mit der **Schere** lassen sich Objekte zerschneiden, z. B. Laubblätter, Stängel und Blüten.
Verschiedene **Nadeln** und **Pinzetten** kannst du zum Zerlegen (z. B. Blüten) und Zergliedern von Objekten benutzen. Die Nadeln dienen zum Auseinanderschieben der zu untersuchenden Objekte. Mit der Pinzette kannst du das zu untersuchende Material zerzupfen oder auch festhalten.

Tiere sind Lebewesen

Zellen als Bausteine des Lebens

Wenn man Teile der Tiere (z. B. Haare, Haut, Mundspeichel) mithilfe des Mikroskops betrachtet, kann man viele kleine Bausteine sehen. Das sind **Zellen**. Sie sind nicht nur unterschiedlich groß, auch in Form und Farbe unterscheiden sie sich. Die Zellen eines Haares sehen anders aus als die der Haut.

Zellen (z. B. Zellen aus der Lunge, einem Knochen, Abb.), die ähnlich aussehen und gleiche Aufgaben besitzen (z. B. Atmung), werden als **Gewebe** bezeichnet.

Gewebe (z. B. Lungengewebe) mit gleicher Funktion bilden **Organe** (z. B. Lunge) und schließlich ein **Organsystem** (Atmungssystem). Das Tier als Ganzes ist der **Organismus**.
Tiere bestehen aus Zellen.

Bewegung

Viele Vögel sammeln sich im Spätsommer und machen sich auf eine lange Reise in wärmere Gebiete. Sie legen oft Tausende Kilometer zurück. Junge Fohlen springen in der Koppel umher oder laufen an der Seite der Stute (Abb.). Zauneidechsen bewegen sich kriechend vorwärts. Lachse nehmen auf dem Weg in ihre Laichgebiete sehr große Gefahren in Kauf und legen dabei auch riesige Entfernungen zurück.
Tiere bewegen sich.

Stoffwechsel

Alle Tiere nehmen ständig Wasser und Nahrung auf. Schafe fressen beispielsweise das Gras auf der Wiese. Vögel dagegen bevorzugen Würmer (Abb.), Samen und Früchte. Im Körper der Tiere werden der aufgenommenen Nahrung wichtige Nährstoffe entzogen. Diese Nährstoffe benötigen die Tiere, um leben zu können.

Die unverdaulichen Reste der Nahrung werden mit dem Kot aus dem Körper ausgeschieden.
Tiere ernähren sich.

Tiere nehmen aus der Luft Sauerstoff auf. Ohne Sauerstoff können Tiere nicht leben.
Tiere atmen.

Die Tiere nehmen also ständig Stoffe aus ihrer Umwelt auf. Diese verarbeiten sie in ihrem Körper und scheiden auch Stoffe wieder aus.
Dieses Lebensmerkmal heißt **Stoffwechsel**. Die *Vorgänge der Ernährung und Atmung* sind Teile des Stoffwechsels.

Wachstum, Fortpflanzung und Entwicklung

Nach der Geburt sind alle Tiere klein, z. B. Kälbchen, Küken oder Kätzchen.
Steht ihnen ausreichend Futter zur Verfügung, wachsen sie allmählich heran, sie werden größer und nehmen an Gewicht zu. Aus den Kleintieren entwickeln sich Jungtiere und später erwachsene Tiere (Abb.).

Die erwachsenen Tiere sind irgendwann fortpflanzungsfähig und können selbst Nachkommen zeugen.
Beispielsweise kann das erwachsene Rind nun selbst ein Kalb bekommen (Abb).
Tiere wachsen, entwickeln sich und pflanzen sich fort.

Reizbarkeit und Verhalten

Die Tiere orientieren sich mit ihren Sinnesorganen in der Umwelt. Beispielsweise können sie mit den Augen sehen und den Ohren hören. Die Informationen aus der Umwelt gelangen als Reize in die Sinnesorgane. Die aufgenommenen Reize werden verarbeitet. Auf die Reize reagieren die Tiere mit einem bestimmten Verhalten. Zwei Hähne z. B. kämpfen um die Vormachtstellung in der Hühnerschar (Abb.).
Tiere sind reizbar und zeigen ein bestimmtes Verhalten.

Aufgabe

1. Erkläre, ob und warum dein Lieblingstier zu den Lebewesen gehört!

Pflanzen sind Lebewesen

Zellen als Bausteine des Lebens

Wenn man Teile der Pflanzen mithilfe des Mikroskops betrachtet, kann man ebenfalls viele **Zellen** sehen. Sie sind nicht nur unterschiedlich groß, auch in Form und Farbe unterscheiden sie sich. Die Zellen eines Laubblattes sehen anders aus als die einer Wurzel. Zellen einer Pflanze sehen anders aus als die eines Tieres.
Zellen (z. B. Epidermiszellen, Mooszellen, Abb.), die ähnlich aussehen und gleiche Aufgaben besitzen (z. B. Schutz des Blattes), werden als **Gewebe** bezeichnet. Gewebe (z. B. Abschlussgewebe eines Laubblattes) mit gleicher Funktion bilden **Organe** (z. B. das Laubblatt). Die Pflanze als Ganzes ist der **Organismus**.
Pflanzen bestehen aus Zellen.

Stoffwechsel

Pflanzen vertrocknen, wenn lange kein Regen gefallen ist oder wenn man vergisst, sie zu gießen. Die Blätter werden gelb, und die Pflanzen verkümmern, wenn sie nicht regelmäßig gedüngt werden.
Pflanzen benötigen zum Leben also auch bestimmte Stoffe. Dazu gehören z. B. Wasser und Mineralstoffe, aber auch Licht und Kohlenstoffdioxid.
Die Aufnahme der Stoffe aus dem Boden erfolgt über die Wurzeln (z. B. Wasser, Mineralstoffe) und aus der Luft mit den Laubblättern (z. B. Kohlenstoffdioxid).
Pflanzen atmen und ernähren sich. Sie haben einen Stoffwechsel.

Bewegung

Viele Pflanzen sind Zeit ihres Lebens an einem Ort festgewachsen. Sie können nicht – wie die Tiere – von einem Ort zu einem anderen Ort laufen, schwimmen oder fliegen. Es gibt aber Bewegungen bei ihnen. Allerdings bewegen sie nur Teile ihres Körpers, z. B. die Blüte oder die Laubblätter.
Viele Pflanzen öffnen und schließen ihre Blüten beispielsweise in Abhängigkeit vom Wetter. Bei Regen oder Kälte werden oftmals die Blüten geschlossen, bei Sonnenschein und Wärme geöffnet.
Bei vielen Zimmerpflanzen kann man beobachten, dass sie ihre Laubblätter und Stängel zur Fensterseite ausrichten (Abb. unten). Sie wenden sich dem Licht zu. Dreht man eine Pflanze, so wird man feststellen, dass sich ihre Laubblätter und Stängel schon nach einigen Tagen wieder der Lichtquelle zuneigen.
Auch Pflanzen können sich bewegen.

Reizbarkeit

Obwohl Pflanzen keine Sinnesorgane wie die Tiere besitzen, können sie doch Informationen (Reize) aus ihrer Umwelt aufnehmen und auf sie reagieren.

Kennzeichen des Lebens 13

Bei dem Öffnen bzw. Schließen von Blüten wirken Regen, Kälte, Sonnenschein und Wärme als Reiz auf die Pflanze. Das Hinwenden der Stängel und Laubblätter zum Licht ist die Reaktion der Pflanze auf den Lichtreiz.

Schon auf die geringste Berührung reagiert die *Mimose* mit dem Zusammenklappen ihrer handförmig gefiederten Blätter (Abb. links).
Zuerst klappen die Fiederblättchen einzeln, dann paarweise zusammen. Bei stärkerer Berührung senken sich alle Blattstiele nach unten. Nach einiger Zeit breitet die *Mimose* ihre Blätter wieder aus (Abb. rechts). Sie nehmen ihre frühere Stellung wieder ein. Man nennt sie deshalb auch „Sinnespflanze".
Pflanzen reagieren auf Reize. Sie sind reizbar.

Wachstum, Fortpflanzung und Entwicklung

Bei ausreichender Ernährung beginnt die Jungpflanze zu wachsen. Sie wird größer, entwickelt sich zur ausgewachsenen Pflanze. Diese bildet Blüten und Früchte mit Samen aus. Fallen die Samen auf den Boden, können sie auskeimen und im nächsten Jahr neue Pflanzen bilden.
Bei ausreichend Wasser und Nährsalzen beginnen die Jungpflanzen zu wachsen. Sie werden größer, entwickeln sich und bilden wiederum Blüten und Samen aus.
Bei der *Bohnenpflanze* kann man das gut beobachten. Zuerst keimt der Bohnensamen. Es entwickelt sich eine junge Bohnenpflanze. Sie wächst und entwickelt sich zur blühenden Bohnenpflanze. Aus den Blüten entwickeln sich Früchte mit Bohnensamen (s. Abb. unten).
Die Pflanzen pflanzen sich fort, sie wachsen und entwickeln sich.

Aufgabe

1. Pflanzen sind Lebwesen. Begründe diese Aussage!

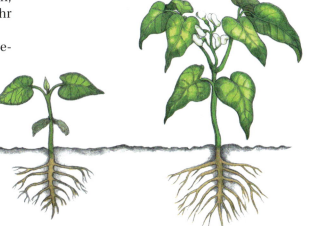

Wirbellose Tiere

Von den ca. 1,5 Millionen Tierarten, die auf der Erde vorkommen, gehören etwa zwei Drittel zu den wirbellosen Tieren.
Dazu zählen z. B. Muscheln, Quallen, Schmetterlinge, Ameisen, Schnecken ebenso wie Würmer, Flöhe, Krebse Ringelwürmer, Zecken, Asseln, Käfer und Spinnen.
Diese Tiere unterscheiden sich u. a. in Gestalt, Größe und Körperfärbung sehr. Aber auch in der Lebensweise gibt es große Unterschiede.
So sind *Bandwürmer* auf einen fremden Körper angewiesen, sie sind Parasiten.

Bienen, Termiten oder *Ameisen* leben in Tiergemeinschaften (Tierstaaten) zusammen, andere wiederum leben allein, wie die *Weinbergschnecke*.
Diese Tiere sind überall auf der Erde verbreitet, im Wasser, in der Luft, im und auf dem Boden.
Trotz aller Unterschiede und Vielfalt haben diese Tiere doch eins gemeinsam: Sie besitzen im Innern des Körpers **keine Wirbelsäule**.

 Tiere, die keine Wirbelsäule besitzen, werden als Wirbellose bezeichnet.

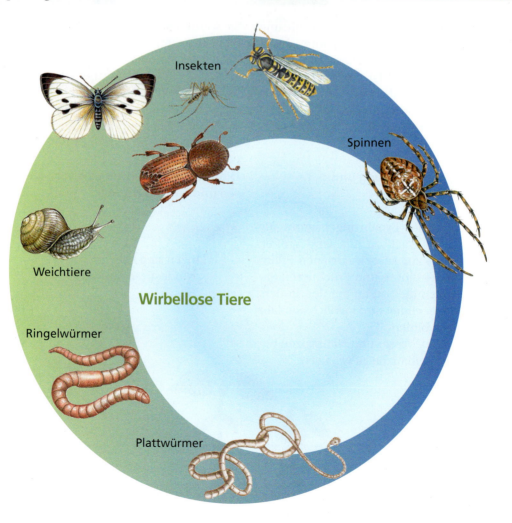

Wirbeltiere

Von den Tieren ohne Wirbelsäule unterscheiden sich Hunde, Katzen, Vögel, Fische, Frösche oder auch Schlangen erheblich. Sie sind in der Regel nicht nur größer, auch ihr Körper ist anders aufgebaut.

Man kann trotz vieler Unterschiede im äußeren Körperbau zwischen diesen Tieren auch Gemeinsamkeiten feststellen. Der **Körper ist gegliedert**, und zwar in die Abschnitte Kopf, Rumpf, Schwanz und Gliedmaßen.

Im Innern wird der Körper dieser Tiere durch ein **Knochenskelett** gestützt. Das Skelett kann man ähnlich wie den äußeren Bau in folgende Abschnitte einteilen: Schädel-, Rumpf- und Gliedmaßenskelett.

Die **Wirbelsäule** ist die Hauptstütze des Körpers. Sie besteht aus vielen beweglich miteinander verbundenen Wirbeln. Sie verläuft vom Schädel bis zum Schwanz und trägt die Rippen. Mit dem Schädel ist sie fest verwachsen. Die Rippen schützen die inneren Organe der Tiere.

Alle die abgebildeten Tiere besitzen im Innern des Körpers eine **Wirbelsäule** (s. Abb.).

> **M** Tiere, deren Körper eine Wirbelsäule durchzieht, gehören zu den Wirbeltieren. Sie besitzen im Innern ein Knochenskelett.

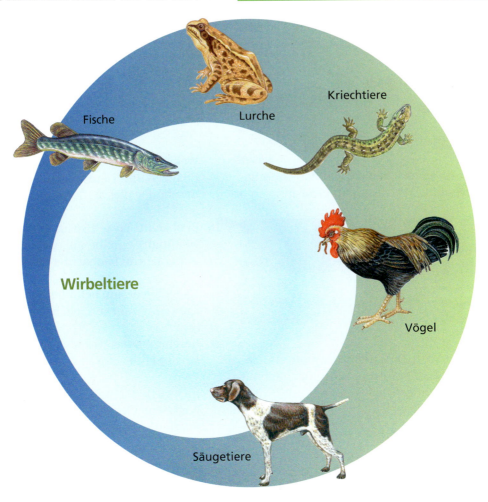

Teste dein Wissen

1. Übertrage die Tabelle in dein Heft! Ordne folgende Objekte in die Tabelle ein! Begründe deine Zuordnung!
   Linde, Reh, Habicht, Plastikbecher, Bär, Plüschhund, Stein, Regenwurm, Hund, Bergkristall, Samen, Eiszapfen

Lebende Objekte	Nicht lebende Objekte

2. Tiere reagieren u. a. auf Hitze, Kälte, Lockrufe. Beschreibe dies an Beispielen!

3. Eine Maus und eine Spielzeugmaus besitzen Gemeinsamkeiten und Unterschiede. Nenne und erläutere sie!

4. Worin unterscheiden sich Baby und Babypuppe? Fertige eine Tabelle an!

Baby   Babypuppe

5. Auf einem Unterrichtsgang an ein Gewässer kannst du ein Schwanenpaar mit seinen Jungen beobachten. Beschreibe ihr Verhalten!

6. Pflanzen reagieren u. a. auf Wärme, Kälte, Regen und Licht. Beschreibe dies an Beispielen!

7. Vergleiche die abgebildeten Pflanzen genau! Was stellst du fest? Welches Lebensmerkmal kannst du ableiten?

8. Beobachte die Sonnenblumenkörbe im Verlaufe des Tages! Was kannst du feststellen? Begründe!

9. Welche Merkmale des Lebens haben Pflanzen und Tiere gemeinsam? Beschreibe dies an Beispielen!

10. Beobachte etwa 15 Minuten lang dein Heimtier! Schreibe auf, welche Lebensmerkmale du beobachtet hast!

11. Im Biologieraum befindet sich ein Aquarium mit Guppys. Täglich werden sie gefüttert. Beschreibe das Verhalten der Zierfische bei der Fütterung!

12. In welchen Berufen wird biologisches Wissen benötigt? Begründe deine Aussagen!

13. Warum brauchst du selbst biologisches Wissen?

Das Wichtigste im Überblick
Kennzeichen des Lebens

Lebewesen, z. B. Bakterien, Pilze, Pflanzen, Tiere, zeigen auf der Erde eine **große Mannigfaltigkeit**. Jedes einzelne Lebewesen besitzt ganz eigene individuelle Merkmale; es ist **einmalig**.

Wirbeltiere und Wirbellose

Alle zu den Wirbeltieren gehörenden Tiere besitzen **eine Wirbelsäule** im Innern ihres Körpers.

Alle zu den Wirbellosen gehörenden Tiere besitzen **keine Wirbelsäule** im Innern ihres Körpers.

Gruppen von Wirbeltieren

Gruppen von Wirbellosen (Beispiele)

2 Lebewesen ernähren sich auf verschiedene Weise

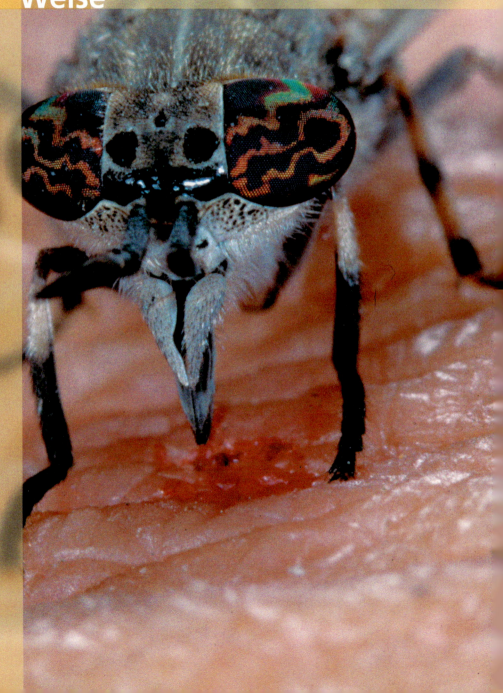

Ernährung des Menschen 19

2.1 Ernährung des Menschen

Nahrung ist lebenswichtig
Im Laufe des Lebens nimmt man den Inhalt von ungefähr 560 100-Liter-Fässer Wasser, 25 Fässer Fett, 140 Fässer Zucker und Stärke sowie 25 Fässer Eiweiß zu sich.
Woraus besteht die Nahrung?
Wozu braucht der Körper die Nahrung?
Was geschieht mit der Nahrung in unserem Körper?

Das Auge isst mit!
Am Sonntagmorgen zusammen mit der ganzen Familie am Frühstückstisch zu sitzen, tut nicht nur dem knurrenden Magen gut.
Warum sind gemeinsame Mahlzeiten im Familien- oder Freundeskreis so wichtig?

Richtig essen – was bedeutet das?
Alle Nahrungsmittel lassen sich einer der 8 Nahrungsmittelgruppen zuordnen. Wenn man täglich Nahrungsmittel aus allen 8 Gruppen isst, dann ernährt man sich richtig!
Warum ist eine abwechslungsreiche Ernährung für unseren Körper wichtig?

Bestandteile unserer Nahrung

Sicher habt ihr von euren Großeltern und Eltern auch schon Ratschläge gehört wie: „Trink mehr Milch, Kind, das ist gut für deine Knochen!", „Iss nicht nur Pommes, du brauchst auch Vitamine!", „Iss mehr Obst und Gemüse" (Abb. 2).
Obwohl das manchmal ganz schön nervt, Recht haben sie schon. Unser Körper benötigt 60 verschiedene Stoffe, um seine Lebensfunktionen aufrechtzuerhalten. Diese Stoffe sind nicht in allen Nahrungsmitteln enthalten. Einige Nahrungsmittel enthalten Stoffe, die die Energie liefern, die wir z. B. zum Aufbau neuer Stoffe, zum Laufen u. Ä. benötigen. Andere wiederum enthalten Stoffe, die zur Festigkeit der Knochen beitragen.
Da unser Körper nicht in der Lage ist, solche wichtigen Stoffe selbst herzustellen, müssen wir sie täglich mit der Nahrung aufnehmen.

Zu unserer täglichen Nahrung gehören u. a. Brot, Fleisch, Kuchen, Eis, Pommes, Obst, Gemüse, Getränke und vieles andere mehr. So unterschiedlich die einzelnen Nahrungsmittel auch sind, wenn man sie genauer untersucht, findet man oftmals die gleichen **Bestandteile** (Abb. 1).
Ein wichtiger Bestandteil unserer Nahrung sind die **Nährstoffe**. Zu ihnen gehören die *Kohlenhydrate, Fette und Eiweiße*.

2 In diesen Nahrungsmitteln sind alle Bestandteile enthalten.

In Nahrungsmitteln sind auch *Vitamine, Mineralstoffe, Ballaststoffe* und *Wasser* enthalten. Diese Nahrungsbestandteile werden als **Ergänzungsstoffe** zusammengefasst.

Jeder dieser Bestandteile ist wichtig für unseren Körper, und deshalb müssen wir diese Stoffe regelmäßig mit unserer Nahrung aufnehmen.

Aufgaben

1. Übernimm die Übersicht 1 in dein Heft! Notiere zu jedem Nahrungsbestandteil ein Nahrungsmittel, das diesen besonders reichhaltig enthält!
2. Finde heraus, welche Bestandteile in der Milch und im Apfel enthalten sind. Was stellst du fest, wenn du diese Inhaltsstoffe vergleichst?

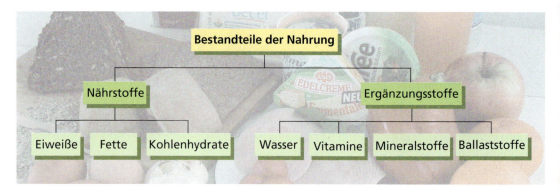

1 Bestandteile der Nahrung

Nährstoffe und ihre Bedeutung

Zu den **Kohlenhydraten** gehören verschiedene *Zucker* (Trauben-, Rohr- und Fruchtzucker) und *Stärke* (Kartoffel- und Weizenstärke). In Kartoffeln, Getreide und Obst sind sehr viel Kohlenhydrate enthalten. Diese pflanzlichen Produkte sind Grundlage für andere Nahrungsmittel, z. B. Mehl, Teigwaren, Brot.

Kohlenhydrate sind die **Energielieferanten** für unseren Körper. Sie werden in den Zellen abgebaut. Dabei wird die in den Stoffen enthaltene Energie so umgewandelt, dass sie für Lebensprozesse genutzt werden kann. Sie wird z. B. benötigt für den Aufbau körpereigener Stoffe, für Muskelarbeit, für die Arbeit der Nerven. Ein anderer Teil wird als Wärmeenergie abgegeben.

Einen Teil der Kohlenhydrate wird vom Körper als Energiereserve in der Leber und in der Muskulatur gespeichert.

Nimmt man mehr Kohlenhydrate zu sich, als der Körper verarbeiten und speichern kann, werden diese überschüssigen Stoffe in Fett umgewandelt und im Körper abgelagert und gespeichert. Das führt dann zum Übergewicht.

Eiweiße sind für den Körper ebenfalls lebenswichtig und müssen deshalb täglich mit der Nahrung aufgenommen werden.

Eiweiß kommt vor allem in Kartoffeln, Nüssen, Bohnen und Getreideprodukten vor (*pflanzliches Eiweiß*). Auch in Fleisch, Fisch, Eiern, Milch und Milchprodukten findet man Eiweiß (*tierisches Eiweiß*).

Eiweiß wird für den **Aufbau** und die **Erhaltung** von Muskeln, Organen und Blut benötigt. Für Kinder und Jugendliche ist eine ausreichende Eiweißzufuhr besonders wichtig.

Wachstum ist nämlich immer mit einer Vergrößerung des Eiweißgehaltes verbunden. Ein 12-jähriges Kind benötigt täglich ca. 1,8 g Eiweiß pro Kilogramm Körpergewicht.

Fette sind die energiereichsten Nährstoffe, die du zu dir nimmst. Sie werden wie die Kohlenhydrate hauptsächlich zur Energieversorgung unseres Körpers genutzt. Fette sind in Lebensmitteln wie Butter, Margarine, Schmalz, Speck und Öl sichtbar enthalten.

Auch in Fleisch, Wurst, Käse, Nüssen, Schokolade und Milch sind Fette vorhanden, aber in verdeckter Form.

Wenn man mehr Fett isst, als man an Energie für Bewegungen und Tätigkeiten benötigt, wird das überschüssige Fett im Körper gespeichert. Übergewicht ist die Folge.

Sehr viele Erwachsene sind übergewichtig, auch Kinder und Jugendliche. Übergewicht wiederum begünstigt viele Krankheiten, z. B. Bluthochdruck, Arterienverkalkung, die Zuckerkrankheit und Knochenveränderungen.

> **M** Kohlenhydrate (z. B. Zucker und Stärke), Eiweiß und Fette sind Nährstoffe. Diese nehmen wir mit der Nahrung auf. Die Nährstoffe dienen dem Aufbau unseres Körpers und liefern Energie zum Ausführen von Lebensprozessen.

Aufgaben

1. Erkläre, warum viele Leistungssportler vor ihren Wettkämpfen kohlenhydratreiche Nahrung zu sich nehmen, z.B. Nudeln!

2. Nenne Nahrungsmittel, die besonders viel Stärke, Zucker, Eiweiß und Fett enthalten. Fertige dazu eine Tabelle an!

Untersuche, welche Nahrungsmittel Stärke enthalten!

Materialien:
Je ein Uhrgläschen mit einer Spatelspitze Stärke, etwas Grieß, Weißbrot, gekochtem Hühnerei, Speck, Würfelzucker; Pipette, Iod-Kaliumiodid-Lösung als Nachweismittel

Durchführung:
Führe den Stärkenachweis anhand der Abbildungen (Auswahl) durch!

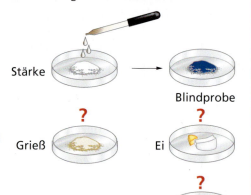

Beobachtungsaufgabe:
Bei welchen Nahrungsmitteln findet eine Farbveränderung statt?
Notiere deine Beobachtungen in einer Tabelle!

Auswertung:
1. Welche Nahrungsmittel enthalten Stärke?
2. Welche Bedeutung hat dieser Nährstoff für den Menschen?

Untersuche mithilfe der Fettfleckprobe, welche Nahrungsmittel Fett enthalten!

Materialien:
Filterpapier, Pipette, Spatel, Bleistift, Lineal;
Honig, Leberwurst, Wasser, Speiseöl, Vollmilch, Butter, Selters, Speck

Durchführung:
1. Zeichne mit dem Bleistift auf jedes Filterpapier ein Kreuz auf, so dass 4 Felder entstehen!
2. Tropfe die Nahrungsmittel auf die Teile des Filterpapiers bzw. verschmiere sie (s. Abb.)!
3. Halte das Filterpapier gegen das Licht und prüfe, ob ein Fleck zu erkennen ist!
Überprüfe nach etwa 10 Minuten!

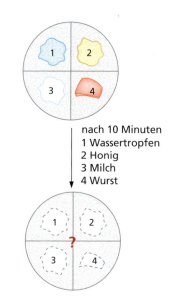

Beobachtungsaufgabe:
Bei welchen Nahrungsmitteln ist ein Fettfleck erkennbar?

Auswertung:
1. In welchen Nahrungsmitteln ist Fett enthalten?
2. Welche Bedeutung hat dieser Nährstoff für den Menschen?

ARBEITSMETHODEN 23

Wie fertige ich ein Protokoll an?

Wenn du Beobachtungen, Untersuchungen und Experimente durchführst, ist es notwendig, ein **Protokoll** anzufertigen.
In diesem Protokoll wird alles festgehalten, was für die Beobachtung, Untersuchung oder das Experiment wichtig war. Dazu gehören sowohl die Probleme bzw. Fragen, die Geräte und Materialien, vor allem aber auch die Beobachtungs- bzw. die Messergebnisse.
Falls es erforderlich ist, solltest du auch die Untersuchungs- bzw. die Experimentieranordnungen und die Bedingungen (z. B. den Zeitraum des Experiments) notieren. Deine Mitschüler sollen das Experiment nämlich nachvollziehen können. Wenn sie dann zu den gleichen Ergebnissen wie du kommen, ist das Ergebnis deines Experimentes wirklich glaubhaft.
Bei der Anfertigung des Protokolls gehe nach dieser **Schrittfolge** vor.

1. Schritt

Name des Protokollanten/Klasse/Datum

Name: Elena Zauberhaft   Klasse: 5b
Datum: 05.10.2004

2. Schritt

Formulieren der Frage/Aufgabe

Hier wird die Aufgabenstellung oder das Problem, das zu lösen ist, aufgeschrieben.

Beispiel: Untersuche, in welchen der folgenden Nahrungsmitteln Stärke enthalten ist!

3. Schritt

Vorbereiten und Planen des Experiments

Notieren der verwendeten Geräte, Materialien und Chemikalien. Darstellen eines Planes, wie das Experiment ablaufen soll, oder eine Versuchsskizze.

Geräte und Materialien:
6 Petrischalen, 1 Spatel, Iod-Kaliumiodid-Lösung; u. a. Grieß, Weißbrot, Speck.
Experimentierplan oder Versuchsskizze:
Siehe S. 22

Blindprobe: Reine Kartoffelstärke wird mit Iod-Kaliumiodid-Lösung beträufelt. Es entsteht eine blauviolettschwarze Färbung.

4. Schritt

Durchführen des Experiments und Protokollieren der Beobachtungen

Alles, was man beobachtet, aufschreiben.
Beobachtungsaufgabe: Bei welchen Nahrungsmitteln erfolgt eine Farbveränderung?
Beobachtungsergebnisse:

Nahrungs-mittel	Grieß	Weiß-brot	Speck	…
Farbverän-derung	X	X		…

5. Schritt

Auswerten des Experiments/ Beantworten der Fragestellungen

Alle Daten werden jetzt herangezogen, um die Fragestellung zu beantworten. Dabei ist es oft notwendig, aus Messdaten Diagramme anzufertigen, bzw. Berechnungen durchzuführen.
Stärke ist enthalten in Grieß, Weißbrot, …

Ergänzungsstoffe und ihre Bedeutung

Vitamine müssen täglich mit der Nahrung aufgenommen werden, da unser Körper sie nicht selbst bilden kann. Sie wirken schon in kleinsten Mengen und regeln den Ablauf aller lebenswichtigen Vorgänge im Körper.

Über 20 Vitamine sind heute bekannt. Sie werden mit Großbuchstaben bezeichnet, beispielsweise mit A, B, C, D. Einige Vitamine sind wasserlöslich, beispielsweise Vitamin B und C. Die Vitamine A und D dagegen sind fettlöslich. Für die Zubereitung der Nahrung ist das wichtig.

2 Früchte enthalten viel Vitamin C.

Jedes Vitamin erfüllt im Körper ganz bestimmte Aufgaben (siehe Tabelle). Fehlen Vitamine, kann es zu Krankheiten oder Störungen im Ablauf von Körperfunktionen kommen.
Vitamine sind empfindlich gegen Umwelteinflüsse. Sie werden durch Licht und Wärme leicht zerstört.

Aufgaben

1. Welche Möglichkeiten gibt es, um zu verhindern, dass Vitamine in Nahrungsmitteln zerstört werden?
2. Möhrensalat sollte immer mit ein paar Tropfen Öl angerichtet werden. Begründe deine Antwort!

Vitamine	wichtig für …	z. B. enthalten in …	Mangel führt zu
Vitamin A	Sehen, Wachstum und Erneuerung der Haut	Leber, Butter, Margarine, Eigelb, Innereien; als Vorstufe „Carotin" in Möhren, Spinat	Wachstumsstörungen, Nachtblindheit, Verhornungserscheinungen
Vitamin B_1	Zuckerabbau im Körper, Funktionieren des Nervensystems	Vollkornbrot, Haferflocken, Naturreis, Kartoffeln, Schweinefleisch, weißen Bohnen, Linsen	Nervenerkrankungen, Lähmungen, Abmagerung, Appetitlosigkeit
Vitamin B_2	Sehen, Haut und Vorgänge im Körper (z. B. Atmung)	Milch, Käse, Eiern, Kartoffeln, Getreideprodukten, Gemüse, Obst, Fleisch, Nieren, Leber, Leberwurst	Hautstörungen, Haarausfall, Bindehautentzündung
Vitamin C	Knochen, Zähne, Blut, Stärkung der Abwehr von Krankheitserregern	Obst, vor allem Zitrusfrüchten und Beerenobst, Kartoffeln, Kopfkohl, Paprikaschoten, Petersilie, rohem Sauerkraut	Gelenk- und Knochenschmerzen, Zahnfleischbluten, Zahnausfall
Vitamin D	Knochen und Zähne	Butter, Margarine, Milch, Käse, Fisch, Leber, Pilzen, Eigelb	Zahnschäden, Knochenverformungen (Rachitis)

Nachweis von Vitamin C

Materialien:
4 Becher, Spatel, Pipette, Zitronenpresse, schwarzer Tee, Vitamin C-Pulver, Zitrone, Orange oder Apfel, Sauerkrautsaft

Durchführung:
- Fülle in die Becher jeweils gleich viel schwarzen Tee.
- Mache zunächst die Blindprobe, indem du eine Spatelspitze reines Vitamin C in einen Becher gibst und umrührst.
- Notiere die Farbveränderung! Gib jeweils gleich viel Zitronensaft, Orangensaft und Sauerkrautsaft in die anderen Becher mit schwarzem Tee.
- Mache zu jedem Versuch einen Kontrollversuch mit reinem Wasser. Beobachte!
  Der Nachweis kann auch mit Vitamin-C-Teststäbchen durchgeführt werden!

Beobachtungsaufgabe:
In welchem Becher fand nach Zugabe des Saftes eine Farbveränderung statt? Notiere die Beobachtungsergebnisse in einer Tabelle!

Auswertung:
1. Bei der Blindprobe wurde Vitamin C durch eine Farbveränderung des Tees nachgewiesen. Benenne die Farbveränderung!
2. In welchen Nahrungsmitteln konnte Vitamin C nachgewiesen werden?
3. Die berühmten Seefahrer COLUMBUS und JAMES COOK nahmen auf ihren monatelangen Reisen, Sauerkraut in Fässern mit.
   Warum machten sie das wohl?

Auch **Mineralstoffe** müssen mit der Nahrung regelmäßig aufgenommen werden. Der Körper benötigt sie in unterschiedlichen Mengen. Fehlen sie, kommt es zu Krankheiten.

Von Calcium, Phosphor, Kalium, Natrium und Magnesium benötigen wir mehr als 1g/Tag. Sie werden deshalb **Mengenelemente** genannt.
Calcium und *Phosphor* sind Hauptbestandteile der Knochen und Zähne. Calcium kommt vor allem in Milch, Milchprodukten vor, Phosphor in Gemüse.

Kalium und *Natrium* regulieren den Wasserhaushalt des Körpers und werden bei lebensnotwendigen Vorgängen in den Nerven gebraucht. Sie sind in Obst, Gemüse, Milch- und Vollkornprodukten enthalten.
Magnesium reguliert den Rhythmus des Herzens und wird für die Tätigkeit unserer Muskeln und Nerven benötigt. Es ist in Milch- und Vollkornprodukten enthalten.

Andere Mineralstoffe, wie Eisen, Iod und Fluor, werden nur in geringen Mengen benötigt. Man bezeichnet sie deshalb als **Spurenelemente**. Trotzdem sind sie lebensnotwendig.
Eisen ist im roten Blutfarbstoff enthalten, der den Sauerstoff transportiert.
Iod wird für den richtigen Ablauf von Wachstum und Entwicklung benötigt und *Fluor* kräftigt den Zahnschmelz.
Sie sind in Seefisch, schwarzem Tee enthalten. Jodsalz und Fluortabletten sollen Mangelerscheinungen vorbeugen.

Aufgabe

1. Erstelle eine Tabelle zu den Mineralstoffen und ihrer Bedeutung!
   Nutze dazu zusätzlich das Internet, Lexika und Lebensmittelverpackungen!

Lebewesen ernähren sich auf verschiedene Weise

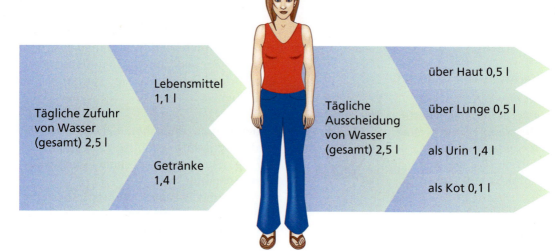

1 Tägliche Zufuhr und Ausscheidung von Wasser

Wasser ist lebensnotwendig. Ohne feste Nahrung kann ein Mensch länger überleben als ohne Wasser. Über die Hälfte der Körpermasse des Menschen besteht aus Wasser. In Wasser werden im Körper z. B. Nährstoffe, Ergänzungsstoffe und viele andere Stoffe gelöst und transportiert.

Der Körper gibt am Tag ca. 2,5 l Wasser durch Schwitzen, Atmen und den Urin ab. Folglich muss dem Körper ebenso viel Wasser zugeführt werden, z. B. durch die Aufnahme von Nahrungsmitteln und Getränken (Abb. 1). Obst und Gemüse sind wasserhaltige Nahrungsmittel. Wer viel Obst und Gemüse isst, kann etwas weniger trinken.

Ballaststoffe sind weder überflüssig noch wertlos, obwohl das Wort so klingt. Sie sind die Bestandteile unserer Nahrung, die der menschliche Körper nicht verwerten kann und deshalb wieder ausscheidet.
Dazu gehören die vor allem in Pflanzen vorkommenden Holz- und Cellulosefasern. Sie sind für uns unverdaulich, sorgen aber für ausreichende Füllung des Darmes. Sie fördern damit die Darmbewegungen und beugen so der Stuhlverstopfung und Darmträgheit vor.
Ballaststoffe regen zum guten Kauen und damit zum langsamen Essen an.
Nahrungsmittel haben einen unterschiedlichen Gehalt an Ballaststoffen (s. Tab.).

> **M** Ergänzungsstoffe sind wichtige Bestandteile unserer Nahrung. Zu den Ergänzungsstoffen gehören Vitamine, Mineralstoffe, Wasser und Ballaststoffe.

Gesamtballaststoffgehalt in g pro 100 g Nahrungsmittel (Auswahl)			
Wassermelone	0,2	Cornflakes	4,0
Weißreis, gekocht	0,5	Heidelbeeren	4,9
Gurke	0,9	Haferflocken	9,5
Tomaten	1,3	Mandeln	9,8
Butterkeks	1,4	Roggenknäckebrot	14,1
Bienenstich	1,7	Haferspeisekleie	18,6
Birne	2,8	Weizenspeisekleie	49,3

Struktur und Funktion der Verdauungsorgane

Verdauung – Umwandlung der Nährstoffe

Kohlenhydrate, Fette und Eiweiße sind in Wasser nicht oder nur schwer löslich. Das Transportmittel für Nährstoffe im Körper ist aber eine wässrige Lösung, nämlich das Blut. Damit die Nährstoffe in alle Organe und Zellen gelangen können, müssen sie in wasserlösliche Bausteine zerlegt werden. Diese Zerlegung findet schrittweise statt. Diesen Vorgang nennt man **Verdauung**.

Gesteuert wird die Verdauung von verschiedenen **Wirkstoffen** (Enzyme). Diese Stoffe sind in den **Verdauungssäften** wie Mundspeichel, Magensaft, Bauchspeichel und Dünndarmsaft enthalten. Sie spalten die Verbindungsstellen zwischen den Nährstoffbausteinen auf (Abb. S. 29) und wirken am besten bei Körpertemperatur.

Für die Verdauung der **Fette** ist außerdem noch Gallensaft wichtig, der die großen Fetttropfen in viele kleine zerteilt.

Stärke ist ein Kohlenhydrat. Durch die Wirkstoffe im Mundspeichel, Magensaft, Bauchspeichel und Dünndarmsaft wird die Stärke in ihre kleinen Bestandteile – in Traubenzucker – zerlegt. Traubenzucker ist im Wasser löslich.
Nach der Spaltung sind die Bausteine also wasserlöslich, können vom Blut aufgenommen und weitertransportiert werden.

Wusstest du schon,...

dass pro Tag insgesamt 6 Liter Verdauungssäfte produziert werden?
Davon sind 2 Liter Mundspeichel. Im Laufe eines Menschenlebens sind das rund 50000 Liter Mundspeichel. Damit könnte man 100 Badewannen füllen.

Nachweis der Löslichkeit von Stärke und Traubenzucker in Wasser

Material: 2 Reagenzgläser, Wasserflasche, Spatel, Stärke, Traubenzucker

Durchführung: Gib eine Spatelspitze Stärke und eine Spatelspitze Traubenzucker in je ein Reagenzglas. Gib nun 5 ml Wasser hinzu und schüttle kräftig!

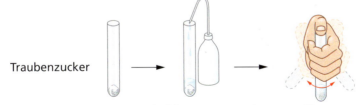

Beobachtungsaufgabe:
1. Treten Veränderungen in beiden Reagenzgläsern auf?
2. Notiere deine Beobachtungsergebnisse!

Auswertung:
1. Vergleiche die Löslichkeit von Stärke und Traubenzucker in Wasser!
2. Erkläre, warum Stärke nicht im Blut transportiert werden kann!

Der Weg der Nahrung im Körper

Die aufgenommene Nahrung durchwandert in unserem Körper mehrere Organe, die **Verdauungsorgane**. Jedes Verdauungsorgan erfüllt dabei eine ganz bestimmte Funktion und ist durch seine Struktur dafür bestens gerüstet.
Mit der Abb. 1 kannst du den Weg der Nahrung verfolgen.

1 In der **Mundhöhle** wird die Nahrung durch die **Zähne** zerkleinert. Die Zunge bewegt die Nahrungsbrocken dabei hin und her.

2 **Speicheldrüsen** sondern Mundspeichel ab, dadurch werden die Nahrungsbrocken aufgeweicht und gleitfähig gemacht. Im Speichel ist außerdem ein Wirkstoff enthalten, der Kohlenhydrate (Stärke) in wasserlösliche kleine Bausteine zerlegt.

3 Der Speisebrei wird durch die Zunge in den Rachenraum und durch Schluckbewegungen in die **Speiseröhre** gedrückt. Die Speiseröhre ist ein muskulöser 25 cm langer Schlauch, durch den der Nahrungsbrei mithilfe wellenförmiger Muskelbewegungen (Peristaltik) in den Magen transportiert wird.

4 Die Innenwand des **Magens** ist stark gefaltet (ca. 35 Millionen Vertiefungen) und von vielen Drüsen durchsetzt. Diese sondern den *Magensaft* ab. Magensaft enthält Eiweiß verdauende Wirkstoffe, Salzsäure und Magenschleim.
Jeder der drei Bestandteile hat eine Funktion. Der Magenschleim schützt die Magenwand vor der Selbstverdauung. Die Salzsäure tötet Krankheitserreger ab, beendet die Kohlenhydratverdauung und säuert den Nahrungsbrei an. Dadurch können die Eiweiß abbauenden Wirkstoffe besser wirken.
Die kräftigen Muskeln der Magenwand ziehen sich regelmäßig zusammen. Dadurch wird der Nahrungsbrei durchmischt und in den Zwölffingerdarm gedrückt.

5 Der Speisebrei wird in kleineren Portionen zum **Zwölffingerdarm** weitergeleitet. Der Zwölffingerdarm ist der erste Abschnitt des Dünndarms.

6/7 Die **Leber** (6) produziert täglich 0,5 Liter Gallensaft, der in der **Gallenblase** (7) gesammelt wird. Gallensaft ist in der Lage, Fett in kleinste Fetttröpfchen zu verteilen. Die Fett abbauenden Wirkstoffe können dadurch besser wirken.

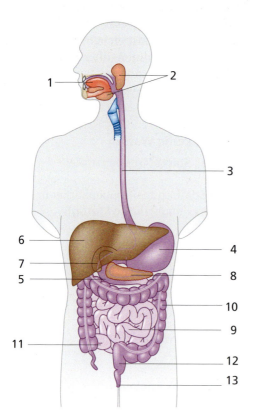

1 Weg der Nahrung im Körper

Ernährung des Menschen 29

8 Diese Stoffe werden in der **Bauchspeicheldrüse** gebildet. Der Bauchspeichel (täglich 1,5 Liter) enthält Wirkstoffe für den Abbau von Fetten, Kohlenhydraten und Eiweißen.

9 Drüsen im **Dünndarm** sondern den Darmsaft ab. Im Dünndarm werden alle Nährstoffe weiter verdaut, d. h. in ihre kleinsten wasserlöslichen Bestandteile, die Grundbausteine, zerlegt. Danach treten diese durch die Darmwand in das Blut über. Auf dem gleichen Weg gelangen Mineralstoffe und Vitamine ins Blut.

10 Im **Dickdarm** wird dem nährstoffarmen, dünnflüssigen Nahrungsbrei das Wasser entzogen (ca. 5 Liter pro Tag). Er wird eingedickt.

11 Im **Blinddarm** werden unverdauliche Pflanzenfasern von Bakterien zersetzt.

12 Die unverdaulichen Reste werden im **Mastdarm** gesammelt und als Kot abgegeben.

13 Der Schließmuskel des **Afters** reguliert die Entleerung des Darmes.

M In Mundhöhle, Magen und Dünndarm werden die wasserunlöslichen Nährstoffe durch Wirkstoffe der verschiedenen Verdauungssäfte in wasserlösliche Grundbausteine zerlegt. Dieser Vorgang findet schrittweise statt und heißt Verdauung.

Aufgaben

1. Verdauungssäfte steuern die Verdauung. Benenne die Verdauungssäfte, ihren Wirkungsort und welche Nährstoffe sie zerlegen! Fertige dazu eine Tabelle an!
2. Welche Nahrungsbestandteile dürfen sich im Kot eines gesunden Menschen nicht nachweisen lassen?

1 Symbole für Nährstoffbestandteile

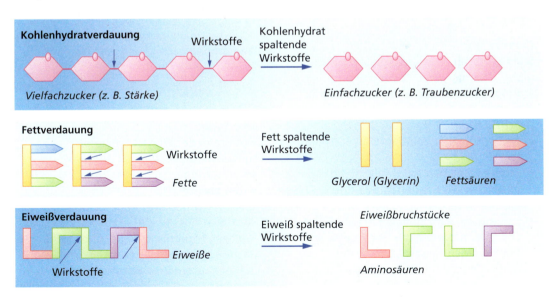

2 Zerlegung der Kohlenhydrate, Fette und Eiweiße in ihre Bestandteile

Untersuche die Peristaltik der Speiseröhre!

Materialien:
Becher mit Flüssigkeit, Strohhalm

Durchführung:
a) Stelle dich auf den Kopf! Zur Unterstützung lege die Beine an eine Wand.
b) Trinke nun mithilfe des Strohhalms aus dem Becher!
c) Beschreibe, was du beim Schlucken spürst!

Auswertung:
a) Zeichne die peristaltische Bewegung der Speiseröhre in dein Heft!
b) Erkläre, warum man entgegen der Schwerkraft trinken und essen kann!

Untersuche die Wirkung von Mundspeichel auf Stärke!

Materialien:
Stärke, Wasser, 4 Reagenzgläser, 2 Bechergläser, Thermometer, Teststäbchen für Traubenzucker, Iod-Kaliumiodid-Lösung

Durchführung:
a) Gib in 3 Reagenzgläser 10 ml Stärkelösung!
b) Tropfe 2 Tropfen Iod-Kaliumiodid-Lösung in das Reagenzglas 1 und 3! Die Lösungen färben sich blauviolett.
c) Sammle ca. 5 ml Speichel in einem Becherglas und gib mit einer Pipette je ca. 2ml davon in Reagenzglas 1 und 2!
d) In das Reagenzglas Nr. 3 gib ca. 2 ml Wasser (Kontrollversuch)!

Inhalt	RG 1	RG 2	RG 3
10 ml Stärkelösung	x	x	x
2 Tropfen Iod-Kaliumiodid-Lösung	x		x
2 ml Speichel	x	x	
2 ml Wasser			x

e) Stelle alle Reagenzgläser in ein Becherglas mit 37 °C warmem Wasser (Körpertemperatur!), schüttle ab und an und kontrolliere die Blaufärbung!
f) Führe mit Teststäbchen den Traubenzuckernachweis in allen Reagenzgläsern nach 20 min durch!
g) Notiere deine Beobachtungen in einem Protokoll. Nutze folgende Tabelle!

Beobachtung	RG 1	RG 2	RG 3
Blaufärbung bei Versuchsbeginn			
Blaufärbung nach 10 min			
Blaufärbung nach 20 min			
Zuckernachweis			

Auswertung:
a) Notiere in der letzten Spalte die Versuchsergebnisse, die sich aus den Farbveränderungen in Reagenzglas 1-3 ableiten lassen!
b) Warum wurden die Reagenzgläser in ein 37 °C warmes Wasserbad gestellt?
c) Welches Ergebnis ist bei einem Stärkenachweis mit 5-mal gekautem und 30-mal gekautem Brot zu erwarten? Plane dazu ein Experiment!

Resorption und Stoffumwandlung

Nach der Verdauung liegen die Grundbausteine der Nährstoffe jetzt in wasserlöslicher Form im Dünndarm vor. Sie müssen jetzt noch in alle Teile des Körpers transportiert werden. Denn ein Organismus kann nur dann wachsen und am Leben bleiben, wenn alle seine Zellen ständig mit Nährstoffen versorgt werden. Dafür sind das Blut und die Lymphe, eine weitere Körperflüssigkeit, zuständig.

Zuvor müssen die Grundbausteine aber vom Dünndarm in das Blut gelangen.

Damit möglichst viele Grundbausteine ins Blut gelangen, ist der etwa 2–3 m lange Dünndarm bestens ausgestattet. Er ist nicht nur ein langer Schlauch, sondern im Innern ist die Darmschleimhaut gefaltet. Jede Falte besteht aus einer großen Anzahl von kleinen Falten, den **Darmzotten**. Eine Darmzotte ist ca. 1 mm lang. Insgesamt hat der Mensch rund 5 Mio. Darmzotten (Abb. 1). Dadurch wird die Kontaktfläche zum Nahrungsbrei um das 25fache vergrößert.

Jede Darmzotte hat wiederum viele winzige Ausstülpungen, die die Kontaktfläche noch zusätzlich vergrößern. Insgesamt ist die für die Stoffaufnahme zur Verfügung stehende Oberfläche des Dünndarms eines Erwachsenen 200–300 m^2 groß; das entspricht 1,5 Tennisplätzen.

Durch die peristaltischen Bewegungen der Darmmuskulatur und die Bewegungen der einzelnen Darmzotten wird die Darmschleimhaut vom Nahrungsbrei umspült.

Jede Darmzotte enthält feine Blutgefäße und ein Lymphgefäß. Die Grundbausteine der Nährstoffe gelangen über die Zottenwand in die Blut- und Lymphgefäße. Diesen Vorgang nennt man **Resorption**.

Über das Blut und die Lymphe werden sie in alle Körperzellen transportiert. In den Körperzellen werden aus den Grundbausteinen körpereigene Stoffe wie Kohlenhydrate, Eiweiße und Fette gebildet. Durch diese **Stoffumwandlung** werden aus den körperfremden Grundbausteinen der Nährstoffe körpereigene Stoffe gebildet (Abb. 2).

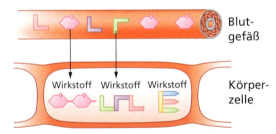

2 Aufbau körpereigener Stoffe

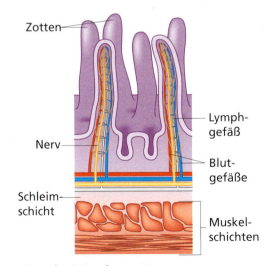

1 Bau der Dünndarmzotte

> **M** Als Resorption bezeichnet man die Aufnahme wasserlöslicher Grundbausteine über die Darmschleimhaut ins Blut.
> Die körperfremden Nährstoffe werden in den Körperzellen zu körpereigenen Stoffen umgewandelt.

Aufgabe

1. Beschreibe das Prinzip der Oberflächenvergrößerung beim Dünndarm! Wozu wird diese große Oberfläche benötigt?

Regeln für eine gesunde Ernährung

Grundlage von Gesundheit und Wohlbefinden ist eine vielseitige und vollwertige Ernährung. „Vollwertig" bedeutet, dass die Nahrung alle lebensnotwendigen Nährstoffe und Ergänzungsstoffe in der richtigen Menge enthält. Diese Bedingung erfüllt kein einzelnes Nahrungsmittel allein. Jedes Nahrungsmittel enthält immer nur einen Teil aller benötigten Nähr- und Ergänzungsstoffe.

Im „**Nahrungsmittelkreis**" sind die Nahrungsmittel in 8 Gruppen (Abb. 1) eingeordnet. Man ernährt sich „gesund" (vollwertig), wenn täglich aus allen Gruppen Nahrungsmittel aufgenommen werden. Im täglichen Speiseplan sollten immer unterschiedliche Anteile aus diesen Gruppen enthalten sein. Einseitige Ernährung schadet auf Dauer unserem Körper, da bestimmte Stoffe im Übermaß aufgenommen werden, andere lebensnotwendige Stoffe aber fehlen.

Aufgrund der Bedeutung der einzelnen Nährstoffe und Ergänzungsstoffe kann man einige **Grundregeln für eine gesunde Ernährung** (s. Tab.) ableiten. Natürlich darf man auch Lieblingsspeisen haben.

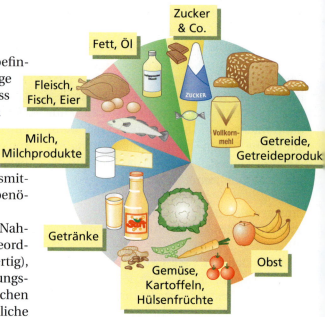

1 Im Nahrungsmittelkreis entspricht die Größe der Kreisausschnitte dem benötigten Anteil der jeweiligen Nahrungsmittelgruppe.

Grundregeln für eine gesunde Ernährung (Beispiele)

1. Stelle deinen Speiseplan vielfältig zusammen und achte dabei auf eine abwechslungsreiche und vollwertige Kost.
2. Verzehre weniger Fett und fettreiche Nahrungsmittel, denn zu viel Fett macht fett.
3. Bevorzuge Kräuter und Gewürze, vermeide zu viel Salz.
4. Iss reichlich Vollkornprodukte, Gemüse, Kartoffeln und Obst, denn sie liefern Nährstoffe, Vitamine, Mineral- und Ballaststoffe.
5. Vermeide zu viel Zucker und Süßigkeiten, denn zu viel Zucker wird vom Körper in Fett umgewandelt und gespeichert.
6. Achte auf eine schonende Zubereitung der Nahrung, damit Nährstoffe, Vitamine und Mineralstoffe nicht durch zu langes Kochen, Wiederaufwärmen und durch die Verwendung von zu viel Wasser beim Garen zerstört werden.
7. Iss anstelle der üblichen drei Hauptmahlzeiten lieber fünf kleinere Mahlzeiten.
8. Nimm dir Zeit für deine Mahlzeiten, iss in Ruhe und ohne Hektik.

Sich *gesund zu ernähren* ist also viel mehr. Damit der Körper ständig die notwendige Energie zur Verfügung hat, sollte man auch zur richtigen Zeit essen. Die Energiereserven sind nach dem Schlaf größtenteils aufgebraucht und müssen durch ein ausreichendes Frühstück ersetzt werden.
Wer morgens absolut nichts essen mag, der sollte dann wenigstens warme Milch oder Kakao trinken und gleich in der ersten Pause eine Kleinigkeit essen. Nur so kann man in der Schule leistungsfähig sein!

Zwischen den drei Hauptmahlzeiten sollte man am Vormittag und Nachmittag jeweils eine Zwischenmahlzeit einschieben. Diese beugen Leistungsabfall und frühzeitiger Ermüdung vor.

Aufgaben

1. Erläutere die Notwendigkeit eines ausgewogenen Frühstücks!
2. Recherchiere, welche gesundheitlichen Auswirkungen falsche Ernährungsweisen für den Körper haben könnten! Erstelle ein Poster zum Thema „Falsche Ernährung und ihr Folgen"!

Ess-Störungen

Es gibt viele Menschen, die Ess-Störungen haben. Ess-Störungen sind krankhaft.
Zu den Ess-Störungen gehören u. a. Magersucht, Ess-Brech-Sucht und Fettsucht.

Magersucht: Das wichtigste Merkmal dieser Ess-Störung ist die extreme Gewichtsabnahme. Die betroffenen Mädchen und Jungen erreichen dass, indem sie ganz kontrolliert und eingeschränkt essen.
Körperliche Folgeschäden der Magersucht sind u. a. das Absinken des Stoffwechsels, des Pulses, des Blutdrucks sowie der Körpertemperatur. Dies führt zur Müdigkeit, zum ständigen Frieren und zur Verstopfung.
Magersucht kann man nicht mit Medikamenten heilen. Dazu sind ärztliche Hilfe und eine langjährige therapeutische Behandlung notwendig.

Bulimie (Ess-Brech-Sucht): Hauptmerkmal dieser Ess-Störung sind die sich wiederholenden „Fressanfälle". Danach versuchen die Erkrankten z. B. durch selbst herbeigeführtes Erbrechen oder durch Abführmittel eine Gewichtszunahme zu verhindern.
Körperliche Schäden sind die Folgen. Dazu gehören z. B. Schwellungen der Speicheldrüsen, Zerstörung der Schleimhäute von Speiseröhre und Magen.

Fettsucht: Äußeres Merkmal dieser Ess-Störung ist das Übergewicht. Ursache dafür ist das regelmäßige Zuvielessen, aber auch Diätkuren, die anschließend zu Essanfällen führen.
Ess-Süchtige essen nicht, weil sie Hunger haben. Sie essen z. B. aus Trauer, Wut, Langeweile, Einsamkeit, Ärger oder auch Überforderung. Sie essen also, um emotionale Bedürfnisse zu befriedigen. Das Essen ist für die Betroffenen der einzige Trost und die einzige Freude.
Die *körperlichen Folgen* des Übergewichtes verursachen u. a. Bluthochdruck und eine Überbelastung des Herzens. Die Überbelastung des Skeletts kann Gelenkleiden und Wirbelsäulenschäden zur Folge haben.

Alle Ess-Störungen kann man nur mithilfe eines Arztes oder einer therapeutischen Behandlung heilen. Hilfe findet man auch in Selbsthilfegruppen.

Hinweise für die Projektarbeit

Bei der Bearbeitung eines Themas in Form eines Projektes geht es darum, dass ihr ein Thema weitgehend selbstständig bearbeitet. Konkret heißt das:
- Ideen zum Thema zu entwickeln,
- Aufgaben zu stellen, die in Gruppen möglichst selbstständig bearbeitet werden können;
- das Thema von unterschiedlichen Seiten zu betrachten.

Damit das Projekt auch ein Erfolg wird, geht man am besten schrittweise vor!

1. Arbeitsschritt: Ideenmarkt
Alles was zum Thema passt, wird „auf den Tisch gepackt". Aus der Fülle der Ideen werden die bearbeitbaren Themenbereiche ausgewählt und der jeweiligen Gruppe zugeteilt.

2. Arbeitsschritt: Arbeitsplan
Jede Gruppe stellt für sich einen Arbeitsplan auf. Dieser Arbeitsplan sollte folgende Punkte unbedingt enthalten:
- Welche Fragen sollen in der Gruppe zum ausgewählten Themenbereich beantwortet werden?
- Welche Materialien/Medien sollen genutzt werden?
- Welche Methoden sollen bei der Informationsbeschaffung angewendet werden?
- Welche Experimente möchte die Gruppe durchführen?
- Wer ist für welchen Bereich bzw. für welche Frage zuständig?
- Welcher zeitliche Rahmen steht zur Verfügung?
- Wie sollen die Ergebnisse dargestellt werden?

3. Arbeitsschritt: Arbeit am Projekt
Wenn Fragen bei der Arbeit auftreten, kann man sich an den Lehrer wenden.

4. Arbeitsschritt: Ergebnispräsentation vor den Mitschülern
Hierbei muss man beachten, dass sich die Mitschüler mit anderen Fragestellungen beschäftigt haben. Deshalb muss die Darstellung in kurzer und logischer Form erfolgen. Nur so können die anderen Mitschüler die Versuche und Ergebnisse verstehen und die gewonnenen Erkenntnisse nachvollziehen.

5. Arbeitsschritt: Ergebnispräsentation im Schulhaus
Zum Abschluss des Projekts kann z. B. eine Wandzeitung angefertigt werden. Die anderen Schüler können dann sehen, womit sich die Klasse beschäftigt und zu welchen Ergebnissen sie gekommen ist.

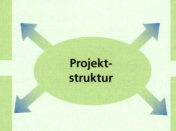

Projektidee:
Gesunde Ernährung

Projektplan:
Analysieren des Frühstücks, Zubereiten von Mahlzeiten, Erfragen von Essgewohnheiten

Projektstruktur

Projektdurchführung:
z. B. Schüler interviewen, beim Essen beobachten, gemeinsam kochen

Projektpräsentation:
z. B. Mahlzeiten vorstellen, Anfertigen von Anschauungstafeln, Vorträge

Gesunde Ernährung

Der Mensch muss wie jedes andere Lebewesen auch ständig Nahrung aufnehmen, um seine Lebensprozesse aufrechterhalten zu können.

Aber für den Menschen ist Essen nicht nur eine biologische Notwendigkeit. Jeder hat sicher schon mal erlebt, dass Angst vor einer Arbeit oder das Zeigen einer schlechten Note ganz schön „auf den Magen schlagen" oder auch zum „Frustessen" verleiten kann. Andererseits sagt man „Liebe geht durch den Magen". Mit Freunden gemeinsam ein Essen zuzubereiten macht Spaß und es schmeckt auch besser, als wenn man ganz allein vor sich hin „mampft".

1. **Organisieren einer gemeinsamen kalten Zwischenmahlzeit im Klassenzimmer**

Durchführung:
- 3–5 Mädchen und Jungen bilden eine Tischgemeinschaft
- Trefft eine Absprache, welche Salate mit Obst oder Gemüse nach Rezept oder kreativ zubereitet werden und wer was mitbringt (z. B. Apfel, Tomate, Gurke, Dressing, Knäckebrot, Quark, Gewürze, Salatbesteck, Schüssel, Schälmesser, Schneidebrett, Küchenwaage usw.)
- Jeder bringt außerdem zwei Probierschälchen und Löffel zur vergleichenden Verkostung mit.
- Obst und Gemüse werden frisch geschält bzw. geschnitten und gemixt.
- Eine Jury, bestehend aus zwei bis drei Schülern, könnte mit geschlossenen Augen Salate verkosten und Anerkennungen für besonders gut zubereitete und schmackhafte Angebote vergeben.

Fast Food

Wörtlich übersetzt bedeutet „Fast Food" „schnelles Essen". In den letzten Jahren hat „Fast Food" viele Freunde gefunden. Neben den bekannten Hamburgern, Pommes, Dönern und Bratwürsten gibt es auch belegte Brötchen, Suppen, diverse Salate.

Fast Food sind also alle Speisen, die sich für ein Essen auf die Schnelle eignen. Damit ist auch ein Apfel, ein Pausenbrot oder die Buttermilch gemeint.

Fast Food ist nicht generell ungesund oder gesund. Hier entscheidet die Zusammensetzung, ob eine Fast Food-Mahlzeit ausgewogen ist. Generell sollte sie fettarm sein oder neben den fettreichen auch fettarme Zutaten ausreichend enthalten, z. B. Gemüse, Obst, Brot, Nudeln, Reis usw.

2. **Fast-Food-Check – esse ich korrekt?**

Auf dem Mittagstisch stehen ein Hamburger und eine Cola. Beurteilt diese Fast Food Mahlzeit mit dem Ernährungskreis.
- Ordnet die Zutaten deines Hamburgers und der Cola jeweils einer Lebensmittelgruppe des Ernährungskreises zu!
- Welche Lebensmittelgruppen sind nicht oder nur in geringem Maße in dem Mittagessen vertreten?
- Bewertet das Fast-Food-Essen!
- Überlegt, durch welche Nahrungsmittel das Mittagessen zu einem vollwertigem Fast Food aufgepeppt werden kann!
- Organisiert ein vollwertiges Fast Food Frühstück. Lasst es euch schmecken! Macht ein Foto davon!

3. Ein amerikanisches Frühstück – ist das gesund?

Jerry liebt amerikanisches Frühstück! „So bin ich fit für den Tag und außerdem lange satt!"
Jeden Morgen isst er:
– 2 gesalzene Spiegeleier auf einer Scheibe Toast,
– 6 Scheiben gebratenen Speck,
– 5 kleine gebratene Würstchen,
– 2 Eierkuchen mit viel Sirup, gebraten in Öl oder Margarine,
– ein Glas Milch.

• Ordnet die Nahrungsmittel den Nahrungsmittelgruppen zu!
  Welche Nahrungsmittelgruppen sind nicht vertreten?

• Lest die Grundregeln für eine gesunde Ernährung und beantwortet die obige Frage: Ein amerikanisches Frühstück – ist das gesund? Begründet eure Antwort!

• Ihr seid Ernährungswissenschaftler! Sollte Jerry auf sein geliebtes Frühstück künftig verzichten? Welche Ratschläge gebt ihr ihm? Begründet!

4. Die Fundgrube für eine gesunde Ernährung

Die Ernährungsgewohnheiten von früher und heute zeigen große Veränderungen. Um 1900 war es für viele Menschen wichtig:
– regelmäßig zu festen Zeiten zu essen;
– sparsam mit Lebensmitteln umzugehen;
– saisonabhängig die Speisen auszuwählen;
– nur an Festtagen reichhaltige und schmackhafte Gerichte zu verzehren;

– dem Fleisch einen besonderen Wert beizumessen.
Heute besteht das Problem eher darin, das Richtige aus einer riesigen Angebotspalette auszusuchen. Dieses Schlaraffenland entstand durch den internationalen Warenhandel, Treibhausprodukte, gestiegene Produktivität in der Land-, Forst- und Fischereiwirtschaft, gentechnisch veränderte Nutzpflanzen und industrielle Verarbeitung einschließlich der Haltbarmachung.
Hinzu kommt, dass mittlerweile die Herkunft, Verpackung, Verarbeitung und Werbung mehr Einfluss auf unser Kaufverhalten als die Qualität des Inhalts nehmen.

• Legt euch zum Thema Ernährung eine kleine Broschüren- und Zeitschriftensammlung mit einem Verzeichnis, einem Register und einem Glossar wichtiger Fachbegriffe an.

• Stellt Regeln für eine gesunde Ernährung auf. Versucht dabei, auch ausländische Sitten und Gebräuche mit zu berücksichtigen!

5. Besuch einer Ausstellung zum Thema Ernährung

Viele Anregungen zur gesunden Ernährung erhält man u. a. auch beim Besuch von Ausstellungen, die sich mit diesem Thema beschäftigen. Eine solche Ausstellung ist z.B. die Dauerausstellung „Gen-Welten Ernährung" im Freilandlabor Kaniswall bei Berlin.
– *Zielstellung:* Vor dem Besuch dieser Ausstellung solltet ihr euch genau überlegen, was ihr dort herausfinden könnt.
  Beispiel: Welche Rolle hat die Pflanzenzüchtung bei der Nahrungsmittelbereitstellung?
– *Terminvereinbarung:* Unter der Rufnummer 03362-821376 könnt ihr einen Termin mit den Verantwortlichen vereinbaren.

Teste dein Wissen

1. Weshalb darfst du weder weniger noch mehr Nahrung zu dir nehmen, als dein Körper benötigt?

2. Begründe, in welchem Lebensalter der Eiweißanteil in der Nahrung besonders hoch sein muss!

3. Weshalb sollte man zu vielen Speisen Rohkostsalate reichen?

4. Stelle einen Speiseplan für einen Tag zusammen! Verwende dazu den Nahrungsmittelkreis auf Seite 32! Begründe deine Nahrungsmittelauswahl!

5. Begründe folgende Regel: „Gut gekaut ist halb verdaut"!

6. Stelle mit deinen Mitschülern in einem Rollenspiel dar, wie das Frühstücken vor Schulbeginn im Elternhaus verläuft!

7. Schreibe 14 Tage lang auf, was du zum Frühstück isst! Werte deine Ergebnisse in Bezug auf eine gesunde Ernährung!

8. a) Rohes Gemüse ist gesünder als gekochtes Gemüse. Begründe diese Aussage!
   b) Erläutere diesen Sachverhalt an Beispielen!

9. Christine hat als Schulfrühstück eine Roggenbrotschnitte mit Butter und Käse sowie einen Apfel mit in die Schule bekommen. Zur Pause lässt sie ihr Frühstück in der Tasche. Statt dessen kauft sie sich ein großes Stück Torte und isst nach der Schule ein Eis. Handelt Christine richtig? Begründe deine Meinung!

10. a) Eine Ursache für die Frühjahrsmüdigkeit ist Vitaminmangel. Besonders im Frühjahr tritt diese Art von Müdigkeit auf. Begründe diese Aussage!
    b) Wie könnte man der Frühjahrsmüdigkeit vorbeugen?

11. Überprüfe, ob Fruchtsaft, Honig, Mondamin, weiße Bohnen und Mineralwasser Stärke enthalten!
    Gehe dabei entsprechend der Experimentieranordnung auf Seite 22 vor!

12. Überprüfe, ob Weißbrot, Würfelzucker, Blutwurst, gekochtes Hühnerei, Schweinefleisch und Margarine Fett enthalten!
    Gehe dabei entsprechend der Experimentieranordnung auf Seite 22 vor!

13. Erläutere folgende Aussage: „Wir essen Schweinefleisch, bestehen aber nicht aus Schweinefleisch!"

14. Beschreibe den Weg der Nahrung durch deinen Körper! Nenne die Aufgaben der einzelnen Verdauungsorgane!

15. Recherchiere, welche gesundheitlichen Folgen Alkohol für den Körper haben kann! Erstelle ein Poster zum Thema: „Die schädigende Wirkung von Alkohol"!

Das Wichtigste im Überblick

Bestandteile der Nahrung

Der Mensch ernährt sich sowohl von tierischer als auch pflanzlicher Nahrung. Die Nahrung enthält **Nährstoffe** und **Ergänzungsstoffe**. Diese Stoffe dienen dem Aufbau unseres Körpers. Die Nährstoffe, die der Mensch aufnimmt, sind körperfremde Stoffe. Daraus werden im Körper körpereigene Stoffe aufgebaut. Ein großer Teil der körpereigenen Stoffe liefert die Energie zum Ausführen aller Lebensprozesse (Atmung, Bewegung, Körpertemperatur).

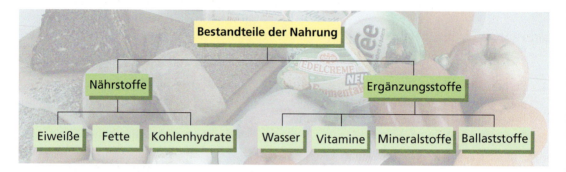

Gesunde Ernährung

Jedes Nahrungsmittel enthält nur einen Teil der Nähr- und Ergänzungsstoffe. Für eine **vollwertige, gesunde Ernährung** benötigt man eine abwechslungsreiche Kost, die alle Nahrungsmittelgruppen in einem ausgewogenen Verhältnis enthält.

Struktur und Funktion der Verdauungsorgane

Damit aus den körperfremden Stoffen körpereigene Stoffe aufgebaut werden können, müssen diese in ihre wasserlöslichen Grundbausteine zerlegt werden.
In den Verdauungsorganen werden die Nährstoffe mithilfe von Wirkstoffen schrittweise in ihre kleinsten wasserlöslichen Bestandteile zerlegt und von Blut und Lymphe aufgenommen (Resorption). Diesen Vorgang nennt man **Verdauung**.

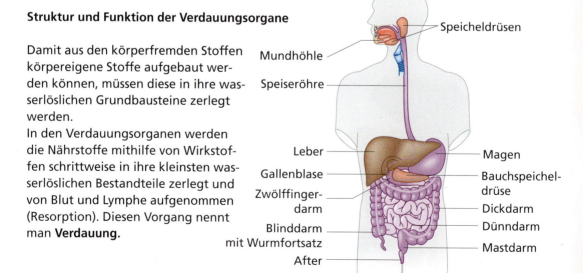

2.2 Ernährung der Tiere

Ernährung der Insekten
So klein die Insekten auch sind, so wählerisch sind sie bei ihrer Nahrungsaufnahme. Es gibt eine große Anzahl von ihnen, die nur auf eine bestimmte Nahrung spezialisiert sind und eher verhungern, als eine andere Kost aufzunehmen.
Wovon ernähren sich Insekten?
Gibt es einen Zusammenhang zwischen dem Bau der Mundwerkzeuge und der Art der Nahrungsaufnahme?

Ernährung der Vögel
Vögel ernähren sich sehr vielfältig. Neben pflanzlicher Nahrung, wie Sonnenblumenkerne, nehmen sie auch tierische Nahrung mit dem Schnabel auf. Einige Vögel nutzen ihren Schnabel wie ein Werkzeug.
Wie ist die Schnabelform an die unterschiedliche Nahrung angepasst?

Ernährung der Säugetiere
Über 4000 verschiedene Säugetierarten sind bekannt. So unterschiedlich die Säugetiere sind, so verschieden ist auch ihre Nahrung und die Art, wie sie sie aufnehmen.
Wie werden die Säugetiere nach der Art ihrer Nahrungsaufnahme eingeteilt? Warum frisst eine Kuh keine Maus? Welcher Zusammenhang besteht zwischen Darmlänge der Säugetiere und der Art ihrer Ernährung?

Ernährung der Säugetiere

Säugetiere nehmen die unterschiedlichste Nahrung auf.
Rehe, Hausrinder und *Hausmäuse* ernähren sich vorwiegend von pflanzlicher Nahrung, beispielsweise von Gräsern oder Körnern.
Katzen, Hunde und *Füchse* gehen auf die Jagd nach Mäusen oder Vögeln. Sie bevorzugen tierische Nahrung.
Schweine sind nicht so wählerisch, sie fressen pflanzliche und tierische Nahrung.
Entsprechend der Art der aufgenommenen Nahrung werden Säugetiere deshalb in **Pflanzenfresser, Fleischfresser** und **Allesfresser** eingeteilt.

Betrachtet man den Kopf und besonders das **Gebiss** eines Säugetieres, kann man daran schon erkennen, welche Nahrung dieses Tier bevorzugt.

Unter den **Fleischfressern** gibt es Tiere, die große Tiere reißen (Raubtiere) und fressen, aber auch Tiere, die sich mit Insekten begnügen (Insektenfresser). Auch das kann man sofort am Gebiss erkennen.

Das *Raubtiergebiss* hat meißelförmige Schneidezähne, dolchartige, etwas gebogene Eckzähne, mit denen die Beute erfasst, festgehalten und getötet wird.
Die scharfen Backenzähne zerschneiden und zerquetschen das Fleisch und zerbrechen die Knochen. Der größte Backenzahn ist der Reißzahn zum Zerreißen der Nahrung. Solch ein Gebiss haben z.B. *Hund, Fuchs, Marder, Wolf, Luchs*.

Im *Gebiss der Insektenfresser* sind alle Zähne spitz und scharf. *Igel, Maulwurf* und *Spitzmaus* besitzen ein solches Gebiss, denn sie ernähren sich von Insekten und deren Larven, von Würmern und Schnecken.

Auch bei den **Pflanzenfressern** gibt es Unterschiede in der Nahrungsaufnahme.
Einige Tiere zernagen die Pflanzenteile (Nagetiere), andere wiederum zermahlen sie (Wiederkäuer). Auch das kann man am Gebiss erkennen.

Im *Nagergebiss* befinden sich im Ober- und Unterkiefer 2 ständig nachwachsende lange, gebogene, meißelförmige Schneidezähne.

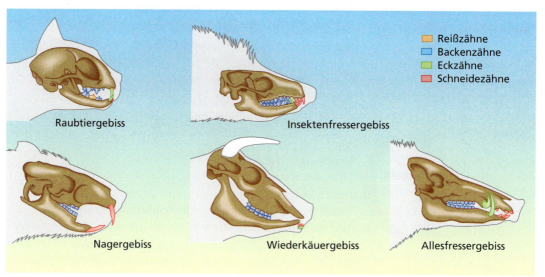

1 Verschiedene Gebisstypen bei Säugetieren

Mit diesen zernagen die Tiere ihre Nahrung (z. B. Nüsse). Im Gebiss fehlen die Eckzähne. Solch ein Gebiss haben z.B. *Eichhörnchen, Hamster, Hausmaus* und die *Ratten*.
Im *Wiederkäuergebiss* sind im Unterkiefer stumpfe Schneidezähne vorhanden. Mit den breiten Backenzähnen wird die derbe pflanzliche Nahrung zermahlen. Solch ein Gebiss haben u. a. *Hausrind, Reh, Hausschaf* und *Hausziege*.

Im *Gebiss der* **Allesfresser** sind spitze Eckzähne zum Erfassen und scharfe Schneidezähne zum Abschneiden der Nahrung vorhanden. Die Backenzähne dieser Tiere sind breit und flach wie die der Pflanzenfresser. Sie zermahlen die Nahrung.
Solch ein Gebiss besitzen z.B. *Schweine, Bären, Affen* und der *Mensch*. Sie sind demnach Allesfresser.

> Das Gebiss der Säugetiere enthält Schneide-, Eck- und Backenzähne und ist an die Art der Nahrung angepasst.
> Es gibt Pflanzen-, Fleisch- und Allesfressergebisse.

Mit dem **Gebiss** wird die Nahrung in der **Mundhöhle** zerkleinert. Durch die Abgabe von Speichel entsteht ein schluckfähiger Nahrungsbrei. Dieser rutscht über die **Speiseröhre** in den **Magen**. Dort vermischt sich die Nahrung mit Verdauungssäften. Aus dem Magen gelangt die Nahrung in den **Darm**. Im Darm werden dem Nahrungsbrei die nun wasserlöslichen Nährstoffbausteine entzogen. Diese Stoffe gelangen in das Blut und mit dem Blut in alle Teile des Körpers. In den Zellen werden körpereigene Stoffe aufgebaut, die das Säugetier z. B. für das Wachstum und das Ausführen von Bewegungen benötigt.
Aus dem Rest des Nahrungsbreis entsteht der Kot, der über den **After** aus dem Körper abgegeben wird (Abb. 1).

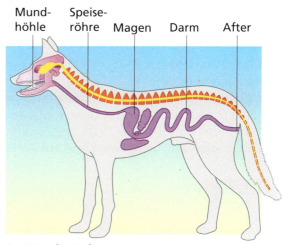

1 Weg der Nahrung

Pflanzliche Nahrung enthält weniger Nährstoffe, aber mehr Ballaststoffe. Zur Sättigung benötigen Pflanzenfresser große Nahrungsmengen. Um diese Mengen vollständig verdauen zu können, haben Pflanzenfresser (z. B. Pferd, Kaninchen) einen wesentlich längeren Darm im Verhältnis zur Körperlänge als die Fleischfresser.

Das *Kaninchen*, ein Pflanzenfresser, ist etwa 0,5 m lang, sein Darm ist etwa 5,6 m lang. Das Verhältnis Körperlänge zur Darmlänge beträgt demnach ca. 1:10.
Der *Fuchs*, ein Fleischfresser, ist etwa 1,7 m lang, sein Darm ist etwa 5,2 m lang. Das Verhältnis Körperlänge zur Darmlänge beträgt demnach ca. 1: 3.

> Die Nahrung enthält Nährstoffe, die die Säugetiere für die Aufrechterhaltung ihrer Lebensfunktionen benötigen.

Wusstest du schon,...

dass die Länge des Darms beim Pferd 30 m, beim Rind 50 m, beim Wolf 5,8 m und beim Hund 5 m beträgt?

Wie lese ich biologische Texte, wie erfasse ich ihre wesentlichen Inhalte und wie lerne ich dabei?

Oftmals kommt es vor, dass du dir aus Texten Informationen entnehmen musst, z. B. wenn du ein interessantes Buch liest, im Deutschunterricht Lesetexte oder im Geschichtsunterricht Texte über wichtige Ereignisse aus längst vergangenen Zeiten durcharbeitest. Auch im Biologieunterricht wird das Lesen und Auswerten biologischer Fachtexte verlangt.
Damit du den Inhalt der Texte besser verstehst und auch längere Zeit im Gedächtnis behältst, solltest du **beim Lesen und Auswerten eines Textes schrittweise vorgehen**.

1. Schritt

Erfassen der Leseaufgabe

Erarbeite mithilfe des Textes die wesentlichen Merkmale der Rinder!

Lies die Aufgabe genau durch! Hast du die Aufgabe richtig verstanden? Wenn du nicht sicher bist, frage noch einmal nach!

2. Schritt

Erfassen des Hauptinhalts des Lesetextes

Lies den Text zunächst im Ganzen!
Kennzeichne alle Wörter, die du nicht kennst, mit einem Fragezeichen! (**?**)

Hinweis: Gehört das Lehrbuch nicht dir, arbeite mit einer Kopie!

Unsere Hausrinder sind wichtige Nutztiere

Auf Wiesen und Weiden sieht man Rinder grasen. Auffällig sind ihr **massiger Körper** und ihre **stämmigen Beine**. Jeder Fuß endet in zwei kräftigen Zehen, sie sind Zehenspitzengänger. Die Spitzen der Zehen sind von einer dicken Hornschicht, den Hufen, umgeben. Sie schützen die Zehen. Mit den Hufen treten die Rinder auf den Boden auf. Sie gehören zu den **Huftieren**. Da die Hufe paarig (zweifach) vorhanden sind, bezeichnet man die Rinder als *Paarhufer*.

Die Rinder sind **Pflanzenfresser**. Mit ihrem guten Geruchs- und Geschmackssinn können sie fressbare von ungenießbaren Pflanzen unterscheiden. Mit der langen, rauen Zunge umfassen sie die Grasbüschel, rupfen sie ab und schlucken das Gras fast unzerkaut hinunter.
Das Gras enthält wenig Nährstoffe und ist auch schwer verdaulich. Jedes Rind frisst deshalb täglich 50 bis 80 kg Grünfutter.

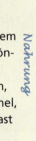

ARBEITSMETHODEN 43

Die Rinder haben einen großen **Magen**. Er besteht aus 4 Teilen: *Pansen, Netzmagen, Blättermagen, Labmagen*. Über die Speiseröhre gelangt die Nahrung in den Pansen. Nach ca. 2 Stunden Einweichzeit gelangt die Nahrung über den Netzmagen wiederum zurück in das Maul. Nun wird sie durch die Backenzähne gründlich zerkaut, durch die Speiseröhre in den Blättermagen, von dort in den Labmagen und anschließend in den Darm transportiert. Da die Rinder die Nahrung ein zweites Mal aus dem Magen in das Maul befördern und dort zerkauen, werden sie als **Wiederkäuer** bezeichnet.

Bau des Magens und Ernährung

In Deutschland werden die Rinder als **Milch-** und **Fleischlieferanten** genutzt. *Milchrinder* erreichen eine besonders hohe Milchleistung, zwischen 8 000 und 10 000 Liter im Jahr. Die Kuhmilch ist für uns ein wichtiges Nahrungsmittel. Sie enthält Eiweiß, Fett, Zucker, Vitamine und Mineralstoffe.
Die *Fleischrinder* zeichnen sich durch einen schnellen Fleischzuwachs sowie durch besonders mageres und zartes Fleisch aus.

Nutzen für den Menschen

3. Schritt

Gründliches Durcharbeiten des Textes

Lies den Text jetzt gründlich durch!
Wörter, die dir wichtig erscheinen, kennzeichne mit einem Marker!
Kläre die unbekannten Wörter mithilfe des Registers im Lehrbuch oder eines Lexikons!

4. Schritt

Erkennen einer inhaltlichen Gliederung

Versuche für jeden Abschnitt des Textes eine inhaltliche Überschrift zu formulieren!
Schreibe diese Überschrift an den Rand des Abschnittes oder auf einen Zettel!
Schau dir die Abbildung zum Text an! Gibt es Beziehungen zwischen Text und Abbildung?

5. Schritt

Zusammenfassen des Wesentlichen

Versuche wichtige Inhalte des Textes in einer Zusammenfassung zu formulieren!
Vergleiche deine Zusammenfassung mit der Leseaufgabe! Hast du alles berücksichtigt?
Präge dir die wichtigsten Inhalte ein!
Beispiel: Hausrinder haben einen stämmigen Körper. Sie gehören zu den Zehenspitzengängern und den Paarhufern. Sie sind Pflanzenfresser und Wiederkäuer. Der Mensch nutzt vor allem Milch und Fleisch.

Dieses schrittweise und planvolle Vorgehen beim Lesen und Auswerten von Texten erscheint anfangs schwierig und zeitaufwändig. Wenn du diese Schrittfolge bei weiteren Leseaufgaben anwendest, wirst du feststellen, dass du die wesentlichen Inhalte eines Lesetextes besser verstehst und länger im Gedächtnis behältst.

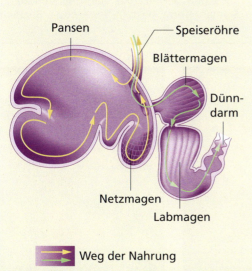

Ernährung der Vögel

Die Nahrungssuche der Vögel ist – wie die Nahrung selbst – sehr unterschiedlich.
Die *Meisen* hüpfen von Ast zu Ast und suchen an Zweigen und Blättern nach Insekten und deren Larven. *Grünlinge* fressen harte Samen und füttern ihre Jungen mit Insekten (Abb. 2). *Schwalben* fangen Fliegen und Mücken während des Fluges.
Enten und *Gänse* durchseihen kopfüber im Wasser schwimmend den Bodengrund der Gewässer und erbeuten so kleine Krebschen, Wasserschnecken, Fischchen oder Insektenlarven. Man sagt, sie gründeln.
Mit ihren bekrallten Zehen ergreift die *Schleiereule* Mäuse (Abb. 1). Der kräftige gebogene Schnabel ermöglicht ihr das Zerkleinern der Beute. Sie reißt sie in Stücke und verschlingt diese.
Buchfink, *Sperling*, *Kernbeißer* und *Stieglitz* (Abb. 3) hingegen ernähren sich u. a. von Sämereien, Blättchen und jungen Trieben.

Vögel nutzen ihren **Schnabel** wie ein Werkzeug zum Zerkleinern, Öffnen oder Festhalten der Nahrung. Durch die unterschiedliche Nahrung und die Art und Weise der Nahrungsaufnahme haben verschiedene Vogelarten unterschiedliche Schnabelformen (s. Tab. S. 45). Die Form des Schnabels gibt also Auskunft über die Art der Nahrung. Untersucht man einen **Vogelschnabel**, dann stellt man fest, dass Zähne fehlen. Vögel können daher ihre Nahrung auch nicht zerkauen. Die Zerkleinerung der Nahrung übernimmt ein **Muskelmagen.** Oft findet man im Magen der Vögel kleine Steinchen, die den Vorgang unterstützen.

Vögel, die Samen fressen, sind **Körnerfresser.** Die Samen werden im Kropf vorher aufgeweicht. Deshalb haben zum Beispiel Tauben und Hühner nach dem Fressen einen dicken Hals. Die Nahrung wird von den Vögeln schnell verdaut, und die Reste werden ausgeschieden. Zusätzliche Masse erschwert dadurch nicht das Fliegen.

Die Vögel ernähren sich von unterschiedlicher Nahrung. Danach kann man sie – wie die Säugetiere – in **Pflanzen-, Fleisch-** und **Allesfresser** einteilen.
Die Schnäbel von Allesfressern, z. B. *Kohlmeise* und *Krähen*, sind nicht an eine bestimmte Nahrung angepasst.

 Zwischen der Art der Nahrung und der Schnabelform besteht eine enge Beziehung.

1 Schleiereule – Fleischfresser

2 Grünling – Allesfresser

3 Stieglitz – Pflanzenfresser

Ernährung der Tiere

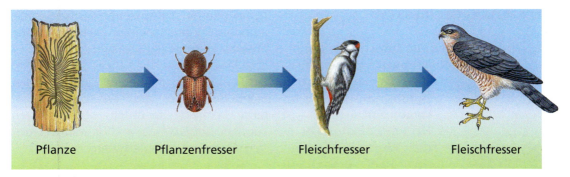

| Pflanze | Pflanzenfresser | Fleischfresser | Fleischfresser |

1 Vögel sind Glieder einer Nahrungskette.

Vögel ernähren sich immer von anderen Lebewesen. Das können entweder Pflanzen oder Tiere sein. Ein *Sperling* beispielsweise sucht am Boden nach Samen. Er selbst kann Beute für den *Habicht* sein.

Solch einfache Nahrungsbeziehung zwischen Pflanze oder Teilen einer Pflanze, Pflanzenfresser und Fleischfresser wird von Biologen als **Nahrungskette** (Abb. 1) bezeichnet.
Pflanzen sind Anfangsglieder von Nahrungsketten. Als nächste Glieder folgen dann die *Pflanzenfresser* und die *Fleischfresser*.

Dabei werden oftmals die ersten Fleischfresser wieder als Nahrung verzehrt. Beispielsweise frisst der *Borkenkäfer* Gänge in die Rinde von Fichten. Er wird vom *Specht* gefressen. Dieser wiederum ist Beute für den *Habicht* (Abb. 1).

 Vögel sind wichtige Glieder von Nahrungsketten.

Aufgabe

1. Vermute, was passieren wird, wenn ein Teil der Nahrungskette ausstirbt!

Vögel	Specht	Buchfink	Ente	Weißstorch	Bussard
Schnabelformen	lang und spitz, kräftig	kurz und spitz, kräftig	breit, vorne rund, mit kräftigen Hornleisten	lang und spitz	Oberschnabel hakig gebogen
Nahrung und Ernährungsweise	Hacken von Löchern in den Baum, Herausholen z. B. der Insektenlarven	Zerbeißen harter Fruchtschalen, Ernährung von Samen	„Ergründen" der Nahrung aus Wasser und Schlamm mit Hornleisten, z. B. Pflanzenteile, Insektenlarven	Ergreifen der Beute, z. B. Frösche, in feuchten Gebieten	Herausreißen von Fleischstücken aus Beutetieren, z. B. Mäusen

2 Schnabelformen von Vogelarten und deren Ernährungsweise

Ernährung der Insekten

Es gibt mehr Arten von Insekten als Tierarten von allen Tiergruppen zusammengefasst. Bereits 700 000 Insektenarten sind bestimmt, und jedes Jahr kommen neue hinzu.

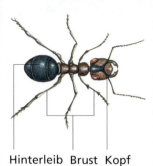

Hinterleib Brust Kopf

Der Insektenkörper ist in drei Abschnitte gegliedert: **Kopf**, **Brust** und **Hinterleib**.
Am Kopf befinden sich die wichtigsten Sinnesorgane (Fühler, Augen), mit denen sich Insekten im Raum orientieren können, und die **Mundgliedmaßen** (Mundwerkzeuge).
So vielfältig der Artenreichtum der Insekten ist, so vielfältig sind auch die Arten der Nahrungsaufnahme.
Insekten ernähren sich von lebenden Pflanzen (Laubblätter, Nektar und Pollen, Pflanzensäfte), abgestorbenen Pflanzen- und Tierresten, Blut von Tieren oder des Menschen, Lebensmittelvorräten, Rohstoffen (Holz, Mehl) und Kleidung des Menschen oder sind gefährliche Beutegreifer.

Je nach Art der Nahrung und der Nahrungsaufnahme unterscheiden sich auch die **Mundwerkzeuge** der Insekten.

Ein *Grashüpfer* oder eine *Ameise* z. B. haben einen **Beißkiefer** (Abb. 1d), mit dem sie harte Pflanzenteile durch- und zerkauen können. *Tausendfüßer* und *Gottesanbeterinnen* verspeisen so andere Tiere.

Bei *Stechmücken* und *Blattläusen* sind die Mundgliedmaßen zu **Stechrüsseln** (Abb. 1c) abgewandelt. Damit können sie durch die Haut von Mensch und Tier oder in Pflanzenmaterial stechen um Blut oder Pflanzensäfte zu saugen.

Schmetterlinge und *Honigbienen* fliegen zu den Pflanzen, setzen sich auf deren Blüten und lecken den Nektar heraus. Sie besitzen einen **Saug-** bzw. **Leckrüssel** (Abb. 1a und b). Aus dem Bau der Mundgliedmaßen lässt sich also ableiten, wie sich das Insekt ernährt.

 Die Mundwerkzeuge der Insekten sind an die Nahrung und Art und Weise der Nahrungsaufnahme angepasst.

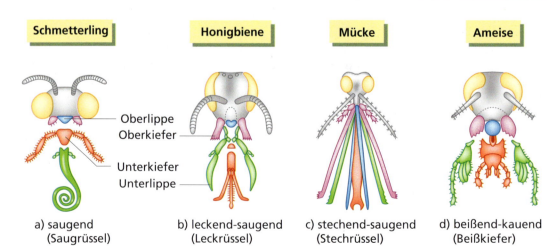

a) saugend (Saugrüssel)
b) leckend-saugend (Leckrüssel)
c) stechend-saugend (Stechrüssel)
d) beißend-kauend (Beißkiefer)

1 Mundgliedmaßen von Insekten – angepasst an ihre Ernährungsweise

Teste dein Wissen

1. Lies den Text S. 40/41! Entwickle eine Übersicht, in der du die Säugetiere nach der Art ihrer Ernährung ordnest!

2. Beobachte ein Meerschweinchen und eine Katze bei der Nahrungsaufnahme! Stelle deine Beobachtungsergebnisse in einer Tabelle gegenüber!

3. Die Art der Nahrungsaufnahme ist bei Säugetieren sehr vielfältig. Sie fressen u.a. Gras, Früchte, Insekten, Fleisch, kleine Krebse (Krill) und saugen sogar Blut (Vampirfledermaus).
   a) Was fressen folgende Tiere: *Ameisenbär, Blauwal, Braunbär, Elch, Feldhase, Wolf, Reh, Steinmarder, Hausschwein, Meerschweinchen, Katze, Löwe*? Fertige dazu eine Tabelle an!

Tier	Nahrung	Einteilung
Katze	Vögel, Mäuse	Fleischfresser

   b) Vergleiche den Bau von Fleischfresser-, Pfanzenfresser- und Allesfressergebiss!
   c) Erläutere an einem selbst gewählten Beispiel den Zusammenhang zwischen der Art der Nahrung und dem Bau eines Säugetiergebisses!

4. Erkläre, warum Pflanzenfresser im Vergleich zu ihrer Körperlänge einen längeren Darm haben als Fleischfresser!

5. Kohlmeisen, Rotkehlchen und Mönchsgrasmücken vertilgen große Mengen von Raupen und Blattläusen.
Welchen Nutzen hat das für den Menschen?

6. Vögel sind wichtige Glieder von Nahrungsketten. Entwickle selbst eine einfache Nahrungskette.
Nutze dazu folgende Abbildungen!

7. In einem Wald wurden durch ein Feuer fast alle Pflanzen (Bäume, Kräuter) vernichtet.
Welche Auswirkungen hat das für die dort lebenden Tiere?

8. Manche Insekten übertragen Krankheiten auf den Menschen. Zecken z. B. übertragen Borreliosen, die beim Menschen schwere Erkrankungen auslösen.
Entwirf ein amtliches Mitteilungsblatt einer Gesundheitsbehörde über eine von Insekten übertragbare Krankheit!

9. Wovon ernähren sich folgende Insekten: Zitronenfalter, Marienkäfer, Stubenfliege, Feuerwanze?
Ordne anhand der Nahrung den Insekten eine Form der Mundwerkzeuge (s. Abb. 1, S. 46) zu!

10. Insekten ernähren sich auch von Lebensmittelvorräten und Rohstoffen des Menschen. Sie sind aus Sicht des Menschen daher Schädlinge.
Erarbeite dazu 3 Beispiele! Nutze Lexika und das Internet!

Das Wichtigste im Überblick

Ernährung der Säugetiere

Das **Gebiss** der Säugetiere besteht aus Schneide-, Eck- und Backenzähnen. Es besteht ein enger Zusammenhang zwischen dem Bau des Gebisses und der Ernährungsart.

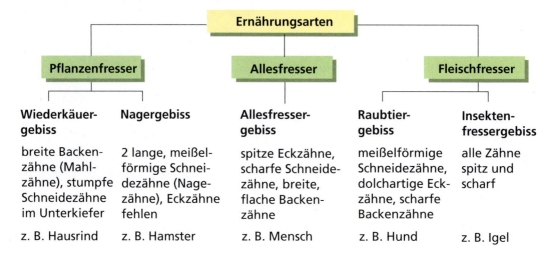

Wiederkäuer-gebiss	Nagergebiss	Allesfresser-gebiss	Raubtier-gebiss	Insekten-fressergebiss
breite Backenzähne (Mahlzähne), stumpfe Schneidezähne im Unterkiefer	2 lange, meißelförmige Schneidezähne (Nagezähne), Eckzähne fehlen	spitze Eckzähne, scharfe Schneidezähne, breite, flache Backenzähne	meißelförmige Schneidezähne, dolchartige Eckzähne, scharfe Backenzähne	alle Zähne spitz und scharf
z. B. Hausrind	z. B. Hamster	z. B. Mensch	z. B. Hund	z. B. Igel

Vögel als Nahrungsspezialisten

Unter den Vögeln gibt es **Pflanzenfresser** (z. B. Buchfink), **Fleischfresser** (z. B. Habicht) und **Allesfresser** (z. B. Stockente).
Die Form des Schnabels ist an die Nahrung und Nahrungsaufnahme angepasst.

Ernährung der Insekten

Insekten ernähren sich von Pflanzen oder Tieren bzw. Bestandteilen von ihnen (z. B. Blut, Säfte). Ihre Mundgliedmaßen sind an die Art der Nahrung und die Art und Weise der Nahrungsaufnahme angepasst. Auch Insekten sind somit Nahrungsspezialisten.

Tiere sind Glieder von Nahrungsketten

Eine Nahrungskette ist eine Abfolge von Lebewesen, die in ihrer Ernährung direkt voneinander abhängig sind.
Insekten ernähren sich z. B. von Pflanzen. Sie werden von vielen Vögeln gefressen. Vögel wiederum sind oftmals die Beute von Säugetieren. Nahrungsketten können sehr lang sein. Sind sie verweigt, spricht man von Nahrungsnetzen.

2.3 Ernährung der Pflanzen

Besonderheiten der Ernährung
Pflanzen besitzen keine speziellen Organe zur Nahrungsaufnahme wie die Menschen und Tiere. Die meisten Pflanzen können sich auch nicht von ihrem Ort fortbewegen, um sich „Nahrung" zu beschaffen.
Wie ernähren sich Pflanzen?
Wie erfolgt die Aufnahme der „Nahrung"?

Wasseraufnahme und Wasserleitung
Die Pflanzen nehmen über ihre Wurzeln Wasser aus dem Boden auf. Über feine, sich verzweigende Röhren in der Sprossachse strömt das Wasser bis in die Blattspitzen. Bei Birken wird das Wasser mit etwa einer Geschwindigkeit von 1,6 m je Stunde hinauf befördert, bei Eichen bis zu 44 m je Stunde.
Wie gelangt das Wasser von der Wurzel bis in jede Blattspitze?
Durch welche Kraft wird das Wasser nach oben befördert?
Worauf ist das Welken der Pflanzen zurückzuführen?

„Nahrung" der Pflanzen
Seit jeher ist es bekannt, dass Pflanzen Wasser und Mineralsstoffe für ihre Ernährung benötigen.
Doch was geschieht mit dem Wasser und den Mineralstoffen in den grünen Pflanzen?
Ernähren sich Pflanzen nur von Wasser und den darin gelösten Mineralstoffen?
Warum verkümmern Pflanzen im Dunkeln?

Bau der Samenpflanzen

Zu den Pflanzen gehören Algen, Moospflanzen, Farnpflanzen und Samenpflanzen. Pflanzen, die Samen ausbilden, werden als **Samenpflanzen** bezeichnet.

Samenpflanzen kommen auf der Erde in einer großen Vielfalt vor. Schon in einem kleinen Garten oder in einer Parkanlage kann man die verschiedensten Pflanzen sehen: Bäume, Sträucher, Kräuter.

Sie unterscheiden sich nicht nur in der Größe und Form, sondern auch in der Farbe, der Form und Größe der Blätter und Blüten. So unterschiedlich die Samenpflanzen in den genannten Merkmalen auch sind oder ob sie auf trockenen oder feuchten Standorten leben, in ihrem **Grundaufbau stimmen sie überein**. Samenpflanzen sind in *Spross* und *Wurzel* gegliedert (Abb. 1).

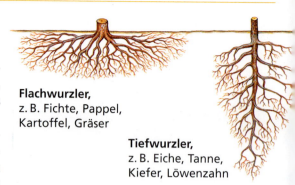

Flachwurzler, z. B. Fichte, Pappel, Kartoffel, Gräser

Tiefwurzler, z. B. Eiche, Tanne, Kiefer, Löwenzahn

2 Unterschiedliche Gestalt der Wurzeln

Wurzeln, Sprossachse, Blätter und Blüten sind die **Organe der Pflanzen**, die jeweils eine bestimmte Aufgabe erfüllen.

Wurzeln haben eine unterschiedliche Gestalt und Länge (Abb. 2). Sie dienen der Verankerung im Boden und der Aufnahme und Weiterleitung von Wasser und Mineralstoffen. Bei manchen Pflanzen sind die Wurzeln auch Speicherorgane für die von der Pflanze produzierten organischen Stoffe, z. B. bei *Möhre, Radieschen*.

Die **Sprossachse** (Stängel) kann aufrecht, windend, kletternd, kriechend oder liegend sein. Sie verbindet die Blätter und Wurzeln miteinander und ermöglicht den Stofftransport zwischen ihnen. Die Sprossachse ist von feinen Röhren (Leitbündel) durchzogen, die sich in den Blättern als Blattadern verästeln. In ihnen werden Wasser und Mineralstoffe von den Wurzeln zu den Blättern transportiert, und die in den Blättern gebildeten organischen Stoffe können über die Sprossachse in alle Pflanzenteile gelangen (s. S. 52).

Als Träger der Blätter und Blüten hat die Sprossachse auch die Aufgabe, diese in eine möglichst günstige Stellung z. B. zum Licht zu bringen. Nach der Beschaffenheit der Sprossachse (holzig, krautig) werden Samenpflanzen u. a. in *Kräuter* und *Holzgewächse* eingeteilt.

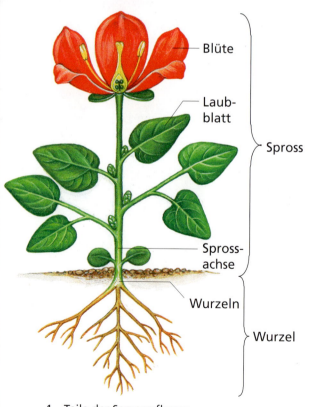

1 Teile der Samenpflanze

Ernährung der Pflanzen 51

Das **Laubblatt** ist aus der *Blattspreite*, dem *Blattstiel* und dem *Blattgrund* aufgebaut (Abb.1). Wenn man Laubblätter gegen das Licht hält, kann man die Blattadern erkennen. Die Aufgabe der Laubblätter ist die Aufnahme und Abgabe von Kohlenstoffdioxid und Sauerstoff sowie die Abgabe von Wasserdampf. In ihnen laufen wichtige Lebensprozesse ab.

Die **Blüte** der Samenpflanzen besteht meistens aus *Kelchblättern, Kronblättern, Staubblättern* und *Fruchtblättern*. Die Blüte dient der **geschlechtlichen Fortpflanzung** der Samenpflanzen (s. S. 154).

1 Bau des Laubblattes

M Samenpflanzen sind in Spross und Wurzel gegliedert. Jedes Pflanzenorgan erfüllt eine bestimmte Aufgabe.

Aufgabe

1. Jedes Pflanzenorgan erfüllt eine bestimmte Funktion.
Beschreibe diese Funktion! Fertige dazu eine Tabelle an!

Betrachten der Leitbündel einer Samenpflanze

Materialien:
Springkraut, Fleißiges Lieschen, Breitwegerich, Rasierklinge, Lupe oder Mikroskop, Deckgläschen

Durchführung:
1. Schneide die Sprossachse einer der o. g. Pflanzen durch und betrachte die Schnittstelle mit der Lupe oder mithilfe des Mikroskops!
2. Zerreiße das Blatt eines Breitwegerichs quer und betrachte die Leitbündel mithilfe von Lupe oder Mikroskop!

2 Feine Röhren zur Wasserleitung (Sprossachsenquerschnitt)

3 Feine Röhren durchziehen als Adern das Laubblatt (Wegerich)

Aufnahme und Leitung von Wasser und Mineralstoffen

Die Aufnahme von Wasser und Mineralstoffen erfolgt durch winzig kleine **Wurzelhaare,** die sich an den feinen Verzweigungen der Wurzeln befinden (Abb.1).
Die Mineralstoffe, z. B. im Dünger enthaltene Stickstoff- oder Phosphorverbindungen, sind im Bodenwasser gelöst. Nur in dieser Form können die Pflanzen die Mineralstoffe aus dem Bodenwasser in einem komplizierten Prozess aufnehmen.

Die Wurzeln wachsen während des gesamten Lebens der Pflanze weiter und dringen auch in Bereiche des Bodens vor, wo Wasser und Mineralstoffe in ausreichender Menge vorhanden sind.
In der Pflanze werden das Wasser und die darin gelösten Mineralstoffe von der Wurzel bis zu den Blättern geleitet (Abb. 2).
Die Leitung erfolgt durch die Sprossachse, in der das Wasser durch feine Röhren strömt. Mit einem einfachen Experiment kann man die Leitung in der Sprossachse nachweisen (s. S. 54).

Doch wie gelangen das Wasser und die Mineralstoffe nun von den Wurzeln bis in jede Blattspitze?

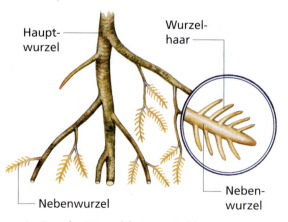

1 Bau der Wurzel (schematisch)

Hauptwurzel
Wurzelhaar
Nebenwurzel
Nebenwurzel

Abgabe von Wasserdampf aus den Laubblättern

Leitung von Wasser und Mineralstoffen durch die Sprossachse

Aufnahme von Wasser durch die Wurzel

Aufnahme von Mineralstoffen durch die Wurzel

2 Aufnahme und Leitung von Wasser und Mineralstoffe sowie Abgabe von Wasserdampf

Gibt es eine Förderpumpe, die das Wasser nach oben befördert?

Die Pflanzen werden über die Lichteinstrahlung erwärmt. Je nach Lichtmenge (Sonnenintensität) ist die Erwärmung stark oder schwach. Durch die Erwärmung bildet sich in den Laubblättern Wasserdampf. Der Wasserdampf wird über winzige Öffnungen an der Blattunterseite, den **Spaltöffnungen,** an die Umwelt abgegeben (s. S. 54 u. 55).
Durch diese **Verdunstung** entsteht in den Blättern ein **Sog,** der ähnlich wie beim Strohhalm, Wasser von unten nachzieht. Die Sonnenenergie ist also wie eine „Saugpumpe" für die Pflanzen. Durch die Spaltöffnungen können die Pflanzen die Verdunstung regulieren (Transpiration).
Ein Teil des Wassers und der Mineralstoffe verbleiben in der Pflanze. Sie werden für den Aufbau von körpereigenen Stoffen benötigt (s. S. 55).

 Die Wurzeln nehmen Wasser und Mineralstoffe auf. Durch die Verdunstung entsteht ein Sog, der das Wasser und die darin gelösten Mineralstoffe von der Wurzel bis in die Blätter befördert.

Wie plane ich ein Experiment, wie führe ich es durch und werte es aus?

Aufgabe:
„Die Pflanzen nehmen das Wasser, das sie benötigen, mit den Wurzeln auf.“
Woher wissen wir, dass dieser Satz stimmt? Welche Möglichkeiten gibt es zu beweisen, dass dieser Satz wirklich stimmt?
Um das zu beweisen, setzen wir ein **Experiment** ein. Im Unterschied zur Beobachtung verändert man beim Experiment ganz bewusst Bedingungen. Das Experiment wird so gestaltet, dass man im Ergebnis erkennen kann, ob eine vorher aufgestellte Vermutung stimmt. Man geht auch hierbei schrittweise vor:

1. Schritt

Erkennen und Formulieren des Problems

Ausgangspunkt ist immer, ein Problem zu erkennen und daraus eine Frage abzuleiten. In unserem Fall ist klar, dass Pflanzen immer Wasser aufnehmen müssen. Aber: *Mit welchen Organen nehmen sie Wasser auf – mit der Sprossachse, dem Blatt oder der Wurzel?*

2. Schritt

Aufstellen einer Vermutung

Nun wird versucht, auf die Frage eine vorläufige Antwort, eine *Vermutung* zu finden. In unserem Fall könnte Folgendes überlegt werden: *Da Pflanzen schnell welken, wenn sie mit ihren Wurzeln aus dem wasserreichen Boden genommen werden, sind es vermutlich die Wurzeln, die das Wasser aufnehmen.*

3. Schritt

Ableiten einer experimentell überprüfbaren Folgerung

Auch jetzt ist es noch schwer, ein Experiment zu „erfinden“. Du musst einen überprüfbaren Gedanken entwickeln, eine *experimentell überprüfbare Folgerung*. Nur dadurch kannst du prüfen, ob die Vermutung stimmt.
In unserem Fall könnte sie lauten: *Wenn die Wurzeln einer lebenden Pflanze mit Blättern in ein Glas mit Wasser gestellt werden, müsste das Wasser im Glas weniger werden, wenn es stimmt, dass die Pflanze das Wasser mit den Wurzeln aufnimmt.*

4. Schritt

Planen und Durchführen des Experiments

Jetzt wird ein Experimentierplan aufgestellt, mit dem die Vermutung überprüft wird. In unserem Fall musst du beachten, dass *die Pflanze Blätter hat; sich ihre Wurzeln im Wasser befinden; mit einer Ölschicht verhindert wird, dass Wasser verdunsten kann und als Vergleich ein mit Wasser gefülltes Glas ohne Pflanze (Kontrollversuch) benutzt wird.* Versuchsanordnung:

5. Schritt

Auswerten und Lösen des Problems

Trage alle Ergebnisse zusammen! Vergleiche sie mit der Vermutung, die du aufgestellt hast: Stimmen die Beobachtungsergebnisse mit der Vermutung überein, ist das Problem gelöst. In unserem Falle wird die Vermutung bestätigt: *Pflanzen nehmen das benötigte Wasser durch die Wurzeln auf.*

Untersuche die Wasserleitung durch die Sprossachse!

Materialien:
Becherglas, Sprosse von *Springkraut, Fleißigem Lieschen* oder weiße Blume, rote oder blaue Lebensmittelfarbe

Durchführung:
a) Stelle die Sprosse der Pflanze in ein Becherglas mit gefärbtem Wasser!
b) Betrachte die Pflanze nach 5 Stunden und einem Tag!

Auswertung:
a) Erkläre deine Beobachtungen!
b) In Blumenläden kannst du Blumen mit gefärbten Blüten kaufen.
   Warum gibt es blaue Rosen?

Untersuche die Wasserabgabe bei Pflanzen!

Materialien:
kleine Topfpflanze, Folie, ein durchsichtiger Plastikbeutel oder eine Glasglocke in der Größe der Pflanze

Durchführung:
a) Lege die Folie vorsichtig über die Erde der Pflanze!
b) Stelle den Pflanzentopf in den Plastikbeutel und verschließe ihn (oder Glasglocke über die Pflanze stülpen)!
c) Stelle die Pflanze jetzt an einen sonnigen Ort!

d) Schaue jeden Tag nach der Pflanze, fünf Tage lang!
e) Notiere deine Beobachtungen in einem Protokoll!

Auswertung:
a) Beschreibe den Zustand der Pflanze nach 5 Tagen!
b) Wäre der Zustand der Pflanze ohne das Abdecken der Erde nach 5 Tagen anders oder gleich?
   Begründe deine Antwort!

Ernährung der Pflanze und Bildung organischer Stoffe

Lange schon war bekannt, wie sich **der Mensch und Tiere ernähren**. Sie nehmen z. B. außer Wasser und Vitaminen vor allem Kohlenhydrate, Fette und Eiweiße aus der Umwelt auf. Das sind körperfremde **organische Stoffe**. Daraus bauen sie ihre körpereigenen Stoffe auf.

Man wusste aber nicht, wie sich **Pflanzen ernähren**. Zunächst glaubte man, die Pflanzen nehmen diese Stoffe als „zubereitete Nahrung" aus dem Boden auf. Erst durch viele Beobachtungen und Experimente hat man herausgefunden, wie Pflanzen sich ernähren.

Pflanzen nehmen **Wasser** und **Mineralstoffe** mit den Wurzeln aus dem Boden auf. Allein davon können sie sich nicht ernähren. Sie benötigen außerdem **Kohlenstoffdioxid**, ein farbloses, geruchloses Gas, das in der Luft enthalten ist. Über die Spaltöffnungen an der Unterseite in den Blättern nehmen die Pflanzen das Kohlenstoffdioxid auf.
Wasser, Mineralstoffe und Kohlenstoffdioxid sind körperfremde **anorganische Stoffe**.

> **M** Samenpflanzen nehmen zur Ernährung Wasser und Mineralstoffe aus dem Boden sowie Kohlenstoffdioxid aus der Luft auf.

Aus Wasser und Kohlenstoffdioxid baut die Pflanze in den Blättern **Traubenzucker**, ein organischer Stoff, auf. Als Nebenprodukt entsteht **Sauerstoff**, der über die Spaltöffnungen nach außen abgegeben wird.
Viele Beobachtungen und Experimente waren notwendig, bis die Wissenschaftler herausfanden, dass die Pflanze nur im **Licht** und mithilfe des **grünen Blattfarbstoffes** (**Chlorophyll**) Traubenzucker und Sauerstoff produzieren kann (s. Abb. 1). Dieser Vorgang wird als **Fotosynthese** bezeichnet.

> **M** Aus Kohlenstoffdioxid und Wasser werden mithilfe von Chlorophyll und unter Nutzung von Licht Traubenzucker und Sauerstoff gebildet. Sauerstoff wird über die Öffnungen der Blätter abgegeben.

Traubenzucker wird in Stärke umgewandelt und verbleibt in der Pflanze. Aus Traubenzucker und Mineralstoffen baut die Pflanze andere organische Stoffe auf, z. B. Eiweiße, Fette. Diese benötigen die Pflanzen für Wachstum und Entwicklung. Sie sind aber auch Grundlage für die Ernährung des Menschen, der Tiere und vieler Bakterien.

Da nur **grüne Pflanzen** aus anorganischen Stoffen die energiereichen Nährstoffe (Kohlenhydrate, Fette, Eiweiße) aufbauen können, sind sie die **Lebensgrundlage für den Menschen und alle Tiere**.

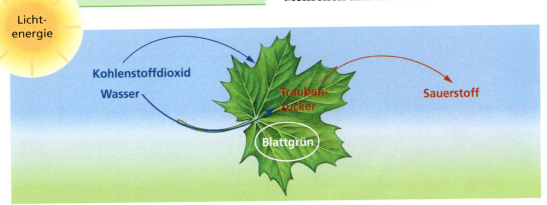

1 Bildung von Traubenzucker im Laubblatt

Speicherung von Stoffen

Durch die Bildung der verschiedenen Stoffe wächst die Pflanze. Diese Stoffe sind auch für das Heranreifen der Früchte notwendig. Reife Äpfel enthalten z. B. Traubenzucker. Manchmal bilden die Pflanzen mehr Stoffe, als sie für ihre Lebensvorgänge (z. B. das Wachstum) benötigen. Diese Stoffe kann die Pflanze **speichern**.
Die Speicherung der Stoffe erfolgt in **Samen** oder in anderen **Speicherorganen**. Zu den Speicherorganen gehören *Zwiebeln* (z. B. die Küchen-Zwiebel), *Knollen* (z. B. Kartoffelknollen, Radieschen) und *Wurzeln* (z. B. die Mohrrübe, Abb. 1).

Einige Pflanzen speichern ganz bestimmte Stoffe in größerer Menge. Die *Garten-Erbse* speichert in den Samen besonders viel Eiweiß.
Die Samen der *Sonnenblume* enthalten viel Fett (Öl).
In den Sprossknollen der Kartoffel ist Stärke gespeichert. Mit **Iod-Kaliumiodid-Lösung** kann man die Stärke in den Kartoffelknollen nachweisen.

> **M** In Samen und Speicherorganen (z. B. Zwiebeln, Knollen, Wurzeln) werden Stärke, Eiweiße, Fett und andere von den Pflanzen gebildete Stoffe gespeichert.

1 Speicherorgane von Kulturpflanzen

Nachweis von Stärke in Pflanzenteilen

Materialien:
2 Glasschalen, Pipette, Iod-Kaliumiodid-Lösung, Stärke, Kartoffelscheibe

Durchführung:
Führe den Stärkenachweis anhand der Abbildungen durch!

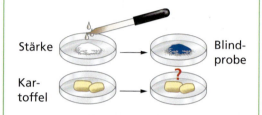

Beobachtung:
Was kann man beobachten?

Auswertung:
Welche Schlussfolgerung kann man aus der Beobachtung ziehen?

Nachweis von Fett in Samen (Fettfleckprobe)

Materialien:
Filterpapier, Pipette, Spatel, Wasser, Sonnenblumenkern

Durchführung:
1. Zerdrücke den Sonnenblumenkern auf dem Filterpapier! Tropfe zum Vergleich etwas Wasser auf eine andere Stelle des Filterpapiers!
2. Halte das Filterpapier gegen das Licht und prüfe, ob ein Fleck zu erkennen ist!
Überprüfe nach etwa 10 min!

Beobachtung:
Wo ist ein Fettfleck zu erkennen?

Auswertung:
Woran erkennt man, dass Fett enthalten ist?

Entdeckungsgeschichte der Ernährung der Pflanzen

Jahrelang beschäftigten sich Wissenschaftler mit der Ernährung der Pflanzen.
Der belgische Arzt und Chemiker JOHAN BAPTIST VAN HELMONT (1577–1644) setzte zum ersten Mal ein Experiment ein, um dieses Problem zu lösen. Sein **Weidenversuch** war zum einen von langer Dauer und wurde außerdem sehr sorgfältig und exakt vorbereitet und durchgeführt.
HELMONT ging bei seinem Versuch schrittweise vor. Noch heute gehen Wissenschaftler bei der Lösung von Problemen nach dieser Schrittfolge vor, nach der sog. experimentellen Methode.

Schrittfolge		
1. Schritt	Erkennen und Formulieren des Problems	Wie ernähren sich Pflanzen?
2. Schritt	Formulieren von Vermutungen für die Lösung des Problems	Pflanzen ernähren sich nur von Wasser. (HELMONT)
3. Schritt	Planen des Lösungsweges a) Ableiten einer experimentell überprüfbaren Formulierung b) Planung eines Experimentes (Versuchsaufbau, Beobachtungsaufgaben, Protokoll)	Wenn sich Pflanzen nur von Wasser ernähren, dann nehmen sie auch nur Wasser auf. HELMONT pflanzte eine Weide von 2,5 kg in ein Gefäß mit 100 kg trockener Erde. Er legte über die Erde ein verzinntes Blech mit Löchlein, stellte sie ins Licht und goss sie täglich. Nach fünf Jahren wog er die Weide und die getrocknete Erde wieder.
4. Schritt	Durchführen des Experimentes Beginn 100 kg	Ende Dauer 5 Jahre 99,40 kg

5. Schritt	Registrieren der beobachteten Ergebnisse	Versuchsbeginn: Weide 2,50 kg
		                          Erde 100,00 kg
		Versuchsende: Weide 84,50 kg
		                          Erde 99,40 kg

6. Schritt	Auswerten der ermittelten Ergebnisse – Vergleichen der experimentell ermittelten Ergebnisse mit der abgeleiteten experimentell zu überprüfenden Folgerung – Schließen auf den Wahrheitsgehalt der Vermutung (wahr/falsch)	– Trockengewicht der Erde hat sich nur um 60 g verringert, aber das Gewicht der Weide um 82 kg zugenommen. – HELMONT zog den Schluss, dass sich Pflanzen nur von Wasser ernähren.

Heute wissen wir, das HELMONTs Schlussfolgerung nicht ganz exakt war (s. Aufgabe 9, S. 58).

Teste dein Wissen

1. Hänge-Birke, Wilde Malve, Hasenklee und das Gemeine Knäuelgras gehören zu den Samenpflanzen.
   Begründe diese Aussage!

Hänge-Birke

Wilde Malve

Hasenklee

Knäuelgras

2. Fertige eine Übersicht an, in der du folgende Begriffe ordnest: Samenpflanzen, Bäume, Kräuter, Holzgewächse, Sträucher.

3. Ordne jeder Gruppe von Samenpflanzen 3 Beispiele zu!

Kräuter	Bäume	Sträucher

4. Beschreibe den Bau einer Samenpflanze!

5. Betrachte die Wurzeln des Acker-Senfs mit der Lupe!
   Beschreibe, welche Teile du erkennen kannst!

6. Warum müssen an warmen, sonnigen Tagen die Pflanzen ausreichend mit Wasser versorgt werden?

7. Beschreibe den Weg des Wassers durch die Pflanze. Fertige eine Skizze an!

8. Erkläre, warum die Ernährungsgrundlage aller Lebewesen auf der Erde die grünen Pflanzen sind!

9. HELMONT versuchte herauszufinden, wie Pflanzen sich ernähren. Dazu führte er seinen berühmten Weidenversuch (s. S. 57) durch.
   Bewerte die aus den Ergebnissen abgeleitete Schlussfolgerung von HELMONT mit deinem Wissen über die Ernährung der Pflanzen! Welche Bedingungen zur Ernährung der Pflanzen hat HELMONT nicht berücksichtigt?

10. Entwirf ein Plakat auf dem du die Verknüpfung zwischen der Ernährung der Pflanzen und der Tiere und des Menschen darstellst!

11. Samenpflanzen können z. B. Stärke speichern. Nenne einige Speicherorgane und den hauptsächlichen Speicherstoff!

12. Bohnensamen enthalten Stärke. Überprüfe diese Aussage mithilfe einer Untersuchung!
    Gehe dabei nach der Anleitung auf S. 56 vor!

Ernährung der Pflanzen 59

Das Wichtigste im Überblick

Zu den Pflanzen gehören Lebewesen, die Chlorophyll besitzen, z. B. Algen, Moos- und Farnpflanzen sowie Samenpflanzen.

Teile der Samenpflanzen

Alle Pflanzen, die im Verlaufe ihres Lebens Blüten und Samen ausbilden, sind Samenpflanzen. Sie sind meist in Wurzeln, Sprossachsen und Laubblätter gegliedert.

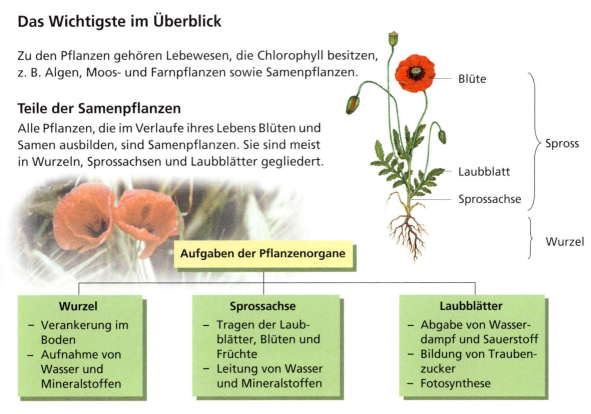

Aufgaben der Pflanzenorgane

Wurzel
- Verankerung im Boden
- Aufnahme von Wasser und Mineralstoffen

Sprossachse
- Tragen der Laubblätter, Blüten und Früchte
- Leitung von Wasser und Mineralstoffen

Laubblätter
- Abgabe von Wasserdampf und Sauerstoff
- Bildung von Traubenzucker
- Fotosynthese

Die Organe der Samenpflanzen sind sehr vielgestaltig.

Wasseraufnahme und Wasserabgabe

Die Wurzeln nehmen aus dem Boden Wasser und die darin gelösten Mineralstoffe auf. In der Pflanze wird das Wasser in feinen Röhren von der Wurzel bis in die Blätter geleitet. Durch die Spaltöffnungen in den Blättern wird Wasserdampf abgegeben.

Ernährung der Pflanzen

Pflanzen nehmen zur Ernährung Wasser und Mineralstoffe aus dem Boden und Kohlenstoffdioxid aus der Luft aus. Die Aufnahme des Kohlenstoffdioxids erfolgt über die Spaltöffnungen in den Blättern.
Kohlenstoffdioxid und Wasser sind anorganische Stoffe. Aus ihnen werden mithilfe von Chlorophyll und Nutzung des Lichtes vorwiegend in den Laubblättern körpereigene organische Stoffe (Traubenzucker) gebildet. Außerdem entsteht Sauerstoff. Der Sauerstoff wird über die Spaltöffnungen der Blätter abgegeben. Dieser Vorgang wird als **Fotosynthese** bezeichnet.

Licht

Kohlenstoffdioxid + Wasser Traubenzucker + Sauerstoff

(Chlorophyll)

3 Lebewesen atmen auf verschiedene Weise

3.1 Atmung des Menschen

Struktur und Funktion der Atmungsorgane
Kevin und Justin sind begeisterte Fußballspieler. Nun streiten sich die beiden, wessen Lunge größer ist.
Kann man die Größe der Lunge messen?
Hat die Größe der Lunge tatsächlich etwas mit der Leistungsfähigkeit zu tun?

Atmung und Alter
Egal wo wir sind und was wir tun, wir atmen unbewusst. Ein erwachsener Mensch atmet in Ruhe etwa 16-mal pro Minute ein und aus, ein 11-jähriges Kind dagegen 20 bis 25 mal!
Wovon hängt es ab, wie oft wir in einer Minute atmen?

Atmung auf dem Mond
Könnt ihr euch vorstellen, dass Astronauten auf dem Mond oder Taucher im Ozean es ohne Ausrüstung lange aushalten könnten? Sicher nicht. Denn sie brauchen Sauerstoff zum Atmen. Der Sauerstoff befindet sich in der Atmosphäre, die die Erde umgibt. Aber auch im Wasser ist Sauerstoff gelöst.
Wie kommt es, dass der Mensch den Sauerstoff der Luft aufnehmen kann, den im Wasser gelöst jedoch nicht?

Struktur und Funktion der Atmungsorgane

Ein Mensch kann nur kurze Zeit die Luft anhalten, dann muss er tief einatmen. Wenn er das nicht kann, dann wird er bewusstlos. Die Atmung ist für den Menschen ein lebensnotwendiger Vorgang.

Die **Atmungsorgane** (Abb. 1) sorgen dafür, dass die Einatemluft in den Körper und die Ausatemluft aus dem Körper gelangen.
Beim *Einatmen* strömt die Luft über die Mund- oder Nasenhöhlen, den Rachenraum in die Luftröhre (Abb. 2). Von dort gelangt sie durch die Bronchien in alle Teile der Lunge. Beim *Ausatmen* ist der Weg umgekehrt.
Die einzelnen Atmungsorgan sind so gebaut, dass sie ihre Funktion besonders gut erfüllen können.

Die **Nase** wirkt wie ein Filter. In den *Nasenlöchern* befinden sich kurze, borstenartige Härchen, die gröbere Staubteilchen der Einatemluft abfangen. Die Nasenhöhlen sind außerdem mit einer feuchten Schleimhaut ausgekleidet. Hier wird die eingeatmete Luft angefeuchtet, vorgewärmt und von Staubteilchen gereinigt.

Bei einer anstrengenden Tätigkeit, z. B. 60-m-Lauf, atmet man durch den Mund. Dadurch kann mehr Luft aufgenommen werden. Erst nach der Anstrengung wechselt man wieder zur Nasenatmung.
Von der Mund- oder Nasenhöhle aus gelangt die Luft durch den *Rachenraum* über den *Kehlkopf* in die *Luftröhre*.

Die **Luftröhre** ist ein etwa 10 cm bis 12 cm langes elastisches Rohr. Die Wand der Luftröhre ist durch querverlaufenden Knorpelspangen verstärkt. Diese verhindern, dass die Luftröhre zusammengedrückt und dadurch die Atmung behindert wird.
Beim Schlucken von Nahrung legt sich der Kehldeckel über den Kehlkopfeingang und verschließt die Luftröhre. Gelangen beim Verschlucken doch Nahrungsbröckchen in die Luftröhre, so werden sie durch kräftiges Husten wieder herausgeschleudert.

Auch die Innenseite der Luftröhre ist mit einer dünnen Schleimhaut mit Flimmerhärchen ausgekleidet. Mit den beweglichen Flimmerhärchen werden aus der eingeatmeten Luft weitere Staubteilchen herausgefiltert und mit dem Schleim über den Rachenraum nach außen befördert.

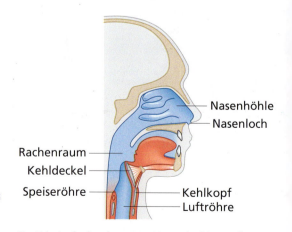

1 Die Atmungsorgane sind mit einer dünnen Schleimschicht ausgekleidet.

2 Die Luft durchströmt Nasenhöhle und Rachenraum.

Atmung des Menschen

Die Luftröhre gabelt sich an ihrem Ende in zwei Äste, die **Bronchien** (Abb. 1). Sie sind ähnlich wie die Luftröhre gebaut und durch sie strömt die Einatemluft in die beiden Lungenflügel und die Ausatemluft wieder heraus.

In den **Lungenflügeln** verzweigen und verästeln sich die Bronchien wie ein Baum immer weiter. Sie enden schließlich in der Lunge in den winzigen mit Luft gefüllten Lungenbläschen.

Ein **Lungenbläschen** hat einen Durchmesser zwischen 0,1 mm und 0,3 mm. Mit bloßem Auge wäre es gerade so erkennbar. Es hat eine dünne Wand und ist von einem Netz feiner Blutgefäße (Blutkapillaren) umgeben. Zwischen den Lungenbläschen und dem Blut findet der *Austausch der Atemgase* statt.

Die menschliche Lunge enthält etwa 300 bis 500 Millionen dieser luftgefüllten Lungenbläschen. Die Aufgliederung der Lunge in Lungenbläschen führt zu einer enormen **Vergrößerung** ihrer **inneren Oberfläche**. Wenn man z. B. alle Lungenbläschen ausbreiten und nebeneinander legen würde, bekäme man eine Fläche von ca. 8 m Breite und 10 m Länge. Wenn die Lunge dagegen ein einfacher Sack wäre, hätte sie ausgebreitet gerade einmal eine Fläche von ca. 1 m Breite und 1 m Länge.

Dieses **Prinzip der Oberflächenvergrößerung** spielt in der Biologie eine wichtige Rolle.

Wusstest du schon,...

dass im **Kehlkopf** die Stimmbänder sitzen, mit denen alle Laute erzeugt werden, z. B. Sprache, Schreie und Gesang?
Die Laute werden aber meist erst beim Ausatmen erzeugt.

Aufgaben

1. Wir atmen entweder durch die Nase oder durch den Mund. Welche Vorteile hat die eine, welche die andere Art?
2. Vergleiche den Bau der Luftröhre mit dem der Speiseröhre! Begründe die Unterschiede!
3. Wenn man ein Stück Lunge von einem Schwein in eine Schüssel mit Wasser legt, schwimmt sie oben. Erkläre, wie es dazu kommt!

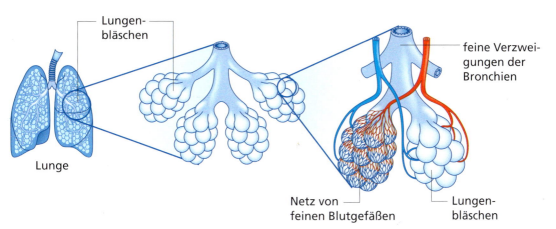

1 Die feinsten Verzweigungen der Bronchien enden in Lungenbläschen. Die Lungenbläschen sind von haarfeinen Blutgefäßen (Kapillaren) umsponnen.

Einatmen und Ausatmen

Wenn man vor einem Spiegel ruhig ein- bzw. ausatmet, kann man beobachten, dass sich der Brustkorb verändert. Durch Zwischenrippen- und Zwerchfellmuskeln wird der Brustkorb gehoben oder gesenkt. Dadurch wird der Brustraum kleiner oder größer. Als Folge dehnt sich die Lunge aus oder wird zusammengedrückt.

Das funktioniert ungefähr so wie ein Blasebalg, in den Luft einströmt, wenn man ihn auseinanderzieht und aus dem die Luft wieder ausströmt, wenn man loslässt.

Beim *Einatmen* wird der Brustkorb von Muskeln zwischen den Rippen angehoben, so dass sich der gesamte innere Brustraum vergrößert. Die Lunge wird dabei gleichzeitig gedehnt. Auf diese Weise entsteht im Inneren der Lunge ein *Unterdruck* oder *Sog*. Dadurch strömt Luft von außen durch die Atemwege bis in die Lungenflügel.

Diesen Sog kannst du übrigens spüren, wenn du Nase und Mund zuhältst und vorsichtig versuchst zu atmen.

Wenn die Muskeln zwischen den Rippen erschlaffen, senkt sich der Brustkorb. Das Innere des Brustraumes wird wieder verkleinert und die Luft dabei aus der Lunge gedrückt, man *atmet aus*. Diese Form der Atmung wird **Brustatmung** genannt (Abb. 1).

Neben der Brustatmung gibt es eine zweite Form der Atmung, die **Zwerchfellatmung** (Bauchatmung, Abb. 2). Hieran ist das Zwerchfell beteiligt. Das Zwerchfell ist eine muskulöse Schicht zwischen Brust- und Bauchraum.

Beim *Einatmen* wird das Zwerchfell von der Muskulatur gespannt, es ist flach. Dadurch werden der innere Brustraum und die Lunge erweitert. Es entsteht ein Unterdruck, die Lungen werden mit Luft gefüllt.

Beim *Ausatmen* erschlafft die Zwerchfellmuskulatur wieder, das Zwerchfell wölbt sich nach oben. Dadurch wird der Brustraum verkleinert und eine *Überdruck* entsteht. Die Luft wird aus den Lungen herausgepresst.

Aufgabe

1. Lege dich flach auf den Rücken und halte dabei beide Hände auf Brust und Bauch! Achte auf die Veränderungen an deinem Körper, wenn du ein- bzw. ausatmest! Beschreibe!

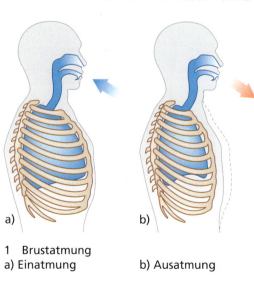

1 Brustatmung
a) Einatmung   b) Ausatmung

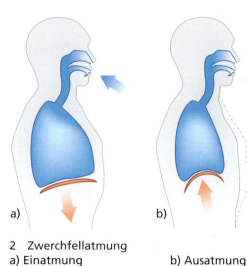

2 Zwerchfellatmung
a) Einatmung   b) Ausatmung

Bedeutung der Atmung

Versuche einmal so lange du kannst, die Luft anzuhalten. Auch wenn du dich noch so anstrengst, nach kurzer Zeit „schnappst du nach frischer Luft".
Was ist die Luft für ein besonderer Stoff, dass wir nicht ohne ihn leben können?

Luft kann man weder sehen noch anfassen. Sie ist farblos, geruchlos und durchsichtig dazu. Nur wenn wir einen Luftballon aufblasen und er an Volumen zunimmt oder an den Luftblasen im Wasser erkennen wir, dass dort „etwas" ist.
Luft ist ein Gemisch aus verschiedenen Gasen wie Stickstoff (vier Fünftel), Sauerstoff (ein Fünftel), Kohlenstoffdioxid, Edelgasen und anderen.

Für die Atmung sind aber nur zwei Gase von Bedeutung: **Sauerstoff** und **Kohlenstoffdioxid**.
In der Einatemluft ist mehr *Sauerstoff* enthalten als in der Ausatemluft. Mit jedem Atemzug nehmen wir ihn auf. Er gelangt über den Mund- und Rachenraum, die Luftröhre in die Lungen mit den Lungenbläschen. Durch die dünne, feuchte Wand der Lungenbläschen wird Sauerstoff in die Blutgefäße gegeben. Die anderen Bestandteile der Luft bleiben in den Lungenbläschen zurück. Sauerstoff wird mit dem Blut in alle Teile des Körpers transportiert. Dort gelangt er aus dem Blut in die Zellen.

In der Zelle wird der Sauerstoff benötigt, um die Nährstoffe abzubauen. Die in diesen Stoffen, z. B. in Traubenzucker, enthaltene Energie wird dabei in Energie umgewandelt, die für Lebensprozesse (z. B. Ballspielen, Laufen, Rechnen, Sprechen) genutzt werden kann (s. S. 31).
Bei diesem Vorgang wird der Sauerstoff verbraucht. Kohlenstoffdioxid wird gebildet.

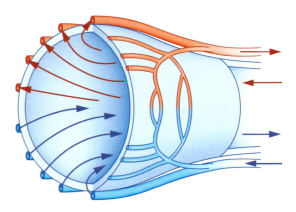

1 Austausch von Sauerstoff (rot) und Kohlenstoffdioxid (blau) zwischen Lungenbläschen und Blutkapillare

Kohlenstoffdioxid ist für den Körper schädlich. Es muss daher möglichst schnell aus dem Körper entfernt werden. Diesen Transport übernimmt wieder das Blut. Mit dem Blut wird das Kohlenstoffdioxid bis zu den Lungenbläschen transportiert. Von dort gelangt es über die Lunge, Luftröhre, den Rachen- und Mundraum mit der Ausatemluft nach außen.

Das Kohlenstoffdioxid in der Ausatemluft kann man in einem einfachen Versuch nachweisen (s. S. 66)

> **M** Zwischen Lungenbläschen und Blut findet ein Gasaustausch statt. Sauerstoff gelangt in den Körper, Kohlenstoffdioxid aus dem Körper.

Aufgaben

1. Kommt man in einen Klassenraum, der längere Zeit nicht gelüftet wurde, wird man leicht müde und bekommt vielleicht sogar Kopfschmerzen. Erkläre diese Erscheinung.
2. Informiere dich über je eine Eigenschaft von Sauerstoff und Kohlenstoffdioxid in einem Lexikon oder im Internet!

Modell zur Veranschaulichung der Zwerchfellatmung (Bauchatmung)

Mithilfe von Modellen werden schwierige Sachverhalte verständlich und anschaulich gemacht. Einige Modelle zeigen nur den Bau eines Objektes, andere zeigen, wie ein Vorgang funktioniert.
Das **dondersche Modell** ist ein ganz bekanntes Modell. Es soll helfen, den schwierigen Sachverhalt der Zwerchfellatmung anschaulich zu machen und zu erklären.

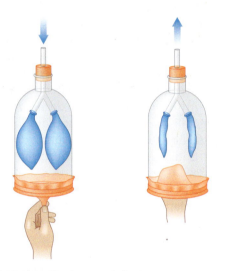

a) Schau dir das Modell genau an! Welche Teile des menschlichen Atmungssystems entsprechen denen im Modell?
b) Beschreibe, was passiert, wenn du das untere Gummituch nach unten ziehst!
c) Beschreibe, was passiert, wenn du mit der Faust in das untere Gummituch drückst!
d) Übertrage deine Beobachtungen auf die Atmungsorgane!
e) Was kann man mit dem Modell nicht darstellen? Welche Unterschiede bestehen im Gegensatz zum Original?

Kalkwasser als Nachweismittel

Unter bestimmten Bedingungen trübt sich Kalkwasser, eine sonst klare Flüssigkeit.

Materialien.
2 Becherglässer, Gummischläuche, Leitungswasser, kohlenstoffdioxidhaltiges Getränk (z. B. Selter), Kalkwasser
Durchführung:
1. Führe den Versuch nach der Abbildung durch, beobachte und notiere! Wiederhole den Versuch, indem du anstelle von Kalkwasser Leitungswasser in das Becherglas gibst!
2. Unter welchen Bedingungen trübt sich Kalkwasser? Ziehe eine Schlussfolgerung aus deiner Beobachtung!

Untersuche Ein- und Ausatemluft auf den Gehalt an Kohlenstoffdioxid!

Materialien.
2 Becherglässer, Gummischläuche, Handblasebalg, Strohhalm, Kalkwasser
Durchführung:

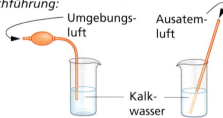

1. Führe diesen Versuch durch!
2. Welche Veränderungen in den Bechergläsern stellst du fest?
3. Wie hat sich die ausgeatmete Luft gegenüber der Umgebungsluft verändert? Ziehe eine Schlussfolgerung!

Gefahren für die Atmungsorgane

Krankheiten

Atmung ist lebenswichtig. Deshalb sollte man auch alles tun, um die Atmungsorgane zu schützen und sogar zu stärken. Dabei hilft u. a. Sport (z. B. Schwimmen, Laufen, Radfahren), denn durch die körperliche Anstrengung werden die Atemmuskeln gestärkt und das Atemvolumen (s. S. 69) vergrößert. Erkrankungen der Atemorgane kommen dennoch häufig vor.

An erster Stelle stehen dabei **Infekte der oberen Atemwege**. Dabei handelt es sich um Schnupfen, Halsschmerzen, Heiserkeit und Husten. Diese sog. **Erkältungskrankheiten** entstehen durch Krankheitserreger.

Gefährlich ist eine **Lungenentzündung.** Hierbei helfen nur ganz bestimmte Medikamente, so genannte Antibiotika.

Schädlichkeit des Rauchens

Zigarettenrauch enthält mehr als 600 verschiedene Bestandteile. Viele davon sind sehr schädlich und es gibt keinen Filter, der diese Schadstoffe völlig aus dem Zigarettenrauch herausfiltern kann (s. Versuch auf S. 68). Rauchen schadet unserem Körper u. a. durch *Nikotin* und *Teerstoffe*.

Nikotin ist ein Gift, das die Nerven und Blutgefäße schädigt. Es gelangt mit dem eingeatmeten Zigarettenrauch in die Lunge und von dort ins Blut. Durch das Blut wird es im gesamten Körper verteilt und bewirkt zahlreiche Erkrankungen. Z. B. kann es durch eine Verengung der Blutgefäße langfristig zu gefährlichen Herz-Kreislauf-Erkrankungen wie Herzinfarkt und Gehirnschlag kommen. Auch das sog. „Raucherbein" entsteht durch Durchblutungsstörungen, die so stark sind, dass das betroffene Organ absterben kann.

Teerstoffe sind als sehr feine Teilchen im Tabakrauch enthalten. Sie gelangen mit dem eingeatmeten Rauch in Bronchien und Lunge. Dort lagern sie sich als zähe Schicht ab, so dass sich die Flimmerhärchen nicht mehr bewegen können. Eingeatmete Krankheitserreger und Schmutzteilchen können nicht mehr nach außen befördert werden. Es kommt zum Raucherhusten, auch für Infekte ist der Körper leichter anfällig.

Da auch in den Lungenbläschen Teerstoffe abgelagert werden, wird der Gasaustausch beeinträchtigt und Lungenkrebs gefördert.

Auswirkungen von Luftverschmutzung

Auch durch verunreinigte Luft können unsere Atemorgane belastet werden. Von Industrie und Kraftwerken, aber auch von Privathaushalten, Autos und Flugzeugen werden große Mengen von **Schadstoffen** an die Luft abgegeben (s. S. 68).

Ruß- und Staubteilchen z. B. lagern sich, wie die Teerstoffe im Zigarettenrauch, in Bronchien und Lunge ab, so dass sich die Flimmerhärchen nicht mehr bewegen können. Die Folgen sind dieselben wie beim Rauchen.

Viele von den schädlichen Stoffen in der Luft sind unsichtbare und sogar geruchlose Gase. Sie sind aber gefährlich für die Atemorgane, denn sie greifen die Schleimhäute an und lähmen die Flimmerhärchen.

Aufgaben

1. Informiere dich im Internet oder in Nachschlagwerken über Ursachen und Verlauf von Erkältungskrankheiten!
2. Nenne die Hauptschadstoffe des Tabakrauches und erläutere ihre schädigende Wirkung auf den Körper!
3. Nenne Möglichkeiten, die Verschmutzung der Luft zu verringern!

Nachweis von Teer im Zigarettenrauch

Materialien:
Watte, Zigarette, Wasserstrahlpumpe, Streichhölzer

Durchführung:
1. Baue die Apparatur entsprechend der Skizze zusammen!

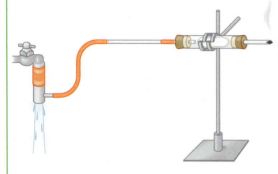

2. Zünde die Zigarette an und drehe den Wasserhahn auf! Dadurch wird der Rauch durch die Apparatur gesaugt (Wasser einige Minuten laufen lassen!)!
3. Wiederhole den Versuch mit einer Zigarette, bei der du den Filter abgebrochen hast! Benutze frische Watte!

Beobachtung:
1. Beobachte die Veränderungen an der Watte und an der Zigarette!
2. Notiere deine Beobachtungsergebnisse!

Auswertung:
1. Vergleiche deine Beobachtungen und erkläre die Unterschiede!
2. Beschreibe die Folgen der Aufnahme von Teerstoffen in die Atemwege! Stimmt es, dass das Rauchen von Filterzigaretten unschädlich ist, da der Filter alle Schadstoffe aus dem Rauch entfernt?

Nachweis von Schadstoffen in der Luft

Materialien:
Klebefolien, Laubblätter von verschiedenen Standorten

Durchführung:
1. Entferne vorsichtig jeweils ein Blatt von Pflanzen der gleiche Art!
   Die Pflanzen sollen aber an verschiedenen Standorten stehen (z. B. Park, Straßen, Acker, ...).
2. Klebe Klebefolie auf die Blätter!
3. Ziehe die Folie vorsichtig wieder ab, so wie du es in der folgenden Abbildung siehst!

4. Klebe die Folien auf ein weißes Blatt Papier!
5. Schreibe den Standort, die Pflanzenart und das Datum zu jedem der Abzüge!

Auswertung:
1. Vergleiche die verschiedenen Abdrücke miteinander!
   Erkläre, wie es zu den Unterschieden kommt!
2. Warum sind Grünanlagen in der Stadt besonders wichtig?
3. Was kann jeder Einzelne zur Verringerung der Luftverschmutzung beitragen? Nenne einige Maßnahmen!

Projekt: Untersuchungen zur Atmung und zum Training der Atmungsorgane   69

Untersuchungen zur Atmung und zum Training der Atmungsorgane

1. Messen der Temperatur der Ausatemluft

Material:
Thermometer mit Minimum- und Maximumanzeige, Plastikbeutel mit Isolierschicht

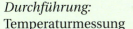

Durchführung:
Temperaturmessung
– Stellt zunächst die Temperatur des Biologieraumes fest. Notiert den Messwert!
– Jetzt atmet etwa 1 min ruhig durch die Nase ein und durch den Mund aus! Die Ausatemluft wird in einem Plastikbeutel mit isolierender Hülle aufgefangen.
– Messt jetzt die Temperatur in der Plastiktüte! Der Messwert wird notiert!

Auswertung:
Vergleicht die gemessenen Temperaturen!
Wie kommen die Unterschiede zustande?
Findet eine Erklärung!

2. Messen des Atemvolumens

Das Fassungsvermögen der Lunge ist bei jedem Menschen anders. Das hängt u. a. auch davon ab, ob jemand Sport treibt, Posaune bläst oder sich körperlich wenig betätigt.
Mit einem Atemmesser (Spirometer aus der Apotheke, Abb. rechts) kann man das Fassungsvermögen der Lunge messen.

a) *Messen des Atemzugvolumens*
Atmet durch die Nase tief ein und durch das Mundstück wieder aus!
Lest den Wert auf dem Atemmesser ab!

b) *Messen des Atemzeitvolumens*
Zählt, wie oft ihr in einer Minute ein- und ausatmet!
Berechnet dann das Atemzeitvolumen nach folgender Gleichung:
Atemzeitvolumen = Atemzugvolumen x Atemfrequenz in einer Minute!

Auswertung:
Stellt eine Tabelle zu den Messwerten auf und nehmt noch zwei Spalten für das Körpergewicht und die Körperhöhe dazu!
Sind Zusammenhänge zwischen Atemwerten und Körpermaßen erkennbar?
Vergleicht die Werte mit zwei weiteren Schülern!
Zieht eine Schlussfolgerung für den Trainingszustand eurer Lunge!

Übrigens: Der *Richtwert* für das Atemzugvolumen für Schüler eures Alters beträgt bei normaler Einatmung in Ruhe – ca. 0,3 bis 0,5 l Luft!
Das Atemzeitvolumen sollte etwa 5–7 l betragen.

3. Herstellen eines Atemmessers

Einen Atemmesser kann man auch leicht selber herstellen.
Man braucht dazu: Plastikschale, durchsichtiges Gefäß mit Mess-Skala (z. B. großer Haushaltsmessbecher), Schlauch, Wasser.
Die Apparatur wird nach der Skizze aufgebaut! Das Becherglas muss voll Wasser sein!

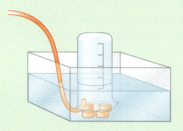

a) Versucht zunächst zu erklären, wie man mit dieser Apparatur das Atemvolumen messen kann!
b) Haltet ein Schlauchende unter die Glasglocke und atmet durch den Schlauch in die Glasglocke!
An der Skala kann man ablesen, wie viel Luft dabei unter die Glocke geströmt ist.

4. Atmung und körperliche Belastung

Die Atmung verändert sich bei körperlicher Tätigkeit, z. B. nach einem 60-m-Lauf.
– Stellt das Atemzeitvolumen bei entspannter Sitzhaltung fest!
– Steht dann 40 mal innerhalb einer Minute vom Stuhl auf und stellt erneut das Atemzeitvolumen fest!
– Kontrolliert vor und nach der Messung den Puls!
– Welche Veränderungen in der Atmung und im Puls traten nach der körperlichen Belastung auf? Vergleicht die Werte mit ein bis zwei Klassenkameraden!

5. Training der Atemmuskulatur

Die Atemmuskulatur kann man z. B. durch sportliche Übungen (Ausdauerlauf, Fahrradfahren) trainieren. Es gibt auch einfache Geräte, z. B. Atemtrainer aus der Apotheke, mit denen man tägliche Übungen durchführen kann. Dabei muss man so kräftig wie möglich in den Schlauch blasen. Die Kugeln werden dabei nach oben gepustet. Jetzt muss man die Kugeln so lange wie möglich oben halten (Zeit stoppen)!

6. Wettbewerbe zur Atemstoßkraft

a) Stellt ein brennendes Teelicht auf den Tisch! Die Entfernung zwischen Teelicht und Tischkante beträgt 1,50 m.
Versucht das Licht auszublasen!
Gelingt das nicht, wird das Teelicht 10 cm näher zur Tischkante gestellt und der Versuch wiederholt!
Wer es schafft, das Licht aus der größten Entfernung auszupusten, ist Sieger!
b) Füllt eine etwas größere Schüssel mit Wasser und legt einen Tischtennisball auf das Wasser!
Zwei Schüler stehen sich an der Schüssel gegenüber und versuchen, den Ball in ein aufgemaltes Tor am Schüsselrand zu blasen!
Spielzeit 30 sek bis 1 min.
Sieger ist, wer die meisten Tore schießt!
c) Stellt fest, wer die leistungsfähigste Atemmuskulatur hat?
Pustet dazu so stark ihr könnt an den Windmesser! Die Windgeschwindigkeit, die ihr durch euer Pusten erzeugt, gibt Aufschluss über die Leistungsfähigkeit der Atemmuskulatur.
Sieger ist, wer die höchste Windgeschwindigkeit erreicht!

Atmung des Menschen **71**

Teste dein Wissen

1. Benenne die Atmungsorgane entsprechend der Ziffern 1–6!

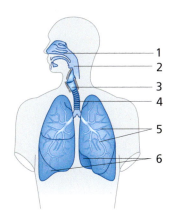

2. Beschreibe den Weg der Einatemluft! Gehe dabei auch auf die Funktion der einzelnen Atemorgane ein!

3. Sauerstoff und Kohlenstoffdioxid sind Atemgase.
   a) Beschreibe anhand der Abbildung den Bau eines Lungenbläschens!

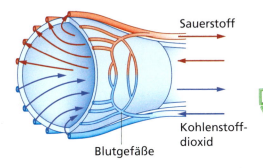

   b) Erkläre den Austausch der Atemgase zwischen Lungenbläschen und Blutgefäßen!

4. Der Anteil an Kohlenstoffdioxid ist in der Ausatemluft höher als in der Einatemluft. Erkläre, wie es dazu kommt!

5. Erläutere den Zusammenhang zwischen Bau und Funktion am Beispiel der Lungenbläschen!

6. Übernimm den Lückentext in dein Heft! Vervollständige den Lückentext!
   Der Austausch der Atemgase …①… und …②… findet zwischen den…③… und dem …④… statt. Die Lungenbläschen haben eine dünne Wand und sind von einem Netz feiner …⑤… umgeben. Der …⑥… gelangt aus den Lungenbläschen in das …⑦… und wird mit dem Blut in alle Teile des …⑧… transportiert. Auf dem gleichen Weg gelangt das …⑨…aus allen Teilen des Körpers mit dem …⑩… in die Lungenbläschen und wird ausgeatmet.

7. In unserer Lunge befinden sich etwa 300 Mio. bis 500 Mio. Lungenbläschen. Sie bilden aneinander gelegt eine Fläche von $70\,m^2$ bis $80\,m^2$.
   Überlege, welche Auswirkungen das auf unsere Atmung haben kann!

8. Beim Wandern werden 17 Liter Luft je Minute eingeatmet, beim Schlafen nur 5 Liter.
   Begründe den Unterschied!

9. a) Sammle aus Tageszeitungen, Fernseh- und Rundfunkmeldungen Berichte über Drogen! Nimm auch das Internet zu Hilfe!
   b) Erläutere an Beispielen Gefahren der Drogeneinnahme!

10. Nikotin ist ein Hauptbestandteil des Zigarettenrauches!
    Informiere dich im Internet und in Nachschlagewerken, welche gesundheitlichen Schäden durch Nikotin hervorgerufen werden könnten. Bereite dazu einen Kurzvortrag vor!

Das Wichtigste im Überblick

Atmung

Die Atmung ist ein Kennzeichen des Lebens. Mithilfe der Atmungsorgane werden alle Teile des Körpers mit dem lebensnotwendigen Sauerstoff versorgt.

Atmungsorgane   **Bau des Lungenbläschens**

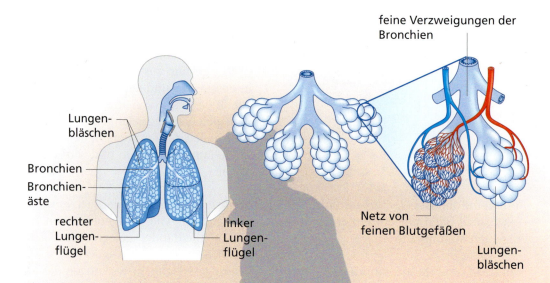

Gasaustausch

Der **Gasaustausch** erfolgt zwischen Lungenbläschen und Blutgefäßen.
Sauerstoff gelangt aus den Lungenbläschen ins Blut und mit dem Blut über das Herz zu allen Organen und Zellen des Körpers.
Kohlenstoffdioxid wird mit dem Blut von den Organen und Zellen des Körpers über das Herz zu den Lungenbläschen transportiert und ausgeatmet.
Die **Einatemluft** hat einen höheren Sauerstoffanteil und niedrigeren Kohlenstoffdioxidanteil als die **Ausatemluft**.

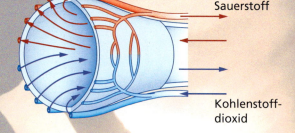

Erkrankungen der Atmungsorgane

Die Erkrankungen der Atmungsorgane können durch Krankheitserreger und schädliche Substanzen der Luft hervorgerufen werden. Beispiele sind Bronchitis, Lungenentzündung, Lungenkrebs, Schnupfen, Tuberkulose.

Atmung von Tieren in Abhängigkeit vom Lebensraum 73

3.2 Atmung von Tieren in Abhängigkeit vom Lebensraum

Atmung auf dem Land
Vögel bewegen sich in der Regel mit ihren Flügeln vorwärts, sie fliegen. Dazu benötigen sie viel Energie. Zur Umwandlung der Energie aus den Nährstoffen der Nahrung wird viel Sauerstoff benötigt.
Wie sind die Atmungsorgane der Vögel von diesen hohen Verbrauch von Sauerstoff angepasst?

Atmung im Wasser
Fische bilden die artenreichste Gruppe innerhalb der Wirbeltiere überhaupt. Ihr ausschließlicher Lebensraum ist das Wasser. Während Mensch, Hund oder Vogel im Wasser immer wieder auftauchen müssen, um „Luft zu holen", können sich die Fische unter Wasser tummeln.
Warum ersticken Fische nicht im Wasser?

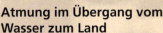

Atmung im Übergang vom Wasser zum Land
Das Wort Amphibien kommt aus dem Griechischen und bedeutet so viel wie „Doppeltes Leben". Dieser andere Name für Lurche ist gar nicht so falsch, denn Lurche verbringen einen Teil ihres Lebens im Wasser und den anderen auf dem Land.
Wie ist die Atmung der Lurche an diese Lebensräume angepasst?

Lebewesen atmen auf verschiedene Weise

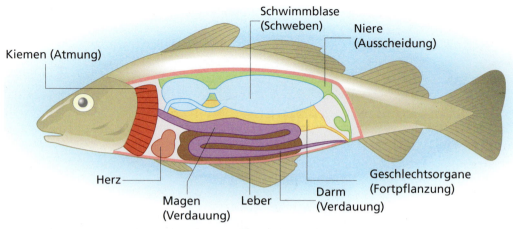

1 Innere Organe eines Fisches (schematisch)

Atmung von Fischen

Fische müssen, wie alle anderen Lebewesen, Sauerstoff aufnehmen, um leben zu können. Den in der Luft enthaltenen Sauerstoff können sie nicht nutzen, denn sie leben ausschließlich im Wasser.
Aber auch im Wasser ist Sauerstoff enthalten. Ein Mensch kann diesen Sauerstoff zur Atmung nicht nutzen und würde unter Wasser ersticken. Fische dagegen haben spezielle **Atmungsorgane**, mit denen es möglich ist, diesen Sauerstoff zu nutzen, nämlich **Kiemen**.
Wenn man einen Fisch im Aquarium beobachtet, wird man festellen, dass er in regelmäßigen Abständen das Maul öffnet und schließt. Im gleichen Rhythmus werden kleine Deckel geöffnet und geschlossen, die seitlich am Kopf liegen. Das sind **Kiemendeckel**, die die **Kiemen** schützen (Abb. 1).
Da sie im Inneren des Körpers liegen, bezeichnet man sie als *innere Kiemen*.
Die *Kiemen* (Abb. 2a) bestehen aus vier hintereinander liegenden knöchernen *Kiemenbögen*. An jedem Kiemenbogen sitzen sehr viele hauchdünne *Kiemenblättchen* (Abb. 2b). Sie sind gut durchblutet, das sieht man an der roten Färbung.
Auf der dem Maul zugewandten Seite der Kiemenbögen sitzen viele feine Zähnchen (Reusenzähnchen), die *Kiemenreuse*.

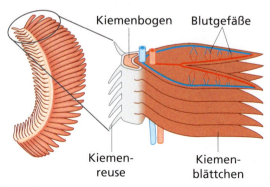

2 Kiemen eines Fisches: Forelle (Original a); Einzelkieme (b)

Atmung von Tieren in Abhängigkeit vom Lebensraum **75**

Beim Öffnen des Mauls saugt der Fisch frisches Wasser in die Mund- und Kiemenhöhle. Die Kiemendeckel sind dabei geschlossen. Wenn der Fisch das Maul schließt, öffnen sich die Kiemendeckel. Das Wasser wird aus den Kiemenhöhlen durch die Kiemendeckel nach außen gedrückt. Die Kiemendeckel funktionieren dabei zusätzlich als eine Art Pumpe, da sie beim Öffnen einen Sog nach außen erzeugen (Abb. 1 u. 2).

Die Atembewegung sorgt dafür, dass die Kiemen im Inneren des Fisches ständig von frischem, sauerstoffreichem Wasser umspült werden.
Durch die stark durchblutete und zarte Haut der Kiemenblättchen gelangt der *Sauerstoff* aus dem Wasser in die dicht unter der Hautoberfläche liegenden Blutgefäße (Kapillaren). Gleichzeitig wird *Kohlenstoffdioxid* aus dem Blut an das Wasser abgegeben. Es findet auch hier ein **Gasaustausch** statt.

Durch den Bau der Kiemen (sehr viele und zarte Kiemenblättchen) wird eine **große Oberfläche für den Gasaustausch** geschaffen. So kann genügend Sauerstoff aus dem Wasser aufgenommen und mithilfe des Blutes in alle Teile des Fisches transportiert werden. Die Reusenzähnchen filtern feste Teile aus dem Atemwasser, so dass die zarten Kiemenblättchen nicht beschädigt werden.

 Fische atmen durch Kiemen.
Zwischen der Oberfläche der Kiemenblättchen und der in ihnen liegenden Blutgefäße findet der Gasaustausch statt.

Aufgabe

1. Menschen würden ohne Tauchausrüstung unter Wasser ersticken. Warum braucht ein Fisch keine Luft zum Atmen?

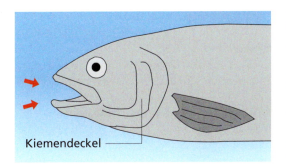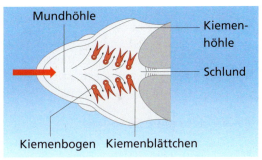

1 Einströmen des Wassers in das Maul des Fisches (äußere und innere Ansicht)

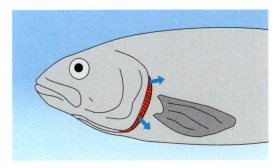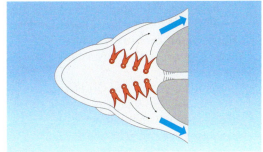

2 Ausströmen des Wassers aus den Kiemenhöhlen (äußere und innere Ansicht)

Untersuche die Kiemenbögen eines Fisches!

Materialien:
Fisch, Präparierbesteck, Lupe, Unterlage (Präparierschale), Zeichenpapier
Durchführung und Beobachtung:
- Skizziere den Fischkopf und beschrifte die erkannten Teile!
- Versuche vorsichtig mit dem Finger den Weg des Atemwassers nachzuvollziehen!
- Entferne mit der Schere den Kiemendeckel! Betrachte die freigelegten Kiemen mithilfe einer Lupe!
- Trenne mit einer Schere eine Kieme heraus!
- Skizziere die Kieme und beschrifte die Teile!
- Lege die Kieme in ein Gefäß mit Wasser. Was verändert sich? Beschreibe!

Auswertung:
- Erkläre, wie der Bau der Kiemen an ihre Funktion angepasst ist!

Bauen eines Kiemenmodells

Materialien:
Papiertaschentuch, Schere, Zahnstocher
Durchführung:
- Schneide ein Papiertaschentuch in Streifen und lege die Streifen übereinander!
- Stecke einen Zahnstocher durch ein Ende des Papierstapels (s. Abb. re. o.)!

Modelldiskussion:
- Vergleiche Modell und Original!
- Welche Teile des Kiemens werden mit diesem Modell abgebildet?
- Bestimme die Grenzen des Modells!

Modellversuch: Warum Fische an Land ersticken

Materialien:
Kiemenmodell, Plastikschale mit Wasser
Durchführung und Beobachtung:
- Halte das Modell in die Schale mit Wasser und beobachte, was mit den Kiemenblättchen passiert!
- Entferne das Modell nun aus dem Wasser. Beobachte wieder, was mit den Kiemenblättchen passiert!

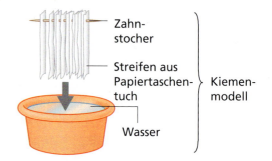

Auswertung:
- Leite aus den Beobachtungen ab, warum ein Fisch an der Luft erstickt!

Untersuchen des Sauerstoffgehalts im Wasser

Materialien:
durchsichtiges Glas, Wasser
Durchführung und Beobachtung:
- Fülle das Glas so mit Wasser, dass keine Luftblasen an der Wand des Gefäßes haften bleiben!
- Stelle das Gefäß in die Sonne oder auf eine Heizung!
- Beobachte das Glas 2 Tage lang und notiere deine Beobachtungen!
- Ziehe eine Schlussfolgerung! Nutze dazu die Angaben aus Aufg. 3, S. 81!

Wie andere Wassertiere atmen

Es gibt außer den Fischen noch viele andere Tiere, die nur im Wasser leben. Dazu gehören u. a. viele **wirbellose Tiere** wie die Krebstiere und Muscheln.
Auch sie sind in der Lage, den Sauerstoff, der im Wasser gelöst ist, zu nutzen. Entweder haben sie Kiemen, die sich wie bei den Fischen im **Inneren des Körpers** befinden (Innenkiemen), oder solche, die als Anhängsel **außerhalb des Körpers** (Außenkiemen) zu finden sind.
Zu den wirbellosen Tieren, die Innenkiemen besitzen, gehören u. a. Muscheln sowie einige Krebstiere.

Die *Sternschnecke* (Abb. 1) dagegen trägt ihre Kiemen als Anhängsel außerhalb des Körpers. Durch die feinen Fäden und Verzweigungen ist auch bei dieser Art der Kiemen die Oberfläche vergrößert, durch der für die Atmung notwendige Sauerstoff aufgenommen werden kann.
Die Haut dieser Kiemen ist sehr **dünn,** was den **Gasaustausch** erleichtert bzw. erst möglich macht. Der Gasaustausch funktioniert übrigens nur ausreichend, wenn die Oberfläche feucht ist.

Manche Wassertiere besitzen weder Außenkiemen noch Innenkiemen. Sie atmen durch die **Haut.** Die Haut muss dazu ebenfalls dünn und feucht sein.

Die *Süßwasserplanarie* (Abb. 2) deckt ihren gesamten Sauerstoffbedarf durch die dünne, feuchte Haut. Die Außenhaut bei den meisten Tieren ist im Verhältnis zum Körper nicht groß genug (geringe Oberfläche), um genug Sauerstoff zur Versorgung des gesamten Körpers aufzunehmen. Bei kleineren Tieren, wie der *Süßwasserplanarie,* reicht die Hautoberfläche aber aus. Denn ein kleiner Körper hat im Verhältnis zum Volumen eine größere Oberfläche als ein größerer Körper bei gleicher Form (Abb.).

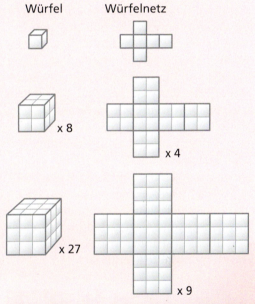

1 Sternschnecke mit äußeren Kiemen

2 Süßwasserplanarie atmet durch die Haut

Atmung bei Lurchen

Die Atmungsorgane von Tieren sind an ihren Lebensraum angepasst. Der Fisch lebt im Wasser und atmet durch Kiemen. Der Mensch lebt auf dem Land und atmet durch Lungen. *Wie aber atmen Tiere, die ihr Leben in verschiedenen Lebensräumen zubringen?*

Der *Grasfrosch*, ein Froschlurch, gehört zu diesen Tieren. Er hält sich z. B. in feuchten Gebieten, Wiesen oder Waldlichtungen auf. Zur Paarungszeit begeben sich Männchen und Weibchen ins Wasser. Das Weibchen legt Eier (Laich) ab und das Männchen gibt seinen Samen darüber. Wenn es zur Befruchtung kommt, entwickeln sich aus den befruchteten Eiern **im Wasser** die erwachsenen Frösche. Diese gehen wieder **an Land** (s. S. 145). An diese beiden Lebensräume während der Entwicklung sind Frösche in Bezug auf die Atmung gut angepasst.

Aus den Eiern (dem Laich) schlüpfen zunächst kleine Larven, Kaulquappen, die zunächst **büschelartige Außenkiemen** besitzen (Abb. 1). Die Außenkiemen werden im Laufe der Entwicklung von einer Hautfalte überwachsen und liegen dadurch in einer Kiemenhöhle im Inneren des Körpers. Sie besitzen nun **innere Kiemen**.

Im weiteren Verlauf der Entwicklung bildet sich eine **einfach gekammerte, sackförmige Lunge** aus (Abb. 2). Mit dieser ist der Frosch in der Lage, an Land zu leben. Die Froschlunge ist durch ihren einfachen Bau nicht besonders leistungsfähig. Bis zur Hälfte seines Sauerstoffbedarfs deckt der Frosch aber über seine **feuchte, dünne Haut**.

Atembewegung beim Frosch*:* Beim *Einatmen* saugt der Frosch durch die Nasenlöcher Luft in seine große Mundhöhle. Dann schließt er die Nasenlöcher und presst die Mundhöhle zusammen. Dadurch wird die Luft durch die Luftröhre in die Lunge **gedrückt,** die sich dadurch dehnt.

Beim *Ausatme*n zieht sich die Lunge durch ihre Elastizität zusammen. Zusätzlich wird sie durch das Anspannen der Brustmuskulatur zusammengedrückt. Die Luft entweicht aus dem Atemtrakt.

Aufgaben

1. Frösche können auf dem Grund eines zugefrorenen Sees überwintern. Sie haben keine Kiemen.
   Warum ersticken sie nicht?
2. Warum ist der Frosch auch an Land auf feuchtes Gebiet angewiesen?

1 Kaulquappen (ca. 2 Wochen alt)

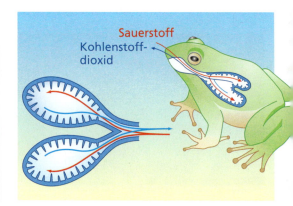

2 Atmung eines Frosches

Atmung von Tieren in Abhängigkeit vom Lebensraum 79

Atmung der Vögel

Der Übergang vom Wasser zum Land war u. a. durch die Entwicklung von Lungen möglich. Die Lungen liegen innerhalb des Körpers und ihre innere Oberfläche kann daher nicht austrocknen.
Alle landlebenden Wirbeltiere atmen durch Lungen. Der Bau der Lungen ist jedoch von Wirbeltierklasse zu Wirbeltierklasse unterschiedlich. Frösche und die meisten anderen **Lurche** haben *einfach gekammerte, sackförmige Lungen*. Bei Eidechsen und allen anderen **Kriechtieren** ist die innere Oberfläche der Lunge stark gefaltet. Man sagt auch, die Lunge ist *mehrfach gekammert*.
Säugetiere besitzen, wie der Mensch (s. S. 63) eine Lunge mit *schwammartiger Struktur aus Lungenbläschen*.

Die **Lunge der Vögel** ist besonders leistungsfähig. Vögel benötigen zum Fliegen nämlich viel Energie. Diese Energie wird durch den Abbau der Nährstoffe in den Zellen so umgewandelt, dass sie genutzt werden kann. Für diesen Vorgang wird sehr viel Sauerstoff benötigt.

Die Vogellunge ist durch ihren Bau an diesen hohen Sauerstoffbedarf sehr gut angepasst. Sie ist im Inneren sehr fein verästelt, so dass eine große innere Oberfläche entsteht. Sie ist im Verhältnis zur Oberfläche der Lunge eines Menschen größer. Dadurch kann besonders viel Sauerstoff aufgenommen und mit dem Blut in alle Teile des Körpers transportiert werden.

Eine Besonderheit bei den Vögeln sind die **Luftsäcke.** Das sind sackartige Fortsätze der Lunge, die zwischen den anderen Organen des Vogels liegen. Sie reichen sogar bis in die Knochen hinein. Die Luftsäcke nehmen zusätzlich zur Lunge Luft auf und wirken wie Blasebälge. Durch ihren besonderen Bau und ihre Anordnung sorgen sie dafür, dass sowohl beim Einatmen als auch beim Ausatmen frische Luft in die Lunge gelangt.
Durch die Luftsäcke wird außerdem die Masse des Vogels verringert und so das Fliegen erleichtert.

> **M** Vögel atmen durch leistungsfähige Lungen. Luftsäcke (Ausstülpungen der Lunge) unterstützen die Atmung und verringern die Masse des Vogels.

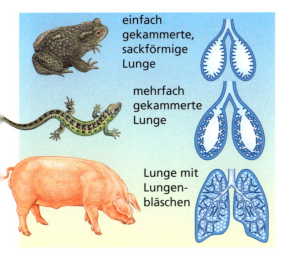

1 Lungen bei verschiedenen Wirbeltieren

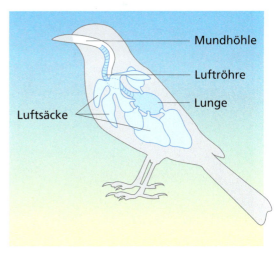

2 Atmungsorgane und Luftsäcke

Wie andere landlebende Tiere atmen

Auch **Insekten** haben Atmungsorgane, die an das Landleben angepasst sind. Die Atmungsorgane der Insekten sind **Tracheen**. Sie befinden sich im Inneren des Körpers (Abb. 2), so dass die feuchte, dünne Oberfläche nicht austrocknen kann.
Tracheen sind kleine, fein verzweigte Atemröhrchen, die sich durch den ganzen Körper eines Insekts ziehen. Ihre feinsten Verästelungen erreichen die Oberfläche von fast jeder Zelle im Körper.
Im Gegensatz zu den Wirbeltieren benötigen Insekten daher nicht das Blut als Transportmittel für den Sauerstoff. Der Gasaustausch kann direkt zwischen den Tracheen und den Zellen stattfinden.
Die Tracheen enden nach außen in kleinen **Atemöffnungen** (Abb. 2). An jedem Körperring eines Insekt befindet sich auf beiden Seiten eine solche Atemöffnung.
Bei großen Insekten wie Heuschrecken (Abb. 1) kannst du sie mit bloßem Auge sehen.
Wenn man z. B. eine Hummel lange beobachtet, kann man sehen, dass sie den Hinterleib rhythmisch auf und ab bewegt. Mit dieser Pumpbewegung pressen Insekten verbrauchte Luft aus den Tracheen und saugen frische hinein. Man kann diese Bewegung mit dem Ein- und Ausatmen vergleichen. Das Ein- und Ausströmen der Luft durch die Atemöffnungen kann man sogar als leises Pfeifen hören.

Die Tracheen sind für die Aufnahme von Sauerstoff aus der Luft angepasst.

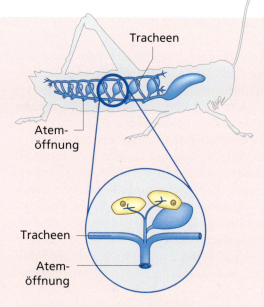

2   Tracheen mit Atemöffnung

1   Großes Heupferd – verbreitet in ganz Europa

Atmung von Tieren in Abhängigkeit vom Lebensraum   81

Teste dein Wissen

1. Beobachte an Aquarienfischen deren Atmungsbewegungen!
   Vergleiche mit den Abbildungen auf der Seite 75!
   Beschreibe die Atmung der Fische!

2. Vergleiche die Atembewegung der Fische und der Frösche mit der des Menschen. Lege dazu eine Tabelle an.

3. In einem heißen Sommer sterben häufig Fische in flachen Gewässern, obwohl ausreichend Wasser vorhanden ist.
   a) Finde eine Erklärung für diese Erscheinung. Nutze die Abbildung dazu.

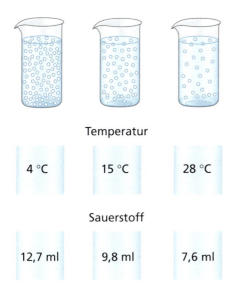

   b) Warum muss man in Aquarien eine Pumpe einbauen?

4. Fische atmen durch Kiemen, erwachsene Lurche und Kriechtiere atmen durch Lungen.
   a) Betrachte die abgebildeten Atmungsorgane! Welche gehört zu einem Fisch, einem Lurch und welche zu einem Kriechtier?
   Begründe deine Zuordnung!

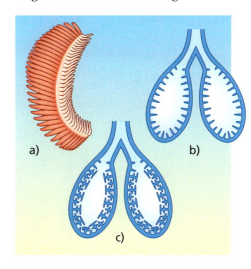

   b) Welche Lunge (b oder c) ist leistungsfähiger? Begründe deine Antwort!
   c) Kriechtiere können nicht durch die Haut atmen. Suche nach Gründen dafür!

5. Nenne alle Atmungsorgane, mit denen der Frosch im Laufe seines Lebens seinen Sauerstoffbedarf deckt!
   Finde zu jedem Atmungsorgan ein Tier, das seinen Sauerstoffbedarf ausschließlich mit dem gefundenen Atmungsorgan deckt!

6. Vergleiche die Atmung der Fische mit der von Lurchen, Kriechtieren, Vögeln und Säugetieren! Nenne Gemeinsamkeiten und Unterschiede!

7. Erkläre, warum die Luftsäcke der Vogellunge eine Anpassung an die Lebensweise der Vögel sind.

8. Vergleiche die Tracheenatmung der Insekten mit durch Lungen atmenden Tieren!

Das Wichtigste im Überblick

Atmung ist ein lebenswichtiger Vorgang.
Die Atmungsorgane sind dem jeweiligen Lebensraum angepasst.

Lebensraum Land

Kriechtiere, Vögel und Säugetiere atmen ausschließlich durch **Lungen**.
Die Vogellunge ist die leistungsfähigste. Sie ist stark gekammert und besitzt zusätzlich Luftsäcke.
Dadurch kann mehr Sauerstoff aufgenommen werden.

Lebensraum Wasser/Land

Lurche machen während ihrer Entwicklung eine Metamorphose durch.
Die jungen Larven (Kaulquappen) atmen durch **Außenkiemen**,
die älteren durch **Innenkiemen** und die erwachsenen Frösche durch **Lungen** und **Haut**.

Lebensraum Wasser

Fische atmen durch **Kiemen**.
Mithilfe der Kiemen sind sie in der Lage, den im Wasser gelösten Sauerstoff zu nutzen.

3.3 Atmung von Pflanzen

Atmen ohne Kiemen oder Lungen
Tiere haben zur Atmung spezielle Atmungsorgane ausgebildet, z. B. Kiemen oder Lungen. Pflanzen sind anders aufgebaut, Lungen oder Kiemen findet man bei ihnen nicht. Sie sind aber Lebewesen und müssen demzufolge atmen.
Wie atmen Pflanzen?

Erkenntnisgewinnung in der Biologie
Lange Zeit war unklar, warum die Luft, die wir einatmen, nicht irgendwann einmal verbraucht bzw. „schlecht" sein würde. Durch viele Beobachtungen und Experimente haben Wissenschaftler versucht, dieses Problem zu klären.
Welches Experiment gab den entscheidenen Hinweis, um dieses Problem zu klären?

Grüne Lunge Park
In großen Städten werden bewusst viele Parkanlagen angelegt. Sie sollen das Antlitz der Stadt verschönern, den Menschen Raum für Erholung bieten und die Luft verbessern. Man sagt, eine Parkanlage ist die grüne Lunge einer Stadt.
Was ist damit gemeint?
Welche Bedeutung haben Pflanzen für andere Lebewesen?

Wie Pflanzen atmen

Menschen und Tiere müssen ständig atmen. Sie nehmen den notwendigen Sauerstoff z. B. durch Lungen oder Kiemen auf. Spezielle Atmungsorgane kann man bei Pflanzen auf den ersten Blick nicht erkennen. Pflanzen sind Lebewesen, demzufolge müssen sie atmen.
Doch wie funktioniert das bei Pflanzen?

Bei der Atmung von Mensch und Tier wird *Sauerstoff* aufgenommen und *Kohlenstoffdioxid* an die Umwelt ausgeschieden. Wenn Pflanzen ebenfalls atmen, müssten sie u. a. auch Kohlenstoffdioxid abgeben. Um dies zu überprüfen, eignet sich ein einfaches **Experiment** (Abb. 1).

Mithilfe von Kalkwasser kann man Kohlenstoffdioxid durch weißlichen Niederschlag nachweisen (s. S. 66). Wenn man die Experimentdarstellung in Abbildung 1 genau betrachtet, ist es möglich, selbst die Frage zu beantworten, ob die Pflanzen atmen.

Der Vorgang der Atmung läuft vor allem in den Zellen ab. Dabei wird also Kohlenstoffdioxid gebildet und Sauerstoff verbraucht. Auch den Sauerstoffverbrauch kann man in einem einfachen Versuch nachweisen (s. S. 85).

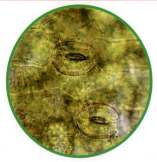

2 Blattunterseite einer Tulpe mit Spaltöffnungen

Wie gelangt der Sauerstoff in die Pflanzen und das Kohlenstoffdioxid wieder heraus?
Wenn man von der Unterseite eines Laubblattes vorsichtig die Haut abzieht und mithilfe eines Mikroskops betrachtet, kann man kleine Öffnungen erkennen.
Das sind **Spaltöffnungen** (Abb. 2). Durch diese Spaltöffnungen gelangen mit der Luft Kohlenstoffdioxid und Sauerstoff in die Pflanze bzw. wieder heraus.

> **M** Pflanzen atmen. Dabei wird Sauerstoff aufgenommen und Kohlenstoffdioxid gebildet.

Aufgabe

1. Pflanzen sind Lebewesen und atmen.
   a) Beschreibe, wie Pflanzen atmen!
   b) Vergleiche mit der Atmung von Mensch und Tier!
   c) Versuche zu erklären, warum der Versuch im Dunkeln stattfinden muss!

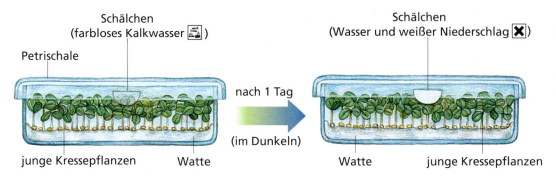

1 Nachweis der Kohlenstoffdioxidabgabe bei der Pflanzenatmung am Beispiel junger Kressepflanzen

Atmung von Pflanzen 85

Versuche zur Pflanzenatmung

Materialien:
2 Standzylinder, Draht, Kerze, 2 Deckscheiben, Wasser, keimende Erbsen

Tipp: Sauerstoff ist nötig, damit eine Flamme brennen kann. Fehlt er, erlischt die Flamme.

Durchführung:
a) Fülle einen Standzylinder zu einem Viertel mit keimenden Erbsen und gib etwas Wasser dazu!
b) Ein zweiter Zylinder wird als Kontrollversuch nur mit der gleichen Menge Wasser gefüllt!
c) Decke beide Zylinder mit einer Glasplatte ab und stelle sie bei Zimmertemperatur verdunkelt auf!
d) Befestige die Kerze am Draht und führe die brennende Kerze in beide Zylinder nach einem Tag ein (s. Abb.)!
e) Notiere deine Beobachtungen!

Auswertung:
a) In welchem Standzylinder ist die Kerze schneller erloschen?
b) Leite aus dieser Beobachtung ab, in welchem Standzylinder (mehr) Sauerstoff enthalten war! Begründe diese Tatsache!
c) Erkläre, warum auch die Kerze im zweiten Standzylinder nach kurzer Zeit erlischt!
d) Welche Beobachtung kannst du machen, wenn ein in Kalkwasser (🖼) getränkter Glasstab in den Standzylinder Nr. 1 gehalten wird? Welches Atemprodukt kannst du so nachweisen?

Mache Spaltöffnungen sichtbar!

Materialien:
frische Blätter von Fliedersträuchern oder Birken, durchsichtiger Nagellack, Objektträger, Deckgläschen, Mikroskop

Durchführung:
a) Bestreiche die Blattunterseite dünn mit durchsichtigem Nagellack und lass den Nagellack vollständig trocknen!
b) Ziehe die Nagellackschicht vorsichtig vom Blatt ab. So erhältst du einen Abdruck von der Blattunterseite!
c) Betrachte den „Nagellackabdruck". mithilfe eines Mikroskops (Handhabung s. S. 215).

Auswertung:
a) Skizziere eine Spaltöffnung! Ist sie geschlossen oder offen?
b) Über die Spaltöffnungen werden nicht nur Sauerstoff und Kohlenstoffdioxid abgegeben und aufgenommen, sondern auch Wasserdampf abgegeben. Die Pflanze reguliert über das Öffnen und Schließen der Spaltöffnungen, wie viel Wasser abgegeben wird. Sind die Spaltöffnungen geschlossen (a) oder offen (b) an
   – einem trocknen und heißen Tag,
   – einem bewölkten, regnerischen Tag?
c) Stelle eine Vermutung auf, was passieren würde, wenn die Spaltöffnungen immer geschlossen bleiben!
d) Bei einer Seerose schwimmen die Blätter auf dem Wasser. Vermute, wo sich bei einem Seerosenblatt die Spaltöffnungen befinden! Begründe deine Vermutung!

Ohne Pflanzen – kein Leben

Pflanzen verbrauchen während der **Atmung** Sauerstoff. Andererseits produzieren sie aber auch **Sauerstoff**, und zwar mehr als sie bei der Atmung verbrauchen. Sie geben daher Sauerstoff an die Umgebungsluft ab.
Während der **Fotosynthese** (s. S. 55) werden unter Nutzung des Lichtes und mithilfe des grünen Blattfarbstoffs (Chlorophyll) Traubenzucker und Sauerstoff gebildet. Der Sauerstoff gelangt durch die Spaltöffnung nach außen.
Die meisten Lebewesen atmen. Dafür benötigen sie Sauerstoff, den sie der Luft entnehmen. Pflanzen sind aber die einzigen Lebewesen, die auch Sauerstoff produzieren. Der Sauerstoff der Luft wäre bald verbraucht, würde er nicht laufend durch die Pflanzen ergänzt werden.
Das bedeutet, dass heute das Leben aller Organismen auf der Erde direkt von den Pflanzen mit Chlorophyll abhängig ist.

Aufgabe

1. Arbeite den nachfolgenden Text durch! Gehe dabei nach der Schrittfolge von S. 42. vor. Bereitet einen Vortrag zu PRIESTLEY und seinem Experiment vor!

PRIESTLEY und sein Experiment

Die Frage, wie das eigentlich ist mit der Atmung und der Luft, interessierte die Wissenschaftler schon lange. Bis zum 18. Jahrhundert fand man keine Antwort. Und wie so oft spielte der Zufall eine Rolle.
Der englische Chemiker und Naturforscher JOSEPH PRIESTLEY (1733–1804) wollte eigentlich mithilfe von Experimenten, die er mit Tieren und Pflanzen durchführte, die Zusammensetzung der Luft erforschen. Und dabei stieß er auf den entscheidenden Hinweis.
1. Versuch: PRIESTLEY setzte eine lebende Maus in einen luftdicht abgeschlossenen Glasbehälter und beobachtete. Die Maus starb nach kurzer Zeit.
2. Versuch: PRIESTLEY stellte eine Pfefferminzpflanze in einen luftdicht abgeschlossenen Glasbehälter. Sie konnte unter diesen Bedingungen weiterleben und sogar wachsen.
3. Versuch: PRIESTLEY überlegte hin und her. Dann kam ihm eines Tages die Idee, die Maus und die Pfefferminzpflanze zusammen unter die Glasglocke zu bringen. Was passierte? Die Maus lebte auch nach 8 Tagen noch, und die Pfefferminzpflanze war sogar weiter gewachsen.
Aus seinen Beobachtungen zog PRIESTLEY die logische Schlussfolgerung, dass Pflanzen die Luft „verbessern" und Tiere die Luft „verschlechtern".
Heute kennen wir den Zusammenhang zwischen Fotosynthese und Atmung.

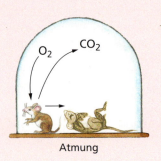
Atmung

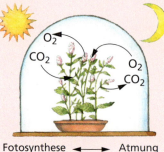
Fotosynthese ⇄ Atmung

Fotosynthese ⇄ Atmung

Pflanzen brauchen eine saubere Umwelt

Pflanzen können nur gedeihen, wenn die Lebensbedingungen (u. a. Wasser, Kohlenstoffdioxid, Licht, Mineralstoffe) gegeben sind. Davon abhängig sind auch die **Fotosynthese** und die **Atmung**. Beide Vorgänge können nur dann normal verlaufen, wenn die Umwelt die entsprechenden Voraussetzungen bietet.

Die **Fotosynthese** ist nur möglich, wenn genügend *Licht* vorhanden ist, *Wasser* zur Verfügung steht und *Kohlenstoffdioxid* aus der Luft aufgenommen werden kann. Diese Voraussetzungen werden aber durch die Tätigkeit des Menschen oft so verändert, dass die Fotosynthese gestört wird.
In Feuchtgebieten wird beispielsweise häufig durch Gräben zu viel Wasser abgeleitet. Dadurch kann Wassermangel für die Pflanzen entstehen, und die Fotosynthese kann nur vermindert oder gar nicht ablaufen.

Sehr nachteilig wirkt sich auch aus, wenn durch Fahrzeuge oder auf andere Weise *Staub* aufgewirbelt wird. Der Staub lagert sich auf den Laubblättern ab (Abb). Dadurch dringt weniger Licht in das Innere des Laubblattes. Außerdem werden die Spaltöffnungen verstopft. Dadurch kann nicht genügend Luft ausgetauscht werden. Demzufolge gelangt nicht genügend Kohlenstoffdioxid in die Pflanzen. Auch dadurch wird die Fotosynthese beeinträchtigt.

Im Ergebnis werden weniger *organische Stoffe* (z. B. Traubenzucker, Stärke) gebildet. Die Pflanzen wachsen und entwickeln sich langsamer oder sterben sogar ab. Für alle anderen Organismen steht weniger Nahrung zur Verfügung und es wird weniger Sauerstoff von den Blättern abgegeben.
Den Sauerstoff benötigen die meisten Organismen zur Atmung. Durch Staubablagerungen auf den Blättern wird auch die **Atmung** gestört. Durch die Verstopfungen der Spaltöffnungen kann nicht genügend Luft ausgetauscht werden. Demzufolge gelangen nicht genügend Atemgase in die Pflanzen und wieder heraus.

Nicht nur Staub, sondern auch *Schadstoffe* (z. B. Waschmittel, Schwefeldioxid) beeinträchtigen Fotosynthese und Atmung. Diese Stoffe zerstören u. a. Zellbestandteile in der Pflanze, die für den normalen Ablauf dieser beiden Lebensprozesse wichtig sind. Im Ergebnis können die Pflanzen ebenfalls absterben.

Von den Pflanzen ist heute das Leben aller anderen Organismen auf der Erde abhängig. Es ist daher wichtig, dass der Mensch alles tut, um die Lebensbedingungen der Pflanzen zu erhalten, also die Umwelt schützt.

4 Lebewesen bewegen sich

Bewegung des Menschen 89

4.1 Bewegung des Menschen

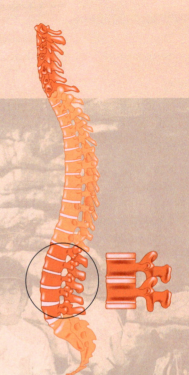

Skelett stützt den Körper
Das menschliche Skelett wird von etwa 220 Knochen gebildet. Je nach Funktion haben diese Knochen eine unterschiedliche Form und Größe (Abb.).
Wie sind die Knochen aufgebaut?
Warum sind sie druckfest und elastisch zugleich

Bewegung ist ein Zusammenspiel von Muskeln, Sehnen, Knochen und Gelenken
Die Fähigkeit zur aktiven Bewegung hängt von den Muskeln ab. Im Zusammenspiel mit Knochen, Sehnen und Gelenken können wir spielen, Sport treiben, arbeiten oder aktiv unsere Freizeit gestalten.
Warum ist unser Skelett nicht starr und steif?
Warum quietschen unsere Gelenke nicht?
Wird unser Herzmuskel niemals müde?

Bewegung fördert die Gesundheit
Körperliche Bewegung und Sporttreiben sind ein wichtiger Bestandteil gesunder Lebensführung. Das hält fit und macht sogar Spaß!
Wie könnt ihr euren Körper trainieren, und was müsst ihr dabei beachten? Was bewirkt ein Muskeltraining?

Das menschliche Skelett

Wenn ein Haus gebaut wird, benötigt man zunächst einen festen Rahmen – ein Grundgerüst. Unser **Skelett** ist dieses Stützgerüst in unserem Körper.

Das menschliche Skelett wird von etwa 220 Knochen gebildet. Die Knochen verleihen unserem Körper nicht nur Stabilität und geben ihm seine Form, sondern schützen auch unsere inneren Organe, z. B. die Schädelknochen das Gehirn, die Rippen die Lunge und das Herz.

Nach der äußeren Körpergliederung des Menschen – **Kopf, Rumpf, Gliedmaßen** – besteht das Skelett aus drei Hauptabschnitten:
– **Kopfskelett** oder **Schädel,** mit Hirnschädel und Gesichtsschädel,

– **Rumpfskelett** mit Wirbelsäule und Brustkorb,
– **Gliedmaßenskelett** mit Schultergürtel, Beckengürtel, Armskelett (Ober-, Unterarm-, Handknochen) und Beinskelett (Oberschenkel-, Unterschenkel- und Fußknochen, Abb. 1).

Aufgaben

1. Ertaste deine Rippen, das Schlüsselbein und die Schulterblätter sowie den Rand deiner Beckenknochen!
2. Ertaste die Elle vom Ellenbogen aus und die Speiche von der Daumenseite des Handgelenkes aus!
3. Ordne folgende Knochen den drei Hauptabschnitten des Skelettes zu: Elle, Nasenbein, Rippen, Handknochen, Unterkiefer, Becken und Schienbein!

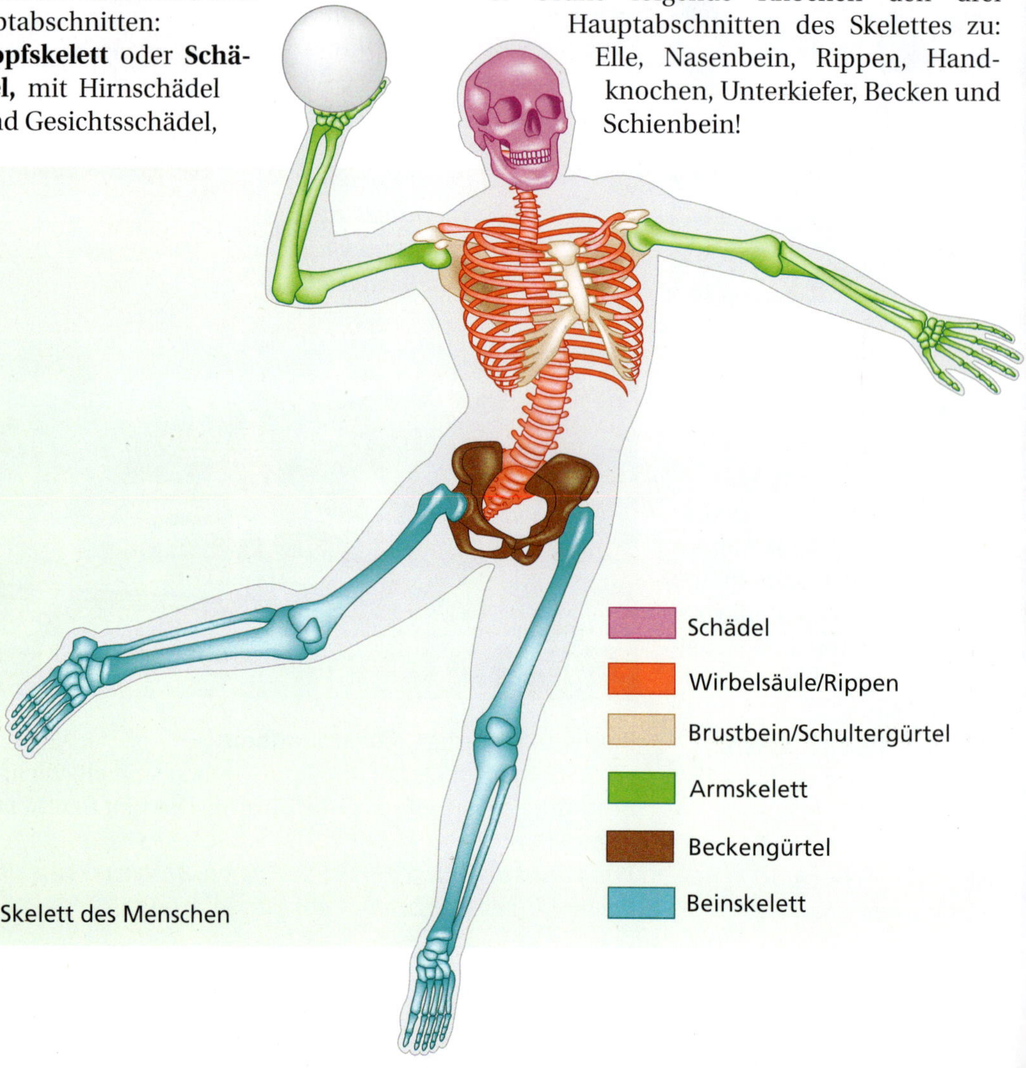

Schädel

Wirbelsäule/Rippen

Brustbein/Schultergürtel

Armskelett

Beckengürtel

Beinskelett

1 Skelett des Menschen

Bewegung des Menschen

Vergleich des menschlichen Skeletts mit dem Skelett von Menschenaffen

Die enge Verwandtschaft zwischen Mensch und Menschenaffen zeigt sich an vielen Gemeinsamkeiten.
Der Vergleich des Körperbaus von Menschen und Menschenaffen führte die Wissenschaftler zu der Erkenntnis, dass die Zahl und Anordnung der Knochen bei beiden gleich ist.

Gorillas gehören zu den Menschenaffen. Sie bewohnen afrikanische Wälder im Bereich des Äquators und zählen zu den bedrohten Arten. Wie beim Menschen unterscheidet man beim Gorillaskelett:
– Kopfskelett oder Schädel,
– Rumpfskelett mit Wirbelsäule und Brustkorb,
– Gliedmaßenskelett mit Schultergürtel, Beckengürtel, Armskelett und Beinskelett (Abb. 1).

So ähnlich sich die Skelette von Mensch und Gorilla auch sind, Unterschiede sind dennoch erkennbar. Der Gesichtsschädel ist beim Gorilla größer als der Hirnschädel. Beim Menschen ist es umgekehrt. Die Gorillaknochen sind dicker. Die Wirbelsäule ist nur einfach gekrümmt.

Aufgaben

1. Nimm ein Lineal und miss die Länge der Arme und Beine beim Menschen und beim Gorilla!
   Was kannst du feststellen?
2. Fertige eine Tabelle an, in der du Gemeinsamkeiten und Unterschiede im Körperbau (Skelett) zwischen Mensch und Gorilla zusammenträgst!
   Suche im Internet nach weiteren Unterschieden im Skelettbau!

Merkmale	Mensch	Gorilla
Schädel		
Wirbelsäule		
Knochenstärke		
Länge der Gliedmaßen		

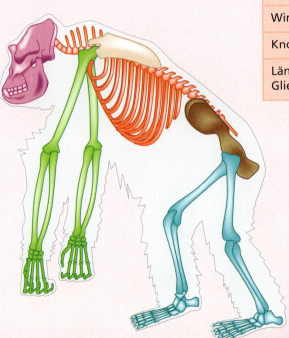

1 Skelett des Gorillas

Die Wirbelsäule des Menschen

Du kennst sicher das Sprichwort „Der hat kein Rückgrat". Es meint sinngemäß, dass derjenige keine Haltung, keine eigene Meinung hat, sich krumm macht.
Anatomisch gesehen hat jeder von uns ein Rückgrat. Es ist die **Wirbelsäule**, die Hauptstütze unseres Körpers.

Insgesamt sind über 30 knöcherne **Wirbel von unterschiedlicher Größe** und Beweglichkeit am Aufbau der Wirbelsäule beteiligt.

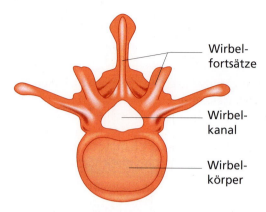

2 Einzelner Wirbel von oben gesehen

Die Halswirbel sind die kleinsten Wirbel. Es sind wie bei allen Säugetieren sieben Stück. Die Lendenwirbel tragen die Hauptlast des Körpers, sie sind am größten. Die Wirbel sind gegeneinander beweglich (Abb. 1).

Zwischen ihnen liegen **Zwischenwirbelscheiben** (**Bandscheiben**). Wenn man zwei Kreidestücke aneinander reibt, verändern sich deren Oberflächen. Das würde auch bei den Wirbelkörpern geschehen, wenn nicht die Bandscheiben dazwischen liegen würden. Sie bestehen aus Knorpel und verhindern das Aneinanderreiben der Wirbelkörper.
Außerdem wirken die Zwischenwirbelscheiben wie Stoßdämpfer: die vielfältigen Bewegungen unseres Körpers werden elastisch abgefedert (s. S. 95, Versuch 1).

Die Wirbel bestehen aus einem stabilen runden Wirbelkörper mit knöchernen Fortsätzen an der Rückseite. Diese bilden den Wirbelkanal, in dem das Rückenmark, unser Hauptnervenstrang, verläuft (Abb. 2).

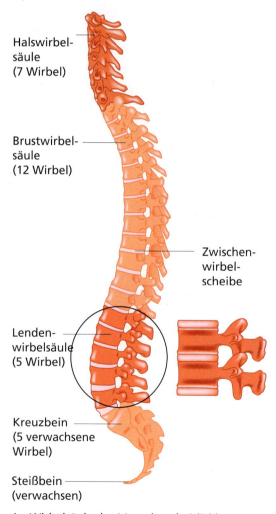

1 Wirbelsäule des Menschen (seitlich)

Halswirbelsäule (7 Wirbel)
Brustwirbelsäule (12 Wirbel)
Zwischenwirbelscheibe
Lendenwirbelsäule (5 Wirbel)
Kreuzbein (5 verwachsene Wirbel)
Steißbein (verwachsen)

Wusstest du schon,...

– dass die Bandscheiben der Wirbelsäule ein Viertel ihrer Gesamtlänge ausmachen?

Bei seitlicher Betrachtung der Wirbelsäule eines Erwachsenen erkennt man eine leichte **doppelt-S-förmige Krümmung** (Abb. 1, S. 92).

Unsere Wirbelsäule erhält beim Wachstum diese Gestalt. Ein Säugling besitzt zunächst eine nicht gekrümmte Wirbelsäule. In der Phase des „Sitzenlernens" und „Laufenlernens" krümmt sich die Wirbelsäule. Mit ungefähr 15 Jahren ist die Form der Wirbelsäule endgültig festgelegt (Abb. 1).

Die Entwicklung der doppelt-S-förmigen Krümmung der Wirbelsäule ermöglicht dem Menschen **aufrecht zu gehen.** Dadurch unterscheidet sich der Mensch von anderen Säugetieren.

Die Elastizität der Bandscheiben und die Krümmung der Wirbelsäule ermöglichen ein federndes Abfangen von Stößen. Im Alter schrumpfen die Bandscheiben.

Bei Überbelastung und bei Unfällen können sie sich verschieben und heftige Schmerzen verursachen.

Hauptstütze des Skelettes ist die Wirbelsäule. Sie ist doppelt-S-förmig gekrümmt, besitzt elastische Zwischenwirbelscheiben. Durch diesen Bau werden Stöße elastisch abgefangen.

Aufgaben

1. Lies den Text durch!
   Notiere in Stichpunkten alle Daten über die Wirbelsäule!
2. Erläutere den Zusammenhang zwischen Bau und Funktion am Beispiel der Zwischenwirbelscheiben!
3. Viele Leute klagen über Rückenschmerzen. Welche Ursache kann es dafür geben? Wie kann man Rückenschmerzen vorbeugen?

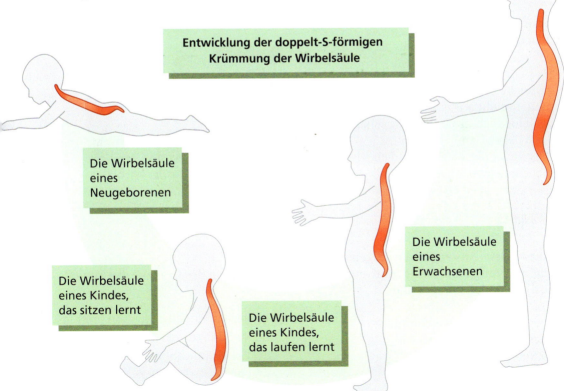

Entwicklung der doppelt-S-förmigen Krümmung der Wirbelsäule

Die Wirbelsäule eines Neugeborenen

Die Wirbelsäule eines Kindes, das sitzen lernt

Die Wirbelsäule eines Kindes, das laufen lernt

Die Wirbelsäule eines Erwachsenen

Wie arbeite ich mit Modellen?

Oftmals wirst du im Biologieunterricht mit Modellen arbeiten, z. B. mit dem Modell eines Gebisses oder mit einem Blütenmodell.

Mithilfe von Modellen werden schwierige Sachverhalte verständlich und anschaulich gemacht. Ein Modell stellt das wirkliche Objekt oder auch einen in der Natur vorkommenden Vorgang in vereinfachter Form dar. Es zeigt – entsprechend der Aufgabenstellung – nur ganz bestimmte Merkmale und Eigenschaften des Originals.

Das Modell stimmt deshalb mit der Wirklichkeit nur in ganz wichtigen Punkten überein. Deshalb wird klar, dass das Modell nicht für alles einsetzbar ist.

Du wirst nicht nur mithilfe fertiger Modelle im Biologieunterricht arbeiten. Du sollst auch selbst Modelle entwerfen. Dabei solltest du **schrittweise** vorgehen:

Aufgabe

Konstruiere ein Modell der menschlichen Wirbelsäule und untersuche damit ihre Elastizität und Stabilität!

1. Schritt

Sammeln und Auswerten von Informationen über das Original

Aussehen: doppelt-S-förmige Krümmung, aufrecht
Bau: besteht aus einzelnen Wirbeln, die unterschiedlich groß sind; zwischen den Wirbeln liegen Bandscheiben
Eigenschaften: biegsam und elastisch; stabil; Bandscheiben fangen Stöße ab

2. Schritt

Auswählen wesentlicher Eigenschaften, die zur Aufgabenlösung notwendig sind, um ein Modell herzustellen

Doppelt-S-förmige Krümmung
biegsam, elastisch, stabil
aufrecht
federnd

3. Schritt

Konstruieren des Modells

Material: Draht, Holzbrett, Gewichte

4. Schritt

Lösen der Aufgabe mithilfe des Modells

Durch die doppelte Krümmung wird die Stabilität und Elastizität (s. S. 95, Versuch 2) der Wirbelsäule gewährleistet.

5. Schritt

Bestimmen der Grenzen des Modells

Mit diesem Modell kann man nur Elastizität und Stabilität durch die doppelt-S-förmige der Wirbelsäule abbilden, die Wirkung der Zwischenwirbelscheiben nicht.

Bewegung des Menschen

Untersuche die Funktion der Bandscheiben!

Materialien:
4 Holzbausteine
2 Radiergummi
2 Gummiringe

Durchführung:
a) Baue ein Modell eines Wirbelsäulenabschnittes entsprechend der Abbildung b!
b) Baue ein weiteres Modell ohne Radiergummi! Achte darauf, dass die Gummiringe jetzt kürzer sein müssen, um die gleiche Spannung zu erhalten wie beim Modell b!

Probiere für jedes Modell die Bewegungsmöglichkeiten, indem du die Bauklötze nach links, rechts, vor und zurückkippst!

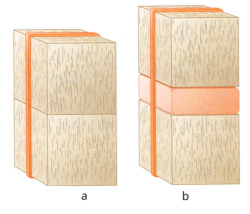

a   b

Auswertung:
a) Übernimm die Skizze vom Modell b in deinen Hefter!
b) Beschrifte die Teile des Modells analog dem Wirbelsäulenaufbau!
c) Welches der beiden Modelle konnte besser bewegt werden? Begründe dein Ergebnis!

Untersuche die Elastizität und Stabilität der menschlichen Wirbelsäule!

Materialien:
Einfach gebogener Draht
doppelt-S-förmig gebogener Draht
gerader Draht
Holzbrett mit vorgebohrten Löchern

Durchführung:
a) Baue entsprechend der Abbildung drei Modelle!
b) Befestige am oberen Ende je ein kleines Gewicht und beobachte!

Auswertung:
a) Beschreibe die unterschiedliche Wirkung der Belastung für alle drei Modelle!
b) Ordne die Modelle hinsichtlich ihrer Elastizität und Stabilität vom niedrigsten zum größten!
c) Welche Reihenfolge ergibt sich bei einer Ordnung nur nach Stabilität oder nur nach Elastizität?
d) Welche Eigenschaften der Wirbelsäule werden mit diesem Modell nicht abgebildet?

Bau und Funktionen der Knochen

Im Sportunterricht ist Weitsprung angesagt. Der Aufprall im Sand ist ganz schön heftig. Aber nichts ist gebrochen! Wie kommt das?

Die Wirbelsäule kann aufgrund ihres Baus Stöße federnd abfangen. Aber auch unsere Knochen haben ähnliche Eigenschaften, sie sind druckfest und elastisch zugleich. Zwei verschiedene Bestandteile in den Knochen sind dafür verantwortlich: Eiweißstoffe und Mineralstoffe. Die Knochen bestehen zu
– etwa 25 % aus „Knochenleim". Das ist eine gallertartige, fasrige Grundmasse von **Eiweißstoffen**, die dem Knochen seine **Elastizität** verleihen.
– Etwa 55 % sind eingelagerte **Mineralstoffe**, hauptsächlich Calciumsalze. Diese verleihen dem Knochen seine **Härte**.
– Der Rest ist Wasser.

Mit chemischen Untersuchungen kann man das leicht feststellen (s. S. 97).

 Knochen bestehen aus einer elastischen Grundmasse, in die Kalksalze eingelagert sind. Hierauf beruht die hohe Druck-, Zug- und Biegefestigkeit der Knochen.

Die über 200 Knochen unseres Skelettes haben nach ihrer Funktion eine unterschiedliche Größe und Form. Wir unterscheiden die lang gestreckten **Röhrenknochen**, wie Oberarm- und Oberschenkelknochen. Sie funktionieren als bewegliche Stützpfeiler. Dagegen sind die **Plattenknochen** fest miteinander verwachsen und funktionieren als Schutzkapsel, z. B. die Schädelknochen oder Beckenknochen.
Kurze Knochen sind z. B. Handwurzel- und Fußwurzelknochen.

Trotz unterschiedlicher Formen ist der Bau aller Knochen ähnlich (Abb. 1). Knochen sind keine toten, sondern lebende Gebilde.

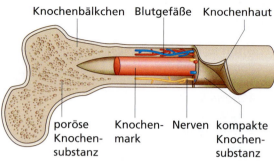

1 Bau eines Knochens (Röhrenknochens)

Außen überzieht den Knochen eine **Knochenhaut**. Sie ist stark durchblutet und reich an Nervenfasern. Darunter liegt die **Knochensubstanz**. Die Blutgefäße dringen bis in das Innere des Knochens vor.

Knochen haben eine Material sparende Leichtbauweise, die ebenfalls die hohe Zug- und Biegefestigkeit bedingt.
Die *Knochensubstanz* ist in den oberen Schichten dicht und fest (kompakte Knochensubstanz).
Im Inneren besteht sie aus einem Gerüst aus feinen *Knochenbälkchen* mit Hohlräumen (poröse Knochensubstanz). Sie sind so angeordnet, wie es der Belastung des jeweiligen Knochens am besten entspricht (s. S. 97, Versuch 2).
Die Hohlräume sind mit rotem Knochenmark gefüllt. Dort werden rote und weiße Blutzellen gebildet. Mit fortschreitendem Alter verfettet das rote Knochenmark und wird dadurch gelb.

Aufgaben

1. Welche Stoffe sind für die Entwicklung und Festigkeit der Knochen in unserer Nahrung unerlässlich?
2. Erläutere mithilfe des Knochenbaus, wie ein Knochen mit allen lebensnotwendigen Stoffen für sein Wachstum und seine Erhaltung versorgt wird!

Bewegung des Menschen 97

Untersuche die Bestandteile und Eigenschaften von Knochen!

a) **Ausglühen von Knochen**
   Materialien:
   Röhrenknochen vom Huhn, Bunsenbrenner, Tiegelzange, Waage
   Durchführung:
   Den Knochen zunächst wiegen, Gewicht notieren, dann mit der Tiegelzange so lange über die Flamme halten, bis er ausgeglüht ist. Abkühlen lassen, erneut wiegen und Festigkeit durch Druck prüfen!

Auswertung:
– Wie verändern sich beim Ausglühen Aussehen und Festigkeit des Knochens?
– Berechne die Gewichtsveränderung!

b) **Knochen in Salzsäure legen**
   Materialien:
   Röhrenknochen vom Huhn, verdünnte Salzsäure ⊠, Wasser, 2 Bechergläser
   Durchführung:
   Den Knochen wiegen und Gewicht notieren; dann einige Tage in ein Becherglas mit verdünnter Salzsäure legen. Beobachten! Danach Knochen gründlich abspülen und auf Härte und Elastizität durch Biegen mit Fingern prüfen!

Zum Vergleich wird ein anderer Knochen dieselbe Zeit in ein Becherglas mit Wasser gelegt.

Auswertung:
– Wie haben sich Aussehen und Festigkeit des Knochens verändert?
– Berechne die Gewichtsveränderung!
– Vergleiche die Ergebnisse der Versuche a und b!
– Welche Schlussfolgerungen ergeben sich bezüglich der Bestandteile und Eigenschaften von Knochen?

Ermittle die Belastbarkeit von Knochen (Modellversuch)!

Materialien:
2 Karteikarten A4 oder A5, Klebestreifen, Gewichte
Durchführung:
Eine Karteikarte zu einer Röhre formen; die andere zu einem Streifen falten; beide an den Enden mit Klebestreifen befestigen. Die Röhre und den Streifen (s. Abb.) mit Gewichten belasten, bis sie sich durchbiegen.

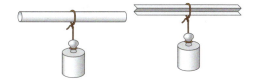

Auswertung:
a) Welches der beiden Modelle ist stabiler und damit stärker belastbar?
b) Übertrage das Ergebnis auf die Knochen des Skeletts!

Bau und Funktion von Gelenken

Wenn du dir eine Zimmertür genauer anschaust, wirst du feststellen, dass sie beweglich mit dem Türrahmen verbunden ist. Diese beweglichen Verbindungsteile sind Scharniere.
Auch in unserem Körper gibt es solche Scharniere. Das Ellenbogengelenk, die Finger- und Zehengelenke sind Beispiele dafür.

Die meisten der über 200 Knochen unseres Skelettes sind beweglich miteinander verbunden. Diese Verbindungen nennt man **Gelenke.** In unserem Körper gibt es über 200 davon!
Obwohl sie unterschiedlich aussehen, ist der Grundaufbau immer gleich. Von den beiden am Gelenk beteiligten Knochen bildet der eine den **Gelenkkopf**, der andere die **Gelenkpfanne**. Beide Gelenkflächen sind mit einer glatten, druckfesten Knorpelschicht überzogen. Eine aus elastischen Ge-

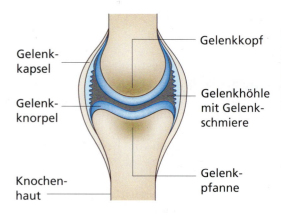

2 Bau eines Gelenkes (Schema)

lenkfasern bestehende **Gelenkkapsel** hält die beiden Teile zusammen. Sie ist mit beiden Knochen verwachsen. In der so entstehenden Gelenkhöhle können sich die beiden Knochenenden bewegen (Abb. 2).
Die Reibung der Knochen aneinander wird durch die Gelenkflüssigkeit oder Gelenkschmiere verhindert. Diese wird von der Innenwand der Kapsel als eine schleimige Substanz abgesondert.
Da die einzelnen Körperteile unterschiedliche Bewegungen ausführen, gibt es auch verschiedene **Formen von Gelenken**. Die Form des Gelenkkopfes und der Gelenkpfanne bestimmen die Art und Beweglichkeit eines Gelenkes.
Sattelgelenke, z. B. das Daumengrundgelenk, erlauben Bewegungen in zwei Richtungen (Abb. 1b). *Kugelgelenke*, z. B. Schulter- und Hüftgelenk, ermöglichen Bewegungen in mehrere Richtungen (Abb. 1a); *Scharniergelenke* dagegen nur in eine Richtung (Abb. 1c).

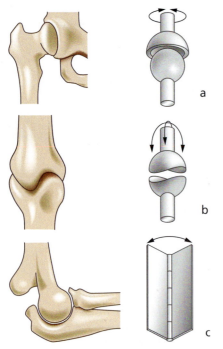

1 Verschiedene Gelenktypen

Aufgaben

1. Lies den Text! Erstelle eine Tabelle, in der du die Gelenktypen ordnest!
2. Suche in der Technik und im Haushalt nach Konstruktionen, die den drei abgebildeten Gelenktypen entsprechen!

Bau und Funktion der Muskulatur

Wenn du rennst, arbeiten in deinem Körper verschiedene Muskeln gleichzeitig. Dein Herz, ein großer Muskel, pumpt unermüdlich Blut durch den Körper. Die Muskeln der Blutgefäße sorgen dafür, dass das Blut mit Nährstoffen und Sauerstoff auch zu der abgelegensten Zelle des Körpers gelangt. Die Beinmuskulatur ermöglicht die Bewegung.

Der Mensch hat über 600 Skelettmuskeln. Sie halten den Körper aufrecht, geben ihm seine Form und ermöglichen die Körperbewegung.
Die **Muskeln** liegen in Schichten auf dem Skelett und sind über **Sehnen** mit den Knochen verbunden. Dadurch wird die Muskelbewegung auf die Knochen übertragen.
Jeder Muskel besteht aus vielen feinen elastischen **Muskelfasern**, die zu zahlreichen **Muskelfaserbündeln** vereinigt sind (Abb.1). Skelettmuskulatur *ist vom Willen beeinflussbar* und ermüdet leicht.

Auch *innere Organe*, wie Herz, Darm, Magen, Blase, Niere, besitzen Muskeln.
Die Muskulatur der Speiseröhre z. B. besteht aus Längs- und Ringmuskeln. Sie arbeiten im Wechsel und dadurch wird der Nahrungsbrei zum Magen gepresst.
Im Unterschied zu den Skelettmukeln ist diese *„Eingeweidemuskulatur"* (glatte Muskulatur) anders gebaut und arbeitet auch anders. Sie ist *nicht von unserem Willen beeinflussbar* und ermüdet auch nicht.

Für seine Arbeit benötigt jeder Muskel Energie. Diese Energie wird durch den Abbau von Nährstoffen, die in unserer Nahrung enthalten sind, freigesetzt. Nur ein Drittel der Energie wird in Arbeit umgesetzt. Der Rest wird als Wärmeenergie frei und dient u. a. der Aufrechterhaltung der Körpertemperatur.

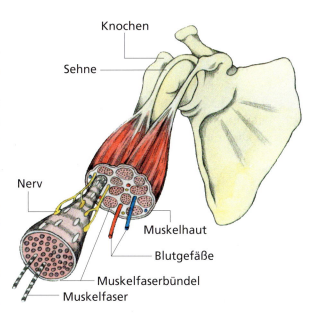

1   Bau eines Skelettmuskels

Wusstest du schon,...

- dass beim Lachen 13 Gesichtsmuskeln aktiv sind? Für einen Schmollmund werden 43 deiner Gesichtsmuskeln benötigt. Lächle also häufiger, so sparst du Energie!
- dass fast die Hälfte unseres Körpergewichtes unsere Muskulatur ausmacht?
- dass eine Sehne sehr zug- und reißfest ist? Sie kann dein ganzes Körpergewicht tragen, ohne zu zerreißen.

Aufgaben

1. Eine Muskelfaser kann bis zu 30 cm lang sein. Wo könnte sich in deinem Körper so eine Muskelfaser befinden?
2. An der Hand kannst du Sehnen ertasten und erkennen. Halte die Finger gerade und bewege nur die Hand hin und her. Taste und betrachte dabei die Handinnenseite und den Unterarm. Welche Muskeln straffen sich bei Bewegung der Hände?

Bewegung als komplexes Zusammenspiel von Muskeln, Sehnen, Knochen und Gelenken

Du kannst pfeifen wie ein Vogel, springen wie ein Frosch, gähnen wie ein Löwe oder tauchen wie ein Fisch.
An all diesen Bewegungen bei Wirbeltieren und Menschen sind Muskeln beteiligt. Und die Muskeln arbeiten alle auf die gleiche Art und Weise.

An einer Bewegung sind mindestens zwei oder mehrere Muskeln beteiligt. Muskeln können sich nämlich nur zusammenziehen. Wenn du z. B. den Arm beugen willst, dann zieht sich der Beugemuskel des Oberarms zusammen. Im gleichen Moment entspannt sich der Streckmuskel des Oberarms. So kommt die Beugebewegung des Arms zustande.
Wenn du den Arm nun wieder austreckst, dann zieht sich der Streckmuskel des Oberarms zusammen, und der Beugemuskel wird entspannt (Abb. 1).
Zur Bewegung der Körperteile sind also mindestens zwei Muskeln notwendig, die im Wechsel gegeneinander arbeiten. Sie sind **Gegenspieler** (s. S. 101, Versuche 1 u. 2).

Die Beuge- und Streckmuskeln der Beine sowie die großen Muskeln von Bauch und Rücken arbeiten nach dem gleichen Prinzip.
Durch die Zusammenarbeit vieler Gegenspielermuskeln entsteht auch die Mimik unseres Gesichtes und die Mund- und Zungenbewegung beim Sprechen.

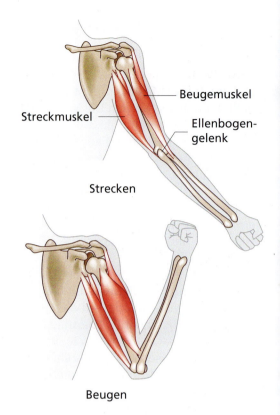

1 Beugen und Strecken des Armes

Ohne Muskeln würde unser Skelett wie ein Kartenhaus zusammenklappen.
Im Bewegungssystem verbinden Sehnen die aktiv arbeitenden Muskeln mit den passiven Knochen. Sie übertragen die Muskelbewegung auf die Knochen. Körperbewegungen können nur dort erfolgen, wo Gelenke die Knochen beweglich verbinden.
Die eigentliche Arbeit bei den Bewegungen unseres Körpers leisten die Muskeln.
Die Energie, die sie dafür benötigen, erhalten sie aus der Nahrung.

 Muskeln bewegen sich durch den Wechsel von Anspannen und Entspannen.

Das Wechselspiel und Zusammenwirken der Muskeln ist die biologische Grundlage für unsere Körperhaltung und Bewegung.

Aufgabe

1. Erstelle eine Tabelle der Bestandteile des Bewegungssystems!
Notiere Eigenschaften und Aufgabe der an der Bewegung beteiligten Organe!

Bewegung des Menschen | **101**

Untersuche am eigenen Arm, wie Bewegungen entstehen!

Durchführung:
a) Umgreife deinen rechten Oberarm mit der linken Hand!
b) Beuge und strecke den Arm mehrmals!

Auswertung:
a) Beschreibe, was du bei den Bewegungen an der Vorder- und Rückseite des Oberarms gespürt hast!
b) Übertrage die Skizze (unten) in dein Heft und ergänze jeweils auf einer der punktierten Linien die richtige Stellung des Unterarms!
c) Beschrifte in den Skizzen den Beuger und den Strecker!
d) Welches Gelenk und welche Knochen waren an der Bewegung beteiligt?
e) Suche durch Tasten die entsprechenden Muskeln am Bein, die den Unterschenkel beugen und strecken!
f) Entwickle analog der Skizze zur Bewegung des Unterarms eine Skizze zur Bewegung des Unterschenkels!
g) Kennzeichne den Beuger und den Strecker!

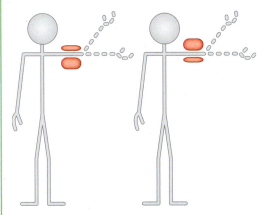

Untersuche die Bewegung des Unterarms mithilfe eines Modells!

Materialien:
2 Pappen
1 Gummiband
1 Musterbeutelklammer
2 kleine Hölzer

Durchführung:
a) Schneide aus Pappe die Stücke für den Ober- und Unterarm aus!
b) Verbinde beide Pappstücke mit den Gummiringen und befestige diese mit den Büroklammern!
c) Befestige das Modell auf einem Holzbrett mit den Reißzwecken. Der Unterarm muss beweglich bleiben!
d) Überprüfe durch Ziehen am Gummiband, wie du das Unterarmmodell beugen und strecken kannst!

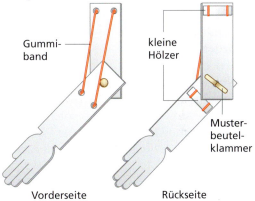

Vorderseite　　　　Rückseite

Auswertung:
a) Beschreibe, welche Bewegung durch Verändern des Gummibandes möglich war!
b) Fertige eine Skizze vom Modell an, vergleiche dies mit dem Original und beschrifte einzelne Teile!
c) Welche Teile des Arms zeigt dieses Modell nicht?

Körperhaltung und Haltungsschäden

Skelett und Muskulatur bestimmen durch ihr Zusammenwirken unsere aufrechte Körperhaltung.
Bei dieser **„Normalhaltung"** ist die Wirbelsäule in der Hals- und Lendenregion etwas nach vorn, in der Brust- und Kreuzbeinregion etwas nach hinten gekrümmt („doppelt-S-förmig").

Ursachen für das Entstehen von **Haltungsschäden** gibt es viele. Im Beruf müssen manche Erwachsene viel stehen, sitzen oder andere einseitige Belastungen aushalten.
Bei Kindern und Jugendlichen wirkt sich langes Sitzen, z. B. am Computer, nachteilig aus; vor allem wenn dabei eine **falsche Sitzhaltung** eingenommen wird (Abb. 1 a, b).
Ungünstig ist auch das einseitige Tragen zu schwerer Schultaschen oder anderer Lasten. Das kann zu Fehlhaltungen und zu Verformungen der Wirbelsäule führen, beispielsweise kann sich ein **Hohl-, Rund-** bzw. **Schiefrücken** ausbilden (Abb. 3). Haltungsschäden entstehen bei Jugendlichen auch deshalb häufiger, weil ihre Knochen noch weich und biegsam sind.
Im Anfangsstadium lassen sich solche **Haltungsfehler** und Verformungen der Wirbelsäule noch durch Verändern der Haltungsgewohnheiten und durch gymnastische Übungen wieder rückgängig machen. Außerdem kräftigen Sporttreiben und Fitnesstraining die Muskeln und fördern damit auch eine gute Körperhaltung (Abb. 2).
Ist die Wirbelsäule aber in der abweichenden Form schon verknöchert, dann ist daraus ein **Haltungsschaden** geworden, der sich nicht mehr vollständig beseitigen lässt. Gegenwärtig weisen über 50 % der 8- bis 18-jährigen Schüler Haltungsschäden verschiedener Art und Schwere auf.

2 Gymnastik ist gut für die Haltung.

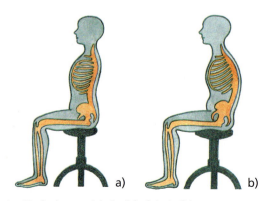

1 Sitzhaltung richtig (a), falsch (b)

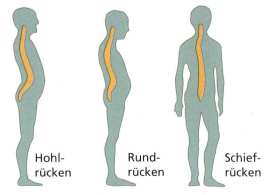

3 Formen von Haltungsschäden

Zu deren Erkennung und zur Einleitung von Behandlungsmaßnahmen finden deshalb **schulärztliche Vorsorgeuntersuchungen** statt.

Besondere Beachtung verdienen unsere Füße. Sie werden beim Stehen, Laufen, Springen, bei Arbeit und Sport stark belastet. Bei einem **gesunden Fuß** bilden die Fußknochen ein Fußgewölbe, das durch Muskeln und Sehnen gefestigt wird.
Durch Muskelschwäche, Überbelastung, Tragen von „modischen" Schuhen, die den Fuß einengen oder zu hohe Absätze haben, kann es zu **Fehlstellungen und Verformungen** der Füße wie Plattfuß (Senkfuß), Spreizfuß oder Knickfuß kommen (Abb. 1).

Solche schmerzhaften **Fußschäden** lassen sich durch Fußgymnastik und Tragen „fußgerechter" Schuhe vermeiden oder mildern. Im fortgeschrittenen Stadium sind stützende Einlagen oder orthopädische Maßschuhe erforderlich.

> Bewegungsmangel, Überbelastung oder falsche Haltungsgewohnheiten können zu Haltungsfehlern und Verformungen des Skeletts führen.
> Es können sich Haltungsschäden, wie Hohl-, Schief- oder Rundrücken, herausbilden, aber auch Fußschäden, wie Platt-, Spreiz- und Knickfuß.

Kleine Übungen zur Stärkung der Muskulatur beim Sitzen

Alle Übungen mehrmals wiederholen! Bei jeder Übung die Muskeln jeweils 10 Sekunden anspannen und danach eine Ruhepause von 5 Sekunden einlegen!

1. Übung: *Stärkung der Brustmuskeln und Rückenmuskulatur*
Die Arme anwinkeln und in Brusthöhe nach vorn und nach hinten bewegen!

2. Übung: *Stärkung der Rückenmuskeln*
Verhake die Hände vor dem Körper (ungefähr Brusthöhe) und versuche die Ellenbogen auseinander zu ziehen!

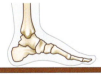   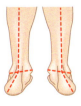

Normalfuß   Plattfuß (Senkfuß)   Spreizfuß   Knickfuß

1 Fußschäden haben unterschiedliche Ursachen.

Gesunderhaltung des Bewegungssystems und Maßnahmen bei Verletzungen

Bewegung und Sport *erhalten und fördern die Gesundheit.* Denn dadurch werden
- Muskeln und Gelenke beweglich gehalten,
- Atmung, Herz und Kreislauf gefördert,
- Übergewicht vermieden und eine gute Körperfigur aufgebaut.

Es gibt eine Reihe von Sportarten, die sich besonders gut für das allgemeine Fitness- und Konditionstraining eignen. Dazu gehören **Radfahren, Schwimmen, Laufen** und auch verschiedene **gymnastische Übungen**. Hierbei werden unsere Muskeln und Gelenke gedehnt und gekräftigt, ohne dass man dazu spezielle Geräte oder Sportstätten benötigt.

Wichtige **Regeln für alle sportlichen Übungen** sind:
- Eine für Geschlecht, Alter und Körperbau passende Sportart auswählen,
- regelmäßig üben,
- Belastung und Dauer der sportlichen Übung langsam steigern,
- vor Beginn der sportlichen Übung die Muskeln lockern und „aufwärmen",
- Überanstrengungen vermeiden.

1 Rollerblades sind bei Kindern sehr beliebt.

Durch Überlastungen, Stürze oder Gewalteinwirkungen bei Sport- oder Verkehrsunfällen kann es zu **Verletzungen am Stütz- und Bewegungssystem** des Körpers kommen.

Von **Knochenbrüchen** sind am häufigsten die langen Röhrenknochen der Arme und Beine, das Schlüsselbein und die Rippen betroffen, seltener Schädel, Wirbel und Becken. Bleibt die Bruchstelle von

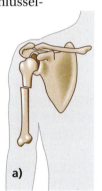 

a) b)

der Haut bedeckt, nennt man das einen „geschlossenen" Bruch (a); ist die Haut mit verletzt, einen „offenen" Bruch (b).

Gelenkverletzungen werden durch übermäßige Dreh- und Zugbelastung verursacht. Dabei kommt es zu einer Verschiebung der Gelenkteile, verbunden mit Zerrung oder Reißen der Gelenkbänder.
Bei **Verstauchung** bleiben die Gelenkanteile in ihrer normalen Lage oder kehren in diese selbstständig wieder zurück.
Bei **Verrenkung** kommt es zu einer bleibenden Verschiebung der Gelenkteile, z. B. beim Schultergelenk (a). Das betroffene Gelenk muss vom Arzt wieder „eingerenkt" werden (b).

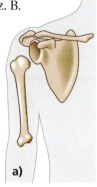 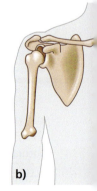

a) b)

Anzeichen für Knochenbrüche und Gelenkverletzungen sind: starke Schmerzen, Bewegungsunfähigkeit des betroffenen Körperteils, Schwellungen, Blutergüsse.
Die genaue Diagnose von Art und Schweregrad der Verletzung kann nur der Arzt ermitteln, oft erst nach einer Röntgenaufnahme.

Vor Eintreffen des Arztes sind aber **Erste-Hilfe-Maßnahmen** möglich, die jeder von uns erlernen und in Notsituationen anwenden kann.
Bei den hier beschriebenen Knochen- und Gelenkverletzungen sind sie auf das **behelfsmäßige Ruhigstellen** der betroffenen Körperteile gerichtet (s. Abb).
Das erfolgt durch Anlegen von **Stütz- und Halteverbänden**. Am Arm können dazu Elastikbinden, Dreieckstücher oder Schals verwendet werden (Abb. 1); am Bein zusammengerollte Decken, Kleidungsstücke o. a. (Abb.). Gegen Schwellungen und Schmerzen helfen kalte Umschläge oder Eisbeutel. Alles Weitere ist Sache der medizinischen Fachkräfte des Rettungsdienstes.

Muskelverletzungen entstehen durch plötzliche oder übermäßige Belastungen, durch Stöße oder Schläge auf die Muskulatur. Das führt zu Muskelprellungen, Zerrungen, Muskelfaserrissen. Anzeichen hierfür sind stechende Schmerzen, Schwellungen, Blutergüsse.
In leichten Fällen genügen bereits Umschläge, Einreibungen, Massagen zur Heilung. Die betroffene Muskelpartie muss einige Zeit geschont werden.

Durch plötzliche Muskelbelastung kann es zu einem Achillessehnenriss kommen (Abb.). Risse ganzer Muskeln oder Sehnen erfordern operative Behandlung und eine längere Heilungszeit.

1 Ruhigstellen eines verletzten Armes durch Notfall-Stützverband

Wadenmuskel
Achillessehne

> **M** Grundregeln der ersten Hilfe für Verletzungen an Knochen und Muskeln sind u. a.:
> – betroffenen Körperteil nicht bewegen, sondern ruhig stellen;
> – feuchtkalte Umschläge gegen Schwellung und Schmerzen anlegen;
> – den Verletzten beruhigen;
> – über einen anderen Helfer den Arzt oder Krankentransport anfordern (Telefon 110 oder 112).

Erforschen der Ursachen von Haltungsschäden

Probleme mit der Wirbelsäule, den Gelenken und Sehnen gehören zu den modernen Zivilisationskrankheiten. Ursachen dafür sind Bewegungsmangel, Haltungsfehler oder Überbelastung. Deshalb sollte man schon von klein an alles daransetzen, seinen Stütz- und Bewegungsapparat zu trainieren.

1. **Testet die Beweglichkeit eures Körpers!**
Diese Übung gibt Auskunft darüber, wie beweglich euer Körper, d.h., wie beweglich Gelenke und wie dehnbar Muskeln und Sehnen sind.

Durchführung:
Stellt euch – so wie die Skizze zeigt – rücklings zur Wand (Abstand zur Wand ca. zwei Fußlängen)!
Beugt euch nach vorn und streckt beide Arme durch die Beine nach hinten! Berührt mit beiden Händen (Mittelfingerkuppen) die Wand in Bodenhöhe!

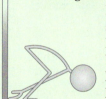

Auswertung:
Der Abstand zwischen Ferse und Wand gibt Aufschluss über die Beweglichkeit.
Je weiter man von der Wand wegsteht und die Wand in Bodenhöhe berühren kann, desto beweglicher ist man!
Falls ihr euch sehr dicht an die Wand stellen müsst, dann übt eine Weile täglich!

Die Grundlagen für Haltungsschäden werden meist im **Kleinkindalte**r gelegt. Oftmals sind schlechte Sitzhaltung beim Essen und auf Sport- und Spielgeräten Ursache dafür. Aber auch einseitiges Sitzliegen im Sportwagen oder Gehen und Laufen mit hängendem oder schaukelndem Kopf wirken sich negativ auf die Körperhaltung aus.

2. **Beobachtet Kleinkinder in einer Kita bzw. auf einem öffentlichen Spielplatz! Protokolliert auffällige Fehlhaltungen!**
Hinweis: Wollt ihr diese Beobachtung in einer Kita durchführen, müsst ihr euch vorher in der Kita anmelden!

Durchführung:
Jeder von der Gruppe beobachtet ein bis zwei Kinder (ca. 30 Minuten)! In einer Tabelle werden Zeit und Tätigkeiten notiert!

Zeit	Tätigkeit
10.00 bis 10.10	Beschäftigen mit der Natur; Marie sitzt mit hängenden Schultern, reicht mit den Füßen nicht auf den Boden

Auswertung:
Zusammenstellen der häufigsten Tätigkeiten, Analysieren der Fehlhaltungen und Vorschläge für Lösungen anbieten.

Auch im **Schulalter** wirken sich viele Dinge schädigend auf deine Knochen und Gelenke aus. Dazu gehören z.B. das einseitige Tragen von Schultaschen und dazu noch viel zu schweren. Auch Bänke und Stühle, die nicht

Projekt: Erforschen der Ursachen von Haltungsschäden

den Körpermaßen der Schüler angepasst sind, können Schäden hervorrufen.

3. **Beobachtet im Schuleingangsbereich vor dem Unterrichtsbeginn eure Mitschüler! Notiert, wie häufig sie die Tasche falsch tragen!
Wiegt mit einer Personen- oder Federwaage die Schultaschen!**

Material:
Stift, Schreibpapier, Personen- oder Federwaage

Durchführung:
Je zwei bis drei Schüler arbeiten zusammen. Einer protokolliert (Alter und Klasse), die anderen wägen die Schultaschen.

Auswertung:
Die Ergebnisse werden zusammengestellt, Lösungsvorschläge gemacht und den anderen Schülern präsentiert.

Nur 2 % der **Fußschäden** sind angeboren. Aber nur noch die Hälfte der Erwachsenen hat gesunde Füße. Ursachen dafür sind u. a. zu enge Schuhe, zu hohe Absätze, zu langes Stehen.
Durch gezielte Fußübungen kann man Fußschäden vorbeugen bzw. mildern.

4. **Legt eine Barfußstrecke zum Trainieren der Fußmuskulatur und der Tastsinneszellen an!**

Material:
Kork, Fluss-Steine, Zapfen, Holzstiel, Mulch, Sand/Kies, Tennisbälle, Holzleisten für die Kästen
Pro Material einen Kasten in der Größe von ca. 50 x 50 cm und einer Höhe von 5 cm bauen. Jeden Kasten mit einem der o.g. Materialien füllen.

Durchführung:
Die Schüler werden mit verbundenen Augen durch die Kästen geführt und sollen den Belag ertasten.
Tipp: Damit sich die anderen Schüler die Reihenfolge nicht merken, die Kästen jeweils umstellen!

Auswertung:
Das Barfußgehen über verschiedene Materialien trägt zur Stabilisierung der Fußmuskulatur und speziell der Gewölbebildung bei. Außerdem werden innere Organe durch die Durchblutung der Füße gestärkt und die Tastsinneszellen im Fuß trainiert.

Bewegung macht auch Spaß!

5. **Erratet das Tier und seine Fortbewegung!**

Durchführung:
Jeweils im Wechsel stellen die Schüler unterschiedliche Tiere pantomimisch dar (ohne Laute!). Die andere Gruppe muss diese Tiere erraten.

Teste dein Wissen

1. Nenne und beschreibe die Hauptabschnitte des menschlichen Skeletts! Suche einige Skelett-Teile und Knochen an deinem eigenen Körper auf und benenne sie!

2. Beschreibe den Bau und erläutere die Funktion der Wirbelsäule!

3. Benenne die Abschnitte der Wirbelsäule!

4. Lass dir von einem Fleischer einen frischen Röhrenknochen von Schwein oder Rind längs und quer durchschneiden! Fertige eine Zeichnung an!

5. Führe unter Anleitung des Lehrers die auf S. 97 beschriebenen Untersuchungen an Röhrenknochen von Geflügel oder Kaninchen durch (Gruppenarbeit, **Arbeitsschutz beachten**)!

6. Beschreibe den Grundbau und die Funktion eines Gelenks!

7. Nenne zu 3 verschiedenen Gelenkformen je ein Beispiel und führe die Bewegung am eigenen Körper vor!

8. a) Beobachte das Beugen und Strecken deines Armes ohne und mit Belastung (z.B. Schultasche anheben)! Beschreibe die Muskeltätigkeit!
   b) Beobachte und beschreibe verschiedene Bewegungen der Bauch- und Rückenmuskeln!

9. Beschreibe den Bau der Muskeln und ihre Verbindung mit dem Skelett! Vergleiche das mit deinen Beobachtungen beim Zerlegen von Tierfleisch beim Essen!

10. Erläutere die Funktion und Arbeitsweise der Skelettmuskeln! Beobachte den Wechsel von Anspannen und Entspannen, Beugen und Strecken an deinem eigenen Körper!

11. Welche Übungen und Sportarten sind für Alltagssport und Fitnesstraining besonders geeignet? Begründe! Was muss man beachten, um Überanstrengung und Verletzungen zu vermeiden?

12. Wodurch entstehen Haltungsfehler und andere Schäden am Stütz- und Bewegungssystem? Was kann man dagegen tun?

13. Zur Stärkung der Halsmuskeln ist folgende Übung geeignet: Linke Hand gegen die linke Schläfe legen und mit dem Kopf etwa 10 Sekunden lang dagegen drücken. Die Übung mit der rechten Hand wiederholen. Danach eine Ruhepause von 5 Sekunden einlegen. Übung wiederholen!

14. Nenne und beschreibe Verletzungen an Knochen, Gelenken und Muskeln! Erläutere Maßnahmen und Regeln der ersten Hilfe!

15. Übt in Zweiergruppen unter Anleitung das Ruhigstellen von verletzten Körperteilen durch Stütz- und Halteverbände, Bandagen und Pflaster! Informiert euch beim Roten Kreuz über weitere Erste-Hilfe-Maßnahmen bei Unfällen und Verletzungen in der Freizeit und beim Sport!

Das Wichtigste im Überblick

Stütz- und Bewegungssystem

Das Stütz- und Bewegungssystem besteht aus Knochen und Muskeln. Es ermöglicht uns das Ausführen vielfältiger Bewegungen und Körperhaltungen.

Skelett/Knochen

Das Skelett wird in *Kopf-, Rumpf-* und *Gliedmaßenskelett* gegliedert. Es besteht aus Knochen.
Seine Hauptachse ist die Wirbelsäule.

Durch **Gelenke** sind die Teile des Skeletts beweglich miteinander verbunden. Es gibt verschiedene Gelenkformen mit unterschiedlicher Beweglichkeit, z. B. Kugel- und Scharniergelenk.

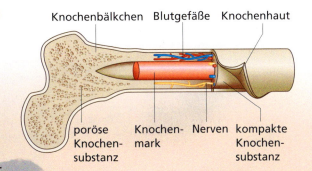

Knochenbälkchen Blutgefäße Knochenhaut

poröse Knochensubstanz Knochenmark Nerven kompakte Knochensubstanz

Muskulatur

Die aktiven Bewegungsorgane sind die **Muskeln**, die mit Sehnen an den Knochen befestigt sind.

Die *Skelettmuskeln* arbeiten *willkürlich* (vom Bewusstsein gesteuert); sie ermüden nach Belastung und benötigen Erholungsphasen.
Die *Eingeweidemuskulatur* (z. B. von Magen, Darm, Herz) arbeitet *unwillkürlich* und ermüdet nicht.

Das **Zusammenwirken von Skelett und Muskulatur** ist die Voraussetzung für die Körperhaltung und Bewegung, die Arbeitstätigkeit und das Sporttreiben.

Bewegung braucht Energie

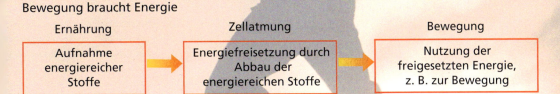

Ernährung	Zellatmung	Bewegung
Aufnahme energiereicher Stoffe	Energiefreisetzung durch Abbau der energiereichen Stoffe	Nutzung der freigesetzten Energie, z. B. zur Bewegung

Maßnahmen zur Gesunderhaltung des Stütz- und Bewegungssystems sind Bewegung, sportliche Betätigung, rückengerechtes Sitzen, Heben und Tragen. Falsche Körperhaltung kann Haltungsfehler und Körperschäden verursachen. Zu wenig Bewegung und zu wenig körperliche Tätigkeiten fördern Übergewicht.

4.2 Bewegung von Tieren unter dem Aspekt der Angepasstheit an ihre Lebensräume

Säugetiere auf dem Land, im Wasser und in der Luft
Die Mehrzahl der Säugetiere lebt auf dem Land. Einige Säuger leben ständig oder zeitweise im Wasser (Seehund, Delfin) oder sind in den Luftraum vorgedrungen (Fledermaus).
Wie sind die Gliedmaßen der Säugetiere an die unterschiedliche Fortbewegung angepasst?
Warum kann ein Pferd schneller laufen als ein Hund, obwohl das Pferd schwerer ist?
Warum laufen Spitzensportler im 100-m-Lauf mit Spikes?

Vögel können fliegen!
Schwäne sind die schwersten flugfähigen Vögel mit bis zu 15 kg Gewicht. Kolibris sind mit etwa 2 g die leichtesten und auch kleinsten Vögel. Gemeinsam ist ihnen die Fähigkeit, fliegen zu können.
Warum können Vögel fliegen?
Welche Eigenschaften des Vogelkörpers hat sich der Mensch für den Bau von Flugzeugen abgeschaut?

Fische leben im Wasser
Fische können nicht nur im Wasser schwimmen, sondern auch schweben und tauchen. Manche Fische schwimmen sehr schnell, der Tunfisch z. B. schwimmt 100 m in 6 s. Ein Mensch benötigt für die gleiche Strecke 50 s. Wenn er auf dem Land läuft allerdings nur 13 s.
Wie können Fische zur Wasseroberfläche und auf den Grund eines Gewässers gelangen?

Fortbewegung von Säugetieren

Beobachtet man die Fortbewegung von verschiedenen Säugetieren, so stellt man Unterschiede fest.

Katzen und *Hunde* sind gute Beutejäger, die sich durch Schnelligkeit und Gewandtheit auszeichnen. Sie können schleichen, springen, balancieren, klettern oder rennen (Abb. 1).
Eichhörnchen klettern flink an Bäumen empor und springen von Baumwipfel zu Baumwipfel. *Feldhasen* und *Kängurus* können weite und hohe Sprünge vollführen.
Pferde und *Rinder* besitzen kräftige Beine, sind gute Läufer (Abb. 1). Ein *Maulwurf* gräbt lange unterirdische Gänge. Dazu dienen seine Grabbeine (Abb. 1).
Fledermäuse sind gewandte Flieger. Ihre Vordergliedmaßen sind zu flügelähnlichen Gebilden umgestaltet, die zwischen den Knochen eine Flughaut besitzen (Abb. 1).

Wale, Delfine und *Seehunde* sind gute Schwimmer. Ihre Vordergliedmaßen sind als Flossen ausgebildet (Abb. 1).

 Durch Anpassung an die unterschiedliche Fortbewegung der Säugetiere sind die betreffenden Gliedmaßen unterschiedlich gestaltet. Im Grundaufbau stimmen sie aber überein.

Aufgaben

1. Betrachte die Gliedmaßenskelette in Abb. 1 und vergleiche sie!
   Notiere Gemeinsamkeiten und Unterschiede!
   Lege dazu eine Tabelle in deinem Heft an!
2. Betrachte den Grabschaufelarm des Maulwurfes (Abb. 1)!
   Benenne die Skelett-Teile!
   Erläutere den Zusammenhang zwischen Bau und Funktion!

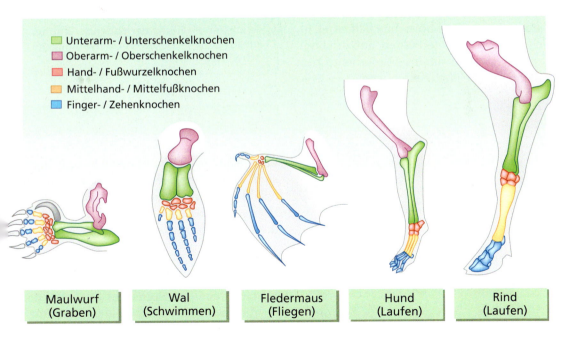

1 Gliedmaßen sind an die Fortbewegungsart angepasst.

Fortbewegungsgeschwindigkeit

Auch die Fortbewegungsgeschwindigkeiten unterscheiden sich oftmals sogar erheblich. Ein Pferd kann im Galopp eine Geschwindigkeit von 65 km/h erreichen. Eine Katze läuft bis zu 40 km/h, um ihre Beute zu ergreifen oder zu fliehen. Ein Mensch schafft im 100-m-Sprint eine Höchstgeschwindigkeit von durchschnittlich 30 km/h.
Worauf beruhen diese unterschiedlichen Geschwindigkeiten?

Vergleicht man den Körperbau dieser Tiere und des Menschen, so sind neben deutlichen Gemeinsamkeiten (Körpergliederung in Kopf, Rumpf, Gliedmaßen; Innenskelett mit Wirbelsäule, s. a. S. 90) wiederum Unterschiede im Bau der Gliedmaßen zu erkennen (Abb. 1).
Menschen, Kaninchen oder Eichhörnchen berühren beim Laufen den Boden mit der Fußsohle. Sie treten mit der Ferse auf und rollen dann über Mittelfuß- und Zehenknochen ab. Sie sind **Sohlengänger** (Abb. 1a).
Kaninchen und Eichhörnchen fällt es leicht, sich auf ihren Hinterbeinen aufzurichten. Dadurch können sie ihre Vorderbeine zum Greifen oder Festhalten benutzen.

Beim Menschen wurden die Vordergliedmaßen durch die Entwicklung des aufrechten Ganges frei und können so zum Arbeiten benutzt werden.

Katzen und Hunde berühren den Boden nur mit ihren Zehen. Die Mittelfußknochen und Fußwurzelknochen sind senkrecht gestellt. Sie sind **Zehengänger** (Abb. 1b). Ihre Krallen am Ende der Zehen verhindern das Wegrutschen auf weichem Untergrund. Die Ballen unter den Zehen federn den Körper ab.
Pferde, Kühe oder Schweine treten nur mit einer oder mehreren großen, starken Zehenspitzen auf, die von festem Horn umkleidet sind (Hufe, Klauen). Sie sind **Zehenspitzengänger** (Abb. 1c).

Meist können Tiere umso schneller laufen, je kleiner die Fläche ist, mit der ihre Füße den Boden berühren. Je weniger Fläche, je weniger Haftung am Boden, umso geringer die Reibungsfläche und damit der Energieverlust, umso höher die Geschwindigkeit!

 Je kleiner die Fläche der Bodenberührung, umso größer ist die Fortbewegungsgeschwindigkeit.

Wusstest du schon,...

dass auch Elefanten Zehenspitzengänger sind? Unter ihren Zehen- und Fußknochen haben sie ein dickes Fettpolster und eine Hornsohle. Elefanten sind für ihr Gewicht deshalb sehr schnelle Tiere!

Aufgabe

1. Lies den Text! Notiere in Stichpunkten die wichtigsten Merkmale der Gliedmaßen von Sohlen-, Zehen- und Zehenspitzengängern. Nutze die Abb. 1!

a) Sohlengänger — Mensch
b) Zehengänger — Katze
c) Zehenspitzengänger — Pferd

1 Verschiedene Gliedmaßenskelette

Bewegung von Tieren unter dem Aspekt der Angepasstheit an ihre Lebensräume 113

Untersuche, wie du dich am besten fortbewegen kannst!

1. Gehe langsam einige Schritte durch den Raum! Beobachte die Bewegungen deiner Arme, Beine und Füße sowie deines Oberkörpers!

   Auswertung:
   a) Beschreibe die Bewegung deiner Arme, deines Oberkörpers und deiner Beine!
   b) Zeichne deinen Bewegungsablauf mit Strichmännchenfiguren nach!
   c) Welche Muskeln und Gelenke musst du beim Gehen bewegen?

2. Stelle dich auf deine Zehen! Versuche langsam und schnell zu gehen!

   Auswertung:
   a) Kannst du langsam oder schnell leichter gehen?
   b) Welche deiner Muskeln werden so besonders angespannt?
   c) Gibt es zwischen Gehen und Laufen einen Unterschied?

3. Versuche nun auf deinen Zehenspitzen zu laufen!

Laufe mit Zehen- und Fingerspitzen gleichzeitig!
Dazu musst du natürlich in den Vierfüßlerstand!

Auswertung:
a) Kannst du auf Zehenspitzen laufen?
b) Warum können Ballerinas auf ihren Zehenspitzen tanzen?
   Vergleiche den Ballerinaschuh mit den Füßen eines Zehenspitzengängers!

Beschreibe die Bewegung einer Katze bei der Schleichjagd!

Betrachte die Bildfolge von der Schleichjagd einer Katze.

Auswertung:
a) Beschreibe die Körperhaltungen und Bewegungen einer Katze bei der Jagd!
b) Notiere diese in Stichpunkten zu jeder Abbildung (1–4)!
c) Nutze deine Stichpunkte, um für ein Tiermagazin für Kinder einen Artikel über die Schleichjagd einer Katze zu schreiben! Beginne mit: „Die Katze hat ihr Beutetier entdeckt …"!

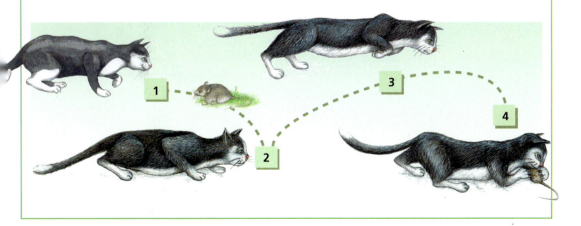

Fortbewegung der Vögel

Wie Superman durch die Lüfte zu fliegen, davon hat wohl schon jeder einmal geträumt. *Warum aber können wir nicht wie Vögel fliegen?*
Um die Frage zu beantworten, müssen wir den Vogelkörper in seinem äußeren und inneren Bau untersuchen!

Äußerer Körperbau

Vögel haben einen *spindelförmigen* Körper (Abb. 1). Diese Form des Vogelkörpers verringert den Luftwiderstand beim Fliegen (s. nebenstehenden Versuch).
Die Flügel der Vögel sind umgebildete Vordergliedmaßen. Sie sind im Grundaufbau den Vordergliedmaßen aller Wirbeltiere gleich (Abb. 2).
Die Tragfläche der Flügel wird von den großen, kräftigen Schwungfedern gebildet. Die Lücken zwischen ihnen sind mit den kleinen Deckfedern ausgefüllt. Beim Ausbreiten der Flügel entsteht so eine dichte, fächerartige Fläche, die die Luft nicht hindurchlässt, sondern beim Flügelschlag verdrängt.
Die Verringerung des Luftwiderstandes wird durch die glatte, durch Deckfedern gebildete Oberfläche des Körpers erhöht. Diese liegen wie Dachziegel übereinander und machen den Vogelkörper windschlüpfrig, da die Luft nicht hinein-, sondern vorbeiströmt (s. S. 115).

Untersuche den Verlauf von Strömungslinien!

Materialien:
Gefäß mit Wasser, 3 Bögen Löschpapier, wasserlöslicher Filzstift, Schere
Durchführung:
1. Knicke den oberen Rand des Löschpapiers 2 cm um!
2. Schneide aus den Bögen drei verschiedene Formen aus:
   – Viereck,
   – Kreis,
   – Spindelform (Stromlinienform)!
3. Setze an den oberen Rand des Löschpapiers mehrere Farbpunkte!
4. Hänge den Rand des Löschpapiers in das Wasser und beobachte den Verlauf der Farblinien!

Auswertung:
1. Bei welcher Form verlaufen die Strömungslinien am gleichmäßigsten? Bei welcher Form entstehen Wirbel?
2. Erläutere, wie die Körperform den Strömungswiderstand beeinflusst!
3. Nenne Beispiele aus Natur und Technik, wo die Stromlinienform von besonderer Bedeutung ist!

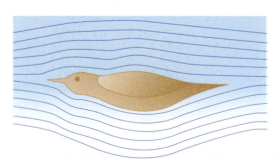

1 Spindelform des Vogelkörpers

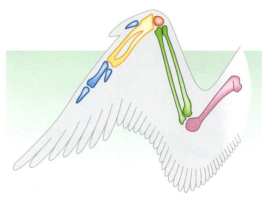

2 Vordergliedmaßen des Vogels

Das Federkleid

Man unterscheidet nach ihrem Bau und ihrer Funktion verschiedene Federtypen:
- Daunenfedern
- Deckfedern
- Schwungfedern
- Schwanzfedern (s. Tabelle).

An den großen Schwungfedern kann man den Bau einer Feder besonders gut erkennen (Abb. 1).
Jede Feder hat in der Mitte einen hohlen Schaft. Von ihm gehen seitlich feine Federäste ab. Unter dem Mikroskop erkennt man, dass von jedem Ast Federstrahlen (Bogen- und Hakenstrahlen) abzweigen. Die Federäste werden durch die Federstrahlen so miteinander verbunden, das kein Wind hindurch gelangt. Wie bei einem Klettverschluss verhaken sich die Hakenstrahlen des einen Astes mit den Bogenstrahlen des anderen Astes (s. Versuch, S. 116).

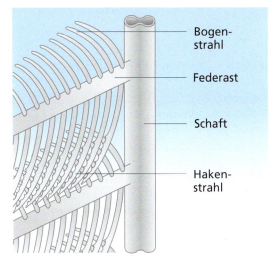

1 Aufbau einer Feder

 Daunen-, Deckfedern, Schwungfedern und Schwanzfedern bilden das Gefieder des Vogels. Daunen- und Deckfedern schützen vor Wärmeverlust, gegen Wasser und Wind. Die Schwung- und Schwanzfedern ermöglichen das Fliegen.

Federtyp	Bau	Funktion
Daunenfedern	klein, locker, weich zarter Schaft mit Büscheln von Federhaaren	sitzen direkt auf der Haut schützen Körper vor Kälte
Deckfedern	biegsamer Schaft und geschlossene Fahne	liegen dachziegelartig übereinander, bilden äußere Schutzschicht des Körpers gegen Wind, Wasser und Kälte
Schwungfedern	große, kräftige Feder mit geschlossener Fahne und festem Schaft	ermöglichen das Fliegen, bilden Tragflächen des Flügels
Schwanzfedern	große, kräftige Feder mit geschlossener Fahne und festem Schaft	ermöglichen das Steuern und Bremsen

Untersuche den Feinbau von Federn!

Materialien:
Daunen-, Schwung- und Deckfedern, Lupe, und Mikroskop

Durchführung:
1. Betrachte die Feder mit bloßem Auge und betaste sie!
2. Zeichne eine Schwungfeder und beschrifte ihre Teile!

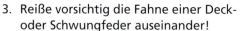

3. Reiße vorsichtig die Fahne einer Deck- oder Schwungfeder auseinander!
4. Betrachte die Stelle mit der Lupe und mithilfe des Mikroskops. Vergleiche diese mit der Abb.1, S.115!

Auswertung:
1. Vergleiche den Bau von Daunen-, Deck- und Schwungfedern und ziehe Rückschlüsse auf die Funktion!
2. Wie nutzt der Mensch Vogelfedern?

Untersuche die Luftdurchlässigkeit von Deck- und Schwungfedern!

Materialien:
Deckfedern, Schwungfedern
Kerze oder Teelicht

Durchführung und Beobachtung:
1. Halte eine brennende Kerze hinter die Fahne der jeweiligen Feder (s. Abb. oben)!
2. Versuche die Kerze durch die Feder hindurch auszublasen (s. Abb. oben)!
3. Reiße die Fahnen an mehreren Stellen vorsichtig auseinander!
4. Versuche erneut die Kerze auszublasen!

Auswertung:
1. Unter welchen Bedingungen konntest du die Kerze ausblasen?
2. Beschreibe mithilfe des Versuchs 1, wie die geschlossene Fläche der Fahne zustande kommt!
3. Ziehe Rückschlüsse zur Funktion der Federn!

Untersuche die Wasser abweisende Wirkung von Federn!

Materialien:
Schwung- und Deckfedern, Wasser, Pipette, mehrere Stunden im Geschirrspülmittel eingeweichte Federn

Durchführung:
1. Tropfe mit einer Pipette Wasser auf die unbehandelten Federn!
2. Notiere deine Beobachtung!
3. Wiederhole den Versuch mit den eingeweichten Federn!
4. Notiere erneut deine Beobachtung!

Auswertung:
1. Vergleiche die Beobachtungsergebnisse beider Versuche!
2. Welche Schlussfolgerungen kannst du für das Fliegen der Vögel ziehen?

Innerer Körperbau

Damit ein Flugzeug fliegen kann, wird sehr viel Energie benötigt! Auch Vögel müssen viel Energie aufbringen, um fliegen zu können. Je schwerer ein Vogel ist, umso mehr Energie benötigt er zum Fliegen. Als Anpassung an das Leben in der Luft sind Vögel im Vergleich zu gleich großen Säugetieren daher viel leichter.

Wie alle Wirbeltiere haben die Vögel ein Skelett aus Knochen (s. S.15). Im Vergleich zu den Säugetieren sind die länglichen **Röhrenknochen** der Gliedmaßen jedoch dünn, *hohl* und mit Luft gefüllt. Ihre Stabilität erhalten sie durch **knöcherne Verstrebungen** (Abb.1). Die Masse des Vogelkörpers wird so verringert und das Fliegen erleichtert.

Die Wirbel der **Wirbelsäule** sind von der Brust an **starr** miteinander verwachsen. Dies ermöglicht es den Vögeln, während des Fluges die richtige Körperhaltung zu bewahren. Im Rumpfbereich bilden Knochen den Brustkorb mit den Rippen.
Das Brustbein mit dem Brustbeinkamm ist ein großer dreiecksförmiger, flacher Knochen. An ihm setzen die kräftigen Brustmuskeln des Vogels an, die die Flügelbewegung ermöglichen.

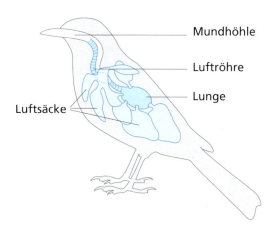

2   Atmungsorgane und Luftsäcke

Vögel besitzen sackartige Fortsätze der Lunge, die **Luftsäcke**. Diese liegen zwischen den Organen und reichen teilweise bis in die Knochen hinein (Abb. 2).
Mithilfe dieser Luftsäcke können Vögel doppelt so viel Luft aufnehmen wie ein Säugetier, das vergleichbar groß ist. Durch die Luftsäcke werden die Masse des Vogels herab und das Fliegen erleichtert.

Luftsäcke und Lungen bilden ein außerordentlich leistungsfähiges Atmungssystem (s. S. 81). Mit diesem können Vögel ihren hohen Sauerstoffbedarf decken.
Vögel besitzen zahnlose Hornschnäbel.

> **M** An das Fliegen sind die Vögel durch die Ausbildung von Flügeln, einen spindelförmigen Körper, hohle Knochen, einen starken Brustbeinkamm mit starken Brustmuskeln und Lungen mit Luftsäcken angepasst.

Oberarmknochen

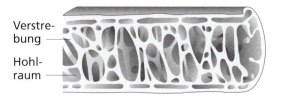

Verstrebung
Hohlraum

1   Hohle Knochen verringern die Masse des Vogelkörpers (Knochenlängsschnitt).

Wusstest du schon,...

dass Vögel ihre Federn beim Putzen einfetten, indem sie die Federn durch den Schnabel ziehen? Das Fett stammt aus der Bürzeldrüse.

Die Auftriebskraft der Luft

Schaut man einen Vogelflügel von der Seite an, kann man ein besonderes **Profil** (Abb. 1) erkennen.
Im Querschnitt sieht man, dass der Flügel gewölbt ist. Durch den Flügelschlag erzeugt der Vogel eine Luftströmung, die die Luft zum größten Teil unter den Flügel drückt. Durch die Wölbung des Flügels muss die Luft an der Oberseite schneller strömen als an der Unterseite.
Die höhere Geschwindigkeit der Luft an der Oberseite bewirkt einen Sog, der den Vogel nach oben zieht. Gleichzeitig entsteht an der Unterseite ein Druck, der den Vogel nach oben drückt. Beide Kräfte – der Sog und der Druck – bewirken den Auftrieb des Vogels.

Dieses Bauprinzip hat sich der Mensch beim Bau von Flugzeugen von den Vögeln abgeschaut. Eine Flugzeugtragfläche hat das gleiche Profil wie ein Vogelflügel.
Die Auftriebskraft, die ein Flugzeug in der Luft hält, entsteht auf die gleiche Weise wie beim Vogel. Die Energie zur Bewegung des Flugzeuges wird durch die riesigen Triebwerke erzeugt.

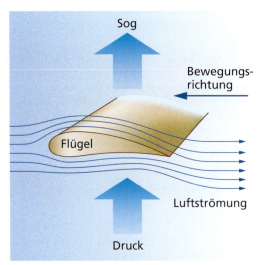

1 Profil eines Vorderflügels

Untersuche die Kräfte, die beim Vogelflug wirken!

Materialien:
2 Blätter Papier, 1 Buch

Durchführung und Beobachtung:
1. Formuliere vor jedem Versuch zuerst eine Vermutung!
2. Halte 2 Blätter Papier vor dein Gesicht (s. Abb.)!
   Puste in den Spalt zwischen den Blättern! Notiere deine Beobachtung!

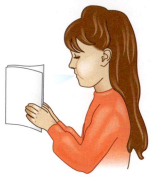

3. Klemme ein Blatt Papier in ein Buch! Puste über das Blatt hinweg! Notiere deine Beobachtung!

Auswertung:
1. Beschreibe die Wirkung der Luftströmung im Versuch 1 und 2!
2. Welche Kraft wirkte beim 1. und welche beim 2. Versuch?

Angepasstheit der Vögel an ihre Lebensräume

Vögel bewohnen alle Lebensräume. Sie fliegen nicht nur in der Luft, sondern schwimmen auf Gewässern, laufen auf dem Land oder klettern an Baumstämmen. Durch den besonderen Bau – besonders ihrer Gliedmaßen – können sie sich in diesen verschiedenen Lebensräumen fortbewegen.

Stockente – ein Schwimmvogel

Auf unseren Gewässern schwimmen Stockenten mit ihrem kahnförmigen Körper elegant umher. Der Körper wird durch die beiden Beine vorwärts bewegt. Mit den Schwimmhäuten zwischen den Zehen paddeln sie und treiben den Körper voran (Abb.). Auf dem Lande watscheln die Stockenten unbeholfen vorwärts. Ihr Körper schwankt dabei hin und her.

„Luftkissen" unter den Daunenfedern begünstigen das Schwimmen. Diese und eine dicke Fettschicht schützen den Vogel vor Wärmeverlust.

Strauß – ein Laufvogel

Der Strauß ist flugunfähig (Abb. 1). Seine natürlichen Lebensräume sind die Wüsten und Savannen Afrikas. Seine Flügel sind stark zurückgebildet, ein Brustbeinkamm fehlt ihm. Dieser bis zu 150 kg schwere und etwa 3 m hohe größte lebende Vogel der Erde kann dafür umso schneller und ausdauernder laufen. Er besitzt kräftige Schenkel und Laufbeine mit nur zwei Zehen. Die kräftige Hauptzehe ist nach vorn, die Nebenzehe nach außen gerichtet. Sie werden von Hornhäuten und Hornschildern geschützt. Das Einsinken im Boden verhindern dicke Schwielen am Fuß (s. Abb. unten). Die Höchstgeschwindigkeit des Straußes beträgt bis zu 70 km je Stunde. Ein Rennpferd vermag ihn kaum einzuholen.

Buntspecht – ein Klettervogel

Der Buntspecht ist der am häufigsten vorkommende Specht in unseren Wäldern (Abb.). Er vollführt wahre Kletterkünste an Baumstämmen. An seinen kurzen Beinen befinden sich 4 Zehen, die mit spitzen Krallen versehen sind. Sie erlauben es ihm, selbst an glatten Baumstämmen zu laufen. Mit den zwei nach vorne gerichteten Zehen hält er sich am Baumstamm fest. Die zwei hinteren Zehen stützen ihn und verhindern ein Hinunterrutschen (Kletterfüße). Zusätzlich sicheren Halt am Baumstamm bekommt der Specht noch durch das Abstützen mithilfe des Stützschwanzes.

1 Der Strauß kann sehr lange laufen.

Fische bewegen sich im Wasser

Äußerer Körperbau

Fische schwimmen im Wasser. Aufgrund ihres **Körperbaus** sind sie an diese Fortbewegung sehr gut angepasst.

Wenn man den Körper von Fischen betrachtet, stellt man fest, dass er seitlich abgeflacht ist. Außerdem ist der lang gestreckte Körper zum Kopf- und Schwanzende hin etwas zugespitzt.
Diese Körpergestalt bezeichnet man als **stromlinienförmig.** Sie ist für die Fortbewegung im Wasser günstig, da dem Wasser wenig Widerstand entgegengesetzt wird.
Fische können deshalb ohne großen Kraftaufwand durch das Wasser gleiten (Abb. 1 a).

Der Körper der Fische ist ebenfalls in **Kopf, Rumpf** und **Schwanz** gegliedert. Des Weiteren findet man **Flossen** (Abb. 2).
Mithilfe der Flossen bewegen sich Fische fort. Der *Schwanzflosse* kommt dabei die Hauptaufgabe zu. Starke Muskelpakete, die rechts und links der Wirbelsäule liegen (s. Abb. 3, S. 122), können sich abwechselnd zusammenziehen. Schwanz und Schwanzflosse werden auf diese Weise kräftig hin und her geschlagen und treiben den Fisch dabei voran (Abb. 1b). Die *Rücken-* und *Afterflosse* halten den Fisch aufrecht im Wasser. Mit den paarigen *Brust-* und *Bauchflossen* steuert der Fisch die Richtung oder bremst ab.

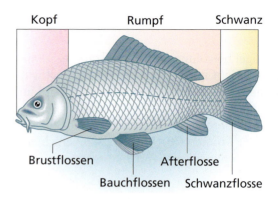

2 Äußerer Körperbau eines Fisches

An der Körperseite befindet sich das **Seitenlinienorgan**. Damit kann ein Fisch Gegenstände im Wasser wahrnehmen, ohne sie zu berühren.
Auch die **Haut** der Fische unterstützt die Fortbewegung. Sie enthält dachziegelartig angeordnete Schuppen. Die oben liegende Oberhaut sondert Schleim ab und vermindert so nochmals den Wasserwiderstand.

Fische können im Wasser schweben, zur Wasseroberfläche steigen oder auf den Gewässergrund gelangen. Fische steuern ihren Auftrieb über ihre **Schwimmblase**, ein gasgefülltes Organ.
Die Gase zum Füllen der Schwimmblase werden über die Kiemen oder den Darm aufgenommen. Die Füllmenge ist veränderbar (s.Versuch, S. 121), so dass die Fische nach oben steigen oder nach unten absinken können.

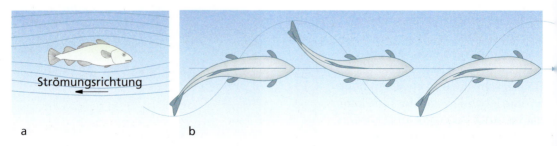

1 Stromlinienform des Körpers (a) und Schwimmbewegung (b)

Untersuche, wie verschieden geformte Körper im Wasser sinken!

Materialien:
großer, schlanker Messzylinder, Stoppuhr, Knete, Messer, Waage

Durchführung und Beobachtung:
1. Forme die Knete zu einer Rolle und schneide 4 Stückchen á 4 cm ab! Forme aus diesen Stücken verschieden geformte Körper mit gleicher Masse!

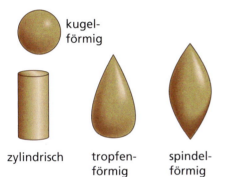

kugelförmig

zylindrisch   tropfenförmig   spindelförmig

2. Lass die verschieden geformten Körper im Wasser sinken! Miss die Zeit vom Einsinken bis zum Absinken auf dem Boden mit der Stoppuhr! Notiere die jeweilige Sinkzeit!
3. Bestreiche den spindelförmigen Körper mit Öl und wiederhole den Versuch!

Auswertung:
1. Vergleiche die Messergebnisse und begründe die Unterschiede!
2. Erkläre, warum viele Fischarten einen stromlinienförmigen Körper haben.
3. Vergleiche die Messergebnisse des spindelförmigen Körpers vor und nach dem Einölen! Erläutere deine Beobachtung!
4. Welche Eigenschaft der Fische wurde mithilfe des Öls simuliert?

Untersuche die Bedeutung der Schwimmblase für die Fische!

Materialien:
Pappe, Luftballon, Strohhalm, Bindfaden, Watte, Eimer, Wasser, (kleine Gewichte)

Durchführung:
1. Fertige den Modellfisch nach der Abbildung an.

2. Bringe den Modellfisch zunächst mit „ungefüllter Schwimmblase" ins Wasser!
3. Fülle die „Schwimmblase" halb, indem du über den Strohhalm Luft in den Luftballon bläst.
4. Lass den Fisch erneut schwimmen.
5. Fülle die „Schwimmblase" nun mit mehr Luft und prüfe erneut den Auftrieb des Modellfisches.
6. Notiere deine Beobachtungen in einem Protokoll!

Auswertung:
1. Übernimm folgende Skizzen in dein Heft!

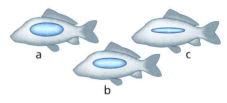

a   c
b

2. Kennzeichne das Steigen, Schweben und Sinken bei unterschiedlicher Füllmenge der Schwimmblase!

Teste dein Wissen

1. a) Vergleiche einen Hund und einen Vogel nach folgenden Kriterien: Bau der Knochen, der Wirbelsäule, der Atmungsorgane und der Vordergliedmaßen sowie Körperbedeckung, Körperform! Erstelle eine Tabelle!
   b) Erkläre mithilfe der Tabelle, warum ein Hund nicht fliegen kann!

2. Vergleiche den Bau des Vogelflügels mit dem Bau eines Menschenarmes!

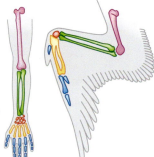

3. *Die Gesamtheit aller Federn bezeichnet man als Gefieder. Federn sind das gemeinsame Erkennungsmerkmal aller Vögel gegenüber anderen Tiergruppen.* Ist diese Aussage richtig oder falsch? Begründe deine Antwort!

4. Manche Vögel fliegen einige Tausend Kilometer. Die Flugstrecke des Mauerseglers beträgt bis zu 19 200 km ohne Zwischenlandung! Für solche Flüge ermöglicht die zusätzliche Luft in den Luftsäcken eine sichere Atmung. Erläutere diese Aussage!

5. Beschreibe die äußeren Merkmale, durch die Fische an das Leben im Wasser angepasst sind!

6. Erläutere die Schwimmbewegung bei Fischen anhand der Abbildung!

7. Betrachte die Abbildung! Was geschieht, wenn der Fisch die Muskelgruppe seiner linken Seite zusammenzieht?

8. Erkunde, welche Aufgabe die einzelnen Flossen von Fischen haben!
   Materialien:
   Aquarium mit Fischen, Zettel, Stift
   Durchführung:
   Beobachte einen Fisch beim Schwimmen!
   Welche Flossen werden für welche Bewegung genutzt?
   Kreuze an!

Bewegung	Schwanzflosse	....
Stillstehen Schweben		
Drehungen		
Langsames Schwimmen		
Schnelles Schwimmen		

Auswertung:
a) Zeichne einen Fisch und beschrifte die Flossen!
b) Fasse die Aufgaben der einzelnen Flossen in Stichpunkten zusammen! Welche Flosse(n) ist (sind) das Hauptfortbewegungsorgan des Fisches?
c) Du sitzt in einem Ruderboot. Vergleiche die beiden Ruder mit den Flossen eines Fisches! Welche Flossen entsprechen den beiden Rudern?

Das Wichtigste im Überblick

Fortbewegung von Wirbeltieren – Angepasstheit an ihre Lebensräume

Wirbeltiere sind in ihrer Fortbewegung an verschiedene Lebensräume angepasst. Diese Anpassung zeigt sich in äußeren und inneren Baumerkmalen der Tiere.

Säugetiere

Die Gliedmaßen der Säugetiere stimmen in ihrem Grundaufbau überein. Sie sind entsprechend der verschiedenen Fortbewegungsarten (Laufen, Graben, Fliegen, Schwimmen) unterschiedlich gestaltet. Bei landlebenden Säugetieren unterscheidet man Sohlen-, Zehen- und Zehenspitzengänger.

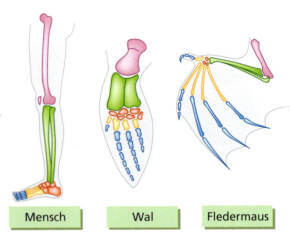

Mensch — Wal — Fledermaus

Vögel

Der Vogelkörper ist an das Fliegen durch folgende Merkmale angepasst:

Äußere Merkmale:
- stromlinienförmiger Körper
- Federn
- Vordergliedmaßen zu Flügeln umgebildet

Innere Merkmale:
- hohle Knochen
- Lunge mit Luftsäcken
- Brustbeinkamm mit starker Brustmuskulatur

Fische

Fische sind durch folgende Merkmale an die Fortbewegung im Wasser angepasst:

Äußere Merkmale:
- stromlinienförmiger Körper
- schleimige Haut mit Schuppen
- Flossen

Innere Merkmale:
- Schwimmblase

5 Lebewesen pflanzen sich fort und entwickeln sich

Fortpflanzung und Entwicklung beim Menschen | 125

5.1 Fortpflanzung und Entwicklung beim Menschen

Unsere Geschlechtsorgane
Mädchen und Junge, Frau und Mann unterscheiden sich nicht nur in Aussehen und Kleidung, sondern auch in ihrem Körperbau und ihren Geschlechtsorganen.
Welche Teile gehören zu den weiblichen und welche zu den männlichen Geschlechtsorganen? Wie sind sie gebaut? Welche Funktionen haben sie?

Schwangerschaft und Geburt
Familie Müller erwartet Zuwachs, denn Frau Müller ist schwanger. Die ganze Familie freut sich auf das Baby (Abb.). Ein Kind benötigt aber auch Fürsorge, Liebe und Schutz.
Wie kommt es zur Befruchtung? Was passiert in einer Schwangerschaft?
Wie muss eine Frau während der Schwangerschaft leben, damit das Kind im Mutterleib gesund heranwachsen kann?

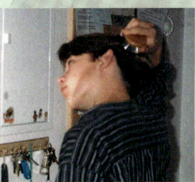

Vom Mädchen zur Frau, vom Jungen zum Mann
Ab dem 10. Lebensjahr betrachten sich Mädchen und Jungen öfter im Spiegel. Sie möchten gut aussehen und dem anderen Geschlecht gefallen – die Pubertät setzt ein!
Welche Veränderungen im Körperbau und Verhalten kennzeichnen die Zeit der Pubertät bei Mädchen und Jungen?

Junge oder Mädchen?

Eltern hören diese Frage von Fremden nach einem Blick auf ihr Kind recht oft (Abb. oben). Es ist ja auch wirklich schwer, Babys und Kleinkinder nur vom Gesicht her nach dem Geschlecht zu unterscheiden.
Beim Baden der Babys ist diese Frage ganz schnell geklärt. Denn an den **äußeren Geschlechtsorganen** kann man sofort erkennen, ob es sich um ein Mädchen oder einen Jungen handelt. Diese Geschlechtsmerkmale sind von Geburt an vorhanden, man nennt sie deshalb auch **primäre Geschlechtsmerkmale**.

Beim **Jungen** gehören zu diesen primären Geschlechtsmerkmalen
- das männliche Glied (Penis) und
- der Hodensack, in dem sich die beiden Hoden befinden.

Beim **Mädchen** gehören zu den primären Geschlechtsmerkmalen
- die großen und kleinen Schamlippen,
- der Scheideneingang und der Kitzler.

Im Alter von 10 bis 13 Jahren verändert sich der Körper beider Geschlechter sehr stark. Man nennt diese Zeit **Reifezeit** oder **Pubertät** (s. S. 132). In dieser Zeit bilden sich bei beiden Geschlechtern weitere *Unterscheidungsmerkmale* zwischen Mädchen und Jungen aus.
Man bezeichnet diese Merkmale auch als **sekundäre Geschlechtsmerkmale**, weil sie sich erst im Laufe der Reifeentwicklung ausprägen. Beim *Mädchen* sind das: Abrundung der Körperformen; Verbreiterung des Beckens (Abb. 1); Entwicklung der Brüste; Achsel- und Schambehaarung; Bildung erster reifer Eizellen, Einsetzen der Menstruation.
Beim *Jungen* sind das: Ausprägung des männlichen Körperbautyps (kräftigere Muskeln, breite Schultern, Abb. 1), Stimmbruch, Bartwuchs; Achsel- und Schambehaarung; stärkere Körperbehaarung; Vergrößerung der Hoden, Bildung erster reifer Samenzellen. Gesteuert werden diese Reifungsprozesse durch **Hormone**.

1 Sogar von hinten eindeutig: Mann und Frau

Bau und Funktionen der männlichen Geschlechtsorgane

Die äußeren Geschlechtsorgane des Mannes sind Penis und Hodensack, in dem sich die beiden Hoden befinden (Abb. 1).
Der **Penis**, er wird auch Glied genannt, besteht aus einem Schaft mit Schwellkörpern und der Eichel. Die Eichel wird von einer verschiebbaren Vorhaut bedeckt. Durch den Penis verläuft die Harn-Samen-Röhre.
Penis und Hodensack verändern sich im Laufe der Entwicklung. Der Penis wird länger und der Hodensack größer.

Zu den **inneren Geschlechtsorganen** des Mannes gehören je zwei *Hoden, Nebenhoden* und *Samenleiter*, mehrere *Drüsen* und die *Harn-Samen-Röhre* (Abb. 1).
Hauptaufgabe der inneren Geschlechtsorgane ist die Bildung der **Geschlechtszellen.**
Die **Spermien,** so heißen die **männlichen Geschlechtszellen,** werden in den Hoden gebildet. Es sind winzig kleine (nur 0,06 mm lange) Gebilde. Sie bestehen aus einem *Kopfstück* und einem Schwanzfaden, mit dem sie sich fortbewegen können.
Die Spermien werden nach der *Geschlechtsreife* ständig in großer Anzahl gebildet und in den Nebenhoden gespeichert.
Zusammen mit Stoffen aus Drüsen entsteht die **Samenflüssigkeit.**
Die Abgabe der Samenflüssigkeit, der **Samenerguss,** erfolgt beim Geschlechtsverkehr, durch unwillkürliche Entleerung (*Pollution*), z. B. im Schlaf, oder auch durch Selbstbefriedigung (*Masturbation*).
Mit der Bildung der Spermien und der Abgabe der Samenflüssigkeit ist der Junge geschlechtsreif und kann Kinder zeugen. Er hat damit eine große Verantwortung in einer Partnerschaft.

> **M** Zu den männlichen Geschlechtsorganen gehören Glied (Penis), Hoden, Samenleiter. Männliche Geschlechtszellen (Samenzellen) bilden sich in den Hoden.

Hygiene der männlichen Geschlechtsorgane

Zur täglichen Körperpflege gehört auch das Sauberhalten der „Intimregion", also das gründliche Waschen des Penis. Denn dort können sich sonst Urinreste und Drüsensekrete ansammeln, was zu unangenehmem Körpergeruch oder zu Entzündungen führen kann.
Unter der Vorhaut liegen Talgdrüsen. Diese sondern fettende Stoffe ab, die sich am Rand der Eichel sammeln. Deshalb sollten die Jungen/Männer bei der Intimhygiene die Vorhaut ihres Gliedes zurückschieben und gründlich reinigen.

1 Bau der männlichen Geschlechtsorgane (Seitenansicht)

Labels: Samenleiter, Harnblase, Drüsen, Harn-Samen-Röhre, Glied (Penis), Hoden, Hodensack

Bau und Funktionen der weiblichen Geschlechtsorgane

Bei den Mädchen liegen im Gegensatz zu den Jungen die meisten Geschlechtsorgane im Innern des Körpers (Abb. 1).

Geschützt in der Bauchhöhle liegen die zwei **Eierstöcke**. Zwei dünne Schläuche, die **Eileiter**, führen zur **Gebärmutter**. Die Gebärmutter ist ein etwa faustgroßer Hohlmuskel, der sehr dehnbar ist. In ihm wächst und entwickelt sich das Kind während der Schwangerschaft.
Daran schließt sich eine etwa 10 cm lange elastische Röhre an, die **Scheide**. Sie ist mit einer Schleimhaut ausgekleidet.
Die Scheidenöffnung wird verdeckt von den kleinen und großen **Schamlippen**. Dazwischen liegt der sehr berührungsempfindliche **Kitzler**.

Bei jungen Mädchen ist die Scheidenöffnung durch ein dünnes Häutchen fast verschlossen. Man nennt es die *Jungfernhaut*. In den Eierstöcken werden die weiblichen Keimzellen, auch **Eizellen** genannt, gebildet.

> Weibliche Geschlechtsorgane sind Eierstöcke, Eileiter, Gebärmutter und Scheide. Die weiblichen Geschlechtszellen (Eizellen) werden in den Eierstöcken gebildet.

Schon in den Eierstöcken von neugeborenen Mädchen sind mehrere Hunderttausend Eizellen angelegt. Mit Eintritt der Geschlechtsreife (11. bis 14. Lebensjahr) wächst hier alle 4 Wochen ein Ei zu einem Eibläschen heran, das beim Platzen, dem sog. **Eisprung,** die reife Eizelle freigibt. Diese wird von einem aktiv beweglichen Trichter eines Eileiters aufgefangen und von dessen Flimmerhärchen in die Gebärmutter transportiert.

Ab jetzt kann das Mädchen bei ungeschütztem Geschlechtsverkehr schwanger werden und ein Kind bekommen.
Alle vier Wochen bereitet sich die Gebärmutter darauf vor, eine befruchtete Eizelle aufzunehmen. Ihre Schleimhaut verdickt sich und wird gut durchblutet. Wird die Eizelle nicht befruchtet, stirbt sie ab. Die verdickte *Gebärmutterschleimhaut* wird nicht benötigt. Sie löst sich ab und wird unter Blutungen über die Scheide ausgeschieden.

Diese **Menstruations-** oder **Monatsblutung** dauert 4 bis 5 Tage. Da sie regelmäßig abläuft, wird sie auch *Regel* oder *Periode* genannt.
Die Gesamtheit der periodisch ablaufenden Vorgänge in den Geschlechtsorganen der Frau nennt man **Menstruationszyklus** (Abb. 1, S. 129).

Bei Mädchen in der Pubertät braucht der einsetzende Menstruationszyklus eine gewisse Zeit, bis er regelmäßig abläuft.

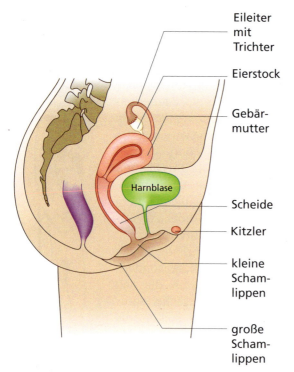
1 Geschlechtsorgane der Frau (Seitenansicht)

Fortpflanzung und Entwicklung beim Menschen

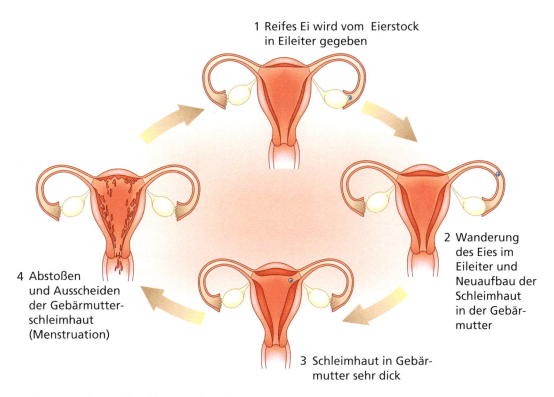

1 Menstruationszyklus (Gesamtschema)

Durch Erkrankungen, Aufregungen und Ortswechsel kann die regelmäßige Monatsblutung durcheinander gebracht werden. Deshalb ist es am besten, wenn jedes Mädchen ab der ersten Blutung einen **Regelkalender** führt. Darin wird jeden Tag vermerkt, wie stark die Blutung war. Damit hat man auch eine gute Übersicht, ob alles normal verläuft oder ob der Regelzyklus unterbrochen ist. Treten aber lange Zeit größere Unregelmäßigkeiten, Schmerzen im Unterleib oder andere Beschwerden auf, sollte man unbedingt den **Frauenarzt** aufsuchen. Der Regelkalender sollte dann immer vorgelegt werden.

Hygiene der weiblichen Geschlechtsorgane

Auch Mächen müssen bei der täglichen Körperpflege die äußeren Geschlechtsorgane gründlich waschen. Hier sammeln sich sonst Urinreste und andere Absonderungen aus der Scheide an und können zu Körpergeruch und Hautreizungen führen.

Besondere Hygienemaßnahmen sind während der *Monatsblutung* erforderlich. Zum Auffangen des Menstruationsblutes können Slipeinlagen (Monatsbinden) vor die Scheidenöffnung gelegt oder Tampons in die Scheide eingeführt werden.

Aufgabe

1. Beschreibe Bau und Funktion der weiblichen Geschlechtsorgane!

Befruchtung und Schwangerschaft

Wenn Mann und Frau sich sehr lieben, möchten sie auch sexuell zusammen sein, d. h., sie „schlafen" miteinander, sie haben **Geschlechtsverkehr.** Dabei wird durch Streicheln und Liebkosen das männliche Glied steif und kann in die Scheide der Frau eingeführt werden. Auf dem Höhepunkt dieser zärtlichen Kontakte kommt es beim Mann zum **Samenerguss.**
Dabei wird die Samenflüssigkeit in die Scheide der Frau abgegeben. Bei jedem Samenerguss werden viele Millionen Spermien ausgestoßen.

Die vielen Millionen Samenzellen schwimmen mithilfe ihrer Schwanzfäden durch die Gebärmutter bis in die Eileiter. Wenn sich dort gerade eine reife Eizelle befindet, kann es zum Eindringen einer Samenzelle in die Eizelle kommen.

1 Samenzelle und Eizelle verschmelzen

Von den vielen Millionen Spermien gelingt es nur einer einzigen, in die reife Eizelle einzudringen. Diesen Vorgang nennt man **Befruchtung** (Abb. 1).
Da sie im Inneren des Körpers stattfindet, bezeichnet man sie als *innere Befruchtung*.
Mit der Befruchtung beginnt die Entwicklung eines neuen Lebewesens; die Frau ist „schwanger".

> **M** Befruchtung ist die Verschmelzung von Samenzelle und Eizelle.

Auf dem Weg vom Eileiter in die Gebärmutter beginnt die befruchtete Eizelle sich zu teilen; zunächst in zwei, dann vier, acht Zellen und so weiter.
5 bis 6 Tage nach der Befruchtung sind es etwa 100 Zellen, die eine Hohlkugel, den **Blasenkeim,** bilden.
Der Blasenkeim nistet sich in die Schleimhaut der Gebärmutter ein (Abb. 2). Damit beginnt die eigentliche **Schwangerschaft.**

In den nächsten Wochen entwickelt sich in dem Blasenkeim der **Embryo** (Keimling).
Schon vier Wochen nach der Befruchtung kann man an dem erst 5 mm langen Embryo die beginnende Gliederung in Kopf und Rumpf sowie Gehirn und Herzanlage erkennen.
Durch ein zottenartiges Organ ist er fest mit der Gebärmutterschleimhaut verbunden. Hieraus entwickelt sich im weiteren Verlauf der **Mutterkuchen,** das Ernährungsorgan für das heranwachsende Kind.
Mit sechs Wochen bilden sich an dem jetzt 1,5 cm langen Embryo die Arm- und Beinanlagen. Mit zwölf Wochen sieht er schon wie ein richtiger kleiner Mensch aus, er wird dann **Fetus** genannt. Alle Organe sind angelegt. Finger und Zehen sind ausgebildet.
Etwa 9 Monate dauert die Entwicklung im Mutterleib, dann wird das Kind geboren.

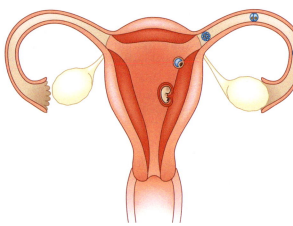

2 Weg der befruchteten Eizelle und Einnistung in die Gebärmutter

Entwicklung des Säuglings

Nach der Geburt kann ein Säugling sofort saugen, schreien und sich mit den Fingern anklammern. Ansonsten ist er jedoch völlig hilflos und auf die Fürsorge und Pflege seiner Eltern angewiesen.
Die Eltern baden und wickeln das Kind. Schreit das Kleine, tragen sie es auf dem Arm, streicheln es oder geben ihm Nahrung. Die Mutti stillt es (Abb.). Dabei hat das Kind ganz engen Kontakt mit der Mutter. Das wirkt beruhigend auf das Kind.

Dieses enge Verhältnis zwischen Eltern und dem Säugling führt zu einer *Eltern-Kind-Beziehung*. Für die gesunde Entwicklung eines Säuglings ist diese Beziehung ganz wichtig.

Ein gesundes Baby kann bereits Ende des *1. Monats* Personen und Gegenstände mit den Augen verfolgen und Töne und Geräusche wahrnehmen. Manche lächeln sogar schon, wenn sie das Gesicht der Mutter sehen oder ihre Stimme hören.

Mit *3 Monaten* kann das Baby den Kopf heben und nach vorgehaltenen Gegenständen greifen. Besonders interessant sind auffällig bunte Gegenstände und solche, die beim Bewegen Geräusche machen. Aber hier muss man aufpassen: Babys stecken gern alles in den Mund!

Nach *5 Monaten* kann sich das Baby in der Bauchlage aufstützen und den Körper drehen. Mit *6 Monaten* beginnt es zu sitzen. Sitzen sollte es aber nur, wenn es selbstständig in diese Position gelangt.

Im *8./9. Monat* beginnt es zu robben und zu krabbeln und auf allen vieren seine Umgebung zu erkunden.
Im *10./11. Monat* zieht es sich zum Stand hoch, und am Ende des ersten Jahres macht

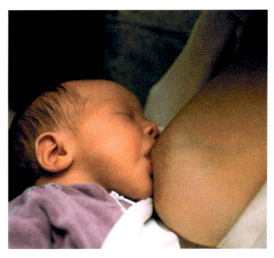

1 Stillen des Babys

es an der Hand gehalten erste Laufschritte und Gehversuche.

Parallel dazu entwickeln sich das **Sehen** und **Hören** sowie das **Spielen** und die **Sprache.**
Babys und Kleinkinder spielen gern mit Figuren zum Anfassen und Schmusen, wie dem Teddybär oder anderen Tieren.
Dabei lachen und kreischen sie vergnügt und machen erste einfache Lautäußerungen wie „baba", „tata".

Am Ende des ersten Lebensjahres lernen sie erste Worte sprechen, z. B. Mama, Papa, Oma, Opa. Sie reagieren auch schon auf Gebote und Verbote.

Im Säuglingsalter finden 6 ärztliche Untersuchungen statt. Dabei schaut der Arzt, ob sich das Kind gesund entwickelt. Außerdem bekommt es Impfungen, um ansteckenden Krankheiten vorzubeugen, z. B. Masern, Röteln, Keuchhusten, Kinderlähmung.

> **M** Das Neugeborene ist noch längere Zeit auf intensive Betreuung angewiesen (Nesthocker).

Pubertät – Übergang vom Kind zum Erwachsenen

Ein bedeutsamer Abschnitt in der Entwicklung jedes Menschen ist der Übergang vom Kind zum Erwachsenen. Dieser Zeitraum, in dem das Mädchen zur Frau und der Junge zum Mann heranreift, wird **Reifezeit** oder **Pubertät** genannt.

Sie beginnt bei Mädchen ungefähr mit 11 Jahren, bei Jungen ungefähr mit 13 Jahren. Abgeschlossen ist sie bei den Mädchen mit 16 bis 17 Jahren, bei den Jungen mit 17 bis 19 Jahren.

Im Pubertätsalter gibt es zwischen den einzelnen Jungen und Mädchen ziemliche Entwicklungsunterschiede. Die einen erreichen ihre körperliche Reife früher, die anderen später. Das gleicht sich aber wieder aus.

Die „Spätentwickler" brauchen also keine Minderwertigkeitskomplexe gegenüber den „Frühentwicklern" zu haben.

Während der Pubertät vollziehen sich wichtige Veränderungen am Körper und in den Funktionen seiner Organe, insbesondere der Geschlechtsorgane – der Eintritt der **Geschlechtsreife**.

Der Beginn der Pubertät macht sich äußerlich durch einen starken **Wachstumsschub** (bis zu 12 cm im Jahr) bemerkbar, der bei den Mädchen etwas früher einsetzt als bei den Jungen. Später holen diese die Mädchen wieder ein und überholen sie in der Körperlänge. Das Wachstum ist verbunden mit Veränderungen der Körperformen und Merkmale. Es bilden sich jetzt die typischen Körpermerkmale von Frau und Mann, die *sekundären Geschlechtsmerkmale*, heraus.

Im **weiblichen Geschlecht** sind das z. B. die Brüste, die runden Körperformen, das breitere Becken, Achsel- und Schambehaarung, Menstruation (Abb. 1 a).

In den Geschlechtsorganen des **jungen Mannes** wird mit Erreichen der Pubertät Samenflüssigkeit gebildet, die reife Samenzellen enthält. Er wird damit biologisch gesehen fortpflanzungsfähig. Im Zusammenhang damit bilden sich bei ihm auch äußerlich die typischen *sekundären männlichen Geschlechtsmerkmale* aus, z. B. muskulöser Körperbau, Bartwuchs, tiefere Stimme (Abb. 1 b).

In der Pubertät können auch vorübergehend Begleiterscheinungen auftreten. Häufig vorkommend ist **Akne**. Das sind Pickel, Knötchen in der Haut (entzündete Talgdrüsen).

Bei starker oder anhaltender Ausprägung sollten die betroffenen Jugendlichen den Hautarzt aufsuchen.

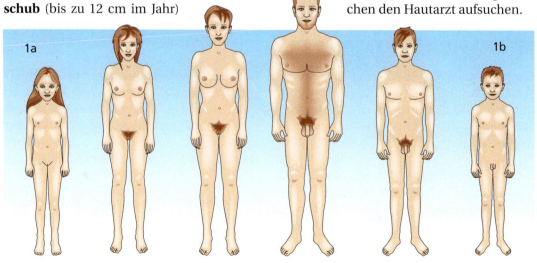

1a 1b

Fortpflanzung und Entwicklung beim Menschen   133

Verhütungsmethoden

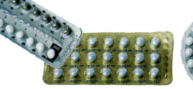

Wenn man sich liebt, will man auch Zärtlichkeiten austauschen und „miteinander schlafen". Da das zu einer Schwangerschaft führen kann, haben beide Partner eine große Verantwortung. Zur Verhütung ungewollter Schwangerschaften gibt es Methoden und Mittel mit unterschiedlicher Anwendung, Wirkung und Sicherheit. Am häufigsten angewendet und für junge Partner die geeignetsten sind Kondom und „Pille".

Kondome sind die am meisten verwendeten Verhütungsmittel. Die dünne, elastische Gummihülle, die es in den verschiedensten Ausführungen gibt (Abb.1), fängt beim Orgasmus des Mannes die Samenflüssigkeit auf und verhindert somit eine mögliche Befruchtung. Außerdem dient das Kondom als Schutz vor Infektionen wie **Aids** und **Geschlechtskrankheiten**.
Das Kondom wird über das versteifte Glied aufgerollt. Nach dem Samenerguss wird das Glied noch vor dem Erschlaffen aus der Scheide gezogen. Dabei sollte das Kondom am Ring festgehalten werden.
Bei jedem Geschlechtsverkehr ist ein neues Kondom zu verwenden.

Die „**Antibabypille**" ist ein Verhütungsmittel, dessen Wirkstoffe mit hoher Zuverlässigkeit bei der Frau das Freiwerden von befruchtungsfähigen Eizellen verhindern. Es gibt verschiedene Pillensorten (Abb.), die der Frauenarzt individuell auswählt und verschreibt.
Die Einnahme muss exakt nach Vorschrift erfolgen (Beipackzettel beachten!).
Wegen möglicher Nebenwirkungen (besonders häufig bei Medikamenteneinnahme und Rauchen) sind halbjährliche Kontrolluntersuchungen notwendig.

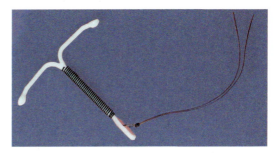

2   Verhütungsmittel: Spirale

Spirale nennt man mit Kupfer umwickelte Weichplastikkörper (Abb. 2), die vom Frauenarzt in die Gebärmutter eingelegt werden. Für junge Mädchen ist sie nicht geeignet.

Sichere Empfängnisverhütung ist für eine Frau die Voraussetzung, selbst zu bestimmen, wann sie ein Kind möchte, ohne Angst vor einer Schwangerschaft ihre Ausbildung abschließen zu können und ihren Beruf sinnvoll auszuüben.

1   Verhütungsmittel: Kondome

 Die gebräuchlichsten Verhütungsmittel sind die „Pille" und das Kondom. Letzteres gibt zugleich Schutz vor Infektionen mit Geschlechtskrankheiten und Aids.

Schutz vor sexuell übertragbaren Krankheiten

Wer Geschlechtsverkehr mit Partnern hat, die man nicht so gut kennt, und sich dabei nicht schützt, kann sich mit verschiedenen Krankheitserregern infizieren.
Das geschieht häufiger, als man vermutet. In Deutschland gibt es jährlich über 1 Million Fälle, darunter viele Jugendliche!

Verdächtige Anzeichen für Geschlechtskrankheiten sind u. a.:
Auffällige Rötungen und Hautjucken in der Intimregion, Schmerzen im Unterleib und beim Wasserlassen, verstärkter Ausfluss aus Harnröhre oder Scheide.
Bei solchen Anzeichen muss jeder Mann und jede Frau den *Partner informieren* und zur genaueren Diagnose der Krankheit einen *Facharzt aufsuchen*.

Tripper (Gonorrhö)

Erreger sind Kugelbakterien (Gonokokken), die beim Geschlechtsverkehr übertragen werden.
Sie rufen in den Schleimhäuten der Harn- und Geschlechtsorgane von Mann und Frau Entzündungen hervor. Erste Anzeichen nach 3–5 Tagen sind Juckreiz, Brennen beim Wasserlassen und Ausfluss, zunächst wässrig, dann schleimig und eitrig.
Tripper muss im *Frühstadium* mit Antibiotika behandelt werden, um die Schädigung anderer Organe und Unfruchtbarkeit zu vermeiden.

Syphilis (Lues)

Diese durch spiralförmige Bakterien (Spirochäten) verursachte Geschlechtskrankheit verläuft in *mehreren Phasen*.
In *Phase 1* bilden sich etwa 3 Wochen nach Ansteckung knotige Geschwüre an den Geschlechtsteilen oder auch an Lippen, Zunge und After. Sie sind hochgradig ansteckend.

In *Phase 2* breiten sich die Erreger über die Blutbahn im ganzen Körper aus. Anzeichen dafür sind: Anschwellen von Lymphknoten, Hautausschlag, Schmerzen und Fieber.
Unbehandelt setzt nach Jahren *Spätphase 3* mit schweren Schäden an Knochen, Herz und Nervensystem ein.

Aids

Aids (Abk. für „*acquired immune deficiency syndrom*", auf deutsch „durch Ansteckung erworbene Immunschwäche") ist die jüngste und gefährlichste sexuell übertragbare Krankheit. Ihr Erreger ist das Human-Immundefekt-Virus (HIV). Seit seiner Entdeckung Anfang der 80er Jahre haben sich weltweit 50 Mio. Menschen mit HIV infiziert. 16 Mio. sind bereits an Aids gestorben, 2/3 davon allein in Afrika. In *Deutschland* gab es bisher 50 000 HIV-Infektionen und 15 000 Aidstodesfälle.

Das **Risiko einer HIV-Ansteckung** ist sehr hoch beim Sex mit Zufallsbekanntschaften, Prostituierten und männlichen Homosexuellen. Leider gibt es zur *Behandlung von Aids* erst einige noch in Erprobung befindliche Medikamentenkombinationen, die sehr teuer und in ihrer Wirkung umstritten sind. Bisher konnte auch noch kein brauchbarer Impfstoff gegen diese Krankheit entwickelt werden. Die Medikamente verzögern nur den Krankheitsverlauf. Ziel ist dabei, die Anzahl der Viren im Körper zu senken. Aidskranke benötigen dringend *Verständnis*, *Hilfe* und *Unterstützung* durch ihr Umfeld. Auf Partnerschaft und Sexualität brauchen sie nicht zu verzichten, müssen sich aber durch Kondome schützen („*Safer Sex*").

> Den besten Schutz vor sexuell übertragbaren Krankheiten bieten Kondome und ein verantwortungsbewusster Umgang mit der eigenen Sexualität.

Sexuelle Wertorientierung

Sexualität ist beim Menschen ein **bewusst gesteuertes Handeln** und **Erleben**. Dieses wird von gesellschaftlichen Leitbildern, von sozialen Lebensumständen wie Beruf, Familie, Freundeskreis, von der Erziehung, den positiven und negativen Erfahrungen beeinflusst. Deshalb gibt es Unterschiede in den sexuellen Einstellungen, Bedürfnissen und Handlungsweisen der einzelnen Menschen. Aus diesem Grunde ist es auch schwer, Normen aufzustellen, an die sich alle Menschen halten müssen. Man kann nur Persönlichkeitseigenschaften und ethische Werte nennen, die für eine Partnerschaft, Ehe und Familie wichtig sind.

Dazu gehören gegenseitiges Verständnis und Vertrauen, gemeinsame Verantwortung für Lebenssituationen, gegenseitige Achtung, Toleranz, Liebe, Zärtlichkeit, Einfühlungsvermögen, Rücksichtnahme u. a.

Weitere ethische Prinzipien sind die Ablehnung jeglicher Form von sexueller Gewalt und sexuellem Missbrauch sowie die Toleranz gegenüber Homosexuellen.

Jeder junge Mensch entwickelt seine ganz persönliche individuelle Form des Sexual- und Partnerverhaltens. Orientierungshilfe dabei leisten u. a. Eltern, Freunde, Jugendzeitschriften und Schule.

Hetero-, Homo-, Bisexualität

Die meisten Menschen sind sexuell auf Partner des *anderen* Geschlechts orientiert (**heterosexuell**). Etwa 5–10 % haben sexuelle Beziehungen zu Partnern des *gleichen* Geschlechts (**homosexuell**) oder Kontakte zu *beiden* Geschlechtern (**bisexuell**).

Sexuelle Kontakte zwischen Personen gleichen Geschlechts müssen kein Anzeichen für homosexuelle Veranlagung sein, verunsichern aber die Betroffenen zunehmend. Sie versuchen, ihre „anders" gerichteten Gefühle zu verdrängen und zu verbergen. Erst nach längerer Zeit bekennen sie sich offen zu ihrem *Schwul-* oder *Lesbischsein* („Coming-out").

Die **Ursachen** für diese sexuellen Erscheinungsformen sind noch nicht völlig geklärt. Homosexuelle sind jedenfalls weder krank noch pervers.

Deshalb werden homosexuelle Beziehungen zwischen Erwachsenen auch nicht mehr strafrechtlich verfolgt. Es gibt aber immer noch Vorbehalte und Diskriminierung gegenüber Schwulen, Lesben und Bisexuellen. Daher kämpfen ihre Interessenvertreter verstärkt um die Anerkennung und rechtliche Gleichstellung dauerhafter homosexueller Partnerschaften. Jedes Jahr finden z. B. große Umzüge zum Christopher Street Day in vielen Städten Deutschlands statt.

Zur Anerkennung dieser Partnerschaften sind inzwischen durch den deutschen Bundestag gesetzliche Regelungen erfolgt. Danach können Homosexuelle ihre Lebenspartnerschaft eintragen lassen und genießen ähnliche Rechte wie Ehepaare.

1 Ein schwules Paar tauscht die Ringe während der Trauungszeremonie aus.

Sexuelle Gewalt und sexueller Missbrauch

Sexualität ist ein Wesensmerkmal des Menschen, sexuelle Beziehungen sind ein wichtiger Bestandteil menschlichen Verhaltens. Wenn zwei Menschen sich lieben und Zärtlichkeiten austauschen, so ist das etwas sehr Schönes, in körperlicher wie in geistig-seelischer Hinsicht.

Es gibt aber negative oder sogar abartig-krankhafte Formen sexuellen Verhaltens. Das sind solche sexuellen Handlungen, die **gegen** den Willen der Betroffenen, mit **Gewaltanwendungen** oder **Drohungen** vollzogen werden.

Ganz besonders schlimm ist der **sexuelle Missbrauch von Kindern.** Sexueller Missbrauch bedeutet, dass Mädchen oder Jungen zu sexuellen Handlungen verführt oder gezwungen werden, z. B. zum Anschauen oder Berühren der Geschlechtsorgane oder zum gewaltsamen Geschlechtsverkehr mit Verletzung oder sogar anschließender Tötung. Sexueller Missbrauch wird deshalb unter schwere Strafe gestellt.

Die Täter sind in solchen Fällen zumeist Personen, die ihre Opfer im Auto mitnehmen oder durch Geld, Geschenke, Süßigkeiten und Versprechungen an einsame Orte locken.
Es sind nicht immer Fremde, die Kinder missbrauchen, oft sind es Bekannte, Verwandte oder sogar Familienangehörige (Vater, Stiefvater, Bruder).

Die strafbaren sexuellen Handlungen finden in solchen Fällen oft wiederholt über längere Zeit statt. Sie werden erst spät aufgedeckt, weil die betroffenen Kinder durch Belohnungen oder Druck zum Schweigen gezwungen werden oder sich schämen, offen darüber zu sprechen.
Nicht jede Zärtlichkeit zwischen Erwachsenen und Kindern/Jugendlichen ist gleich sexueller Missbrauch. Daher keine Panik, aber im Zweifels- oder Wiederholungsfall nicht schweigen, sondern offen Rat und Hilfe holen.

Beachte deshalb:
– Du darfst dich nicht in Gefahr begeben, z. B. niemals zu Fremden in ein Auto steigen, dich nicht in fremde Wohnungen oder an einsame Orte locken lassen.

– Du darfst dich nicht von Bekannten oder Verwandten zu sexuellen Handlungen überreden lassen, auch keine Belohnungen oder Geschenke dafür annehmen.

– Du sollst sofort mit den Eltern oder anderen Vertrauenspersonen sprechen, wenn jemand dich missbrauchen will oder missbraucht hat.

– Du musst lernen **„Nein!"** zu sagen, wenn es dir unangenehm ist, **wie** dich jemand berührt.

Fortpflanzung und Entwicklung beim Menschen **137**

Teste dein Wissen

1. Beschreibe und benenne anhand von Abbildungen
   a) die männlichen Geschlechtsorgane,
   b) die weiblichen Geschlechtsorgane!

2. Stelle die einander entsprechenden Teile in einer Übersichtstabelle nach folgendem Muster zusammen!

Geschlechtsorgane	Mann	Frau
äußere		
innere		

3. Welche Bedeutung hat das gewissenhafte Führen eines „Regelkalenders"?

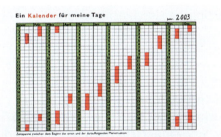

4. Nenne und begründe Maßnahmen
   – zur Hygiene der Geschlechtsorgane,
   – zur Menstruationshygiene!

5. Die werdende Mutter soll nicht rauchen, keinen Alkohol trinken und möglichst keine Medikamente einnehmen. Diskutiere diese Aussage und begründe deine Meinung!

6. Informiere dich über Maßnahmen und Einrichtungen zur Betreuung der werdenden Mutter während der Schwangerschaft! Sprich darüber mit deiner Mutter.

7. Beschreibe anhand von Abbildungen die Entwicklung des Kindes im Mutterleib und die Geburt!

8. Schildere die Entwicklung des Babys im ersten Jahr nach seiner Geburt und die erforderlichen Maßnahmen seiner Betreuung!
   Nutze deine eigenen Erfahrungen mit jüngeren Geschwistern oder sprich mit deiner Mutter darüber!

9. Welche körperlichen Veränderungen vollziehen sich während der Pubertät
   a) beim Mädchen,
   b) beim Jungen?
   Vergleiche mit deiner eigenen Entwicklung, mit der Entwicklung deiner Klassenkameraden und Geschwister!

10. Diskutiere über Erfahrungen und Probleme mit Verhaltensänderungen im Pubertätsalter!

11. Wie können Kinder Gefahrensituationen für sexuellen Missbrauch und für Gewalttaten vermeiden?
    Wie können sie zur Aufklärung solcher Vorfälle beitragen?

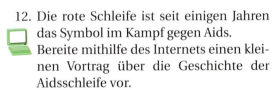

12. Die rote Schleife ist seit einigen Jahren das Symbol im Kampf gegen Aids. Bereite mithilfe des Internets einen kleinen Vortrag über die Geschichte der Aidsschleife vor.

13. Welche weiteren Fragen hast du zum Themenkreis Fortpflanzung und Entwicklung des Menschen?

14. Erkläre den Begriff „Safer Sex"!
    Nutze dazu ein Lexikon bzw. das Internet oder frage deine Eltern!

Das Wichtigste im Überblick
Bau und Funktion der Geschlechtsorgane

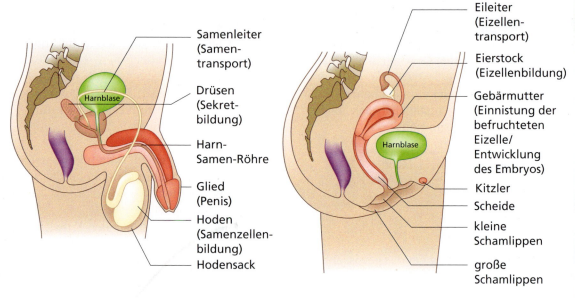

männliche Geschlechtsorgane   weibliche Geschlechtsorgane

Entwicklung des Menschen

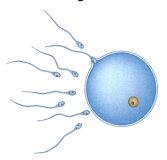

Vorgeburtliche Entwicklung
Nach der Befruchtung der Eizelle entwickelt sich in den 9 Monaten der **Schwangerschaft** im Mutterleib die befruchtete Eizelle zum Embryo, Fetus und geburtsreifen Kind.

Geburt
Das Kind wird durch Wehen aus der Gebärmutter über die Scheide herausgepresst.

Pubertät (Zeit der Geschlechtsreife)
Sie ist gekennzeichnet durch körperliche Reifungsvorgänge und geistig-seelische Veränderungen. Das äußert sich in den Empfindungen, Stimmungen und Verhaltensweisen der Jugendlichen.

5.2 Fortpflanzung und Entwicklung der Wirbeltiere

Fortpflanzung der Lurche
Ende März, Anfang April kann man beobachten, wie größere Kröten oftmals eine kleinere Kröte auf dem Rücken tragen und mit ihr zu einem Gewässer laufen (Abb.). Die Krötenweibchen nehmen die kleineren Männchen „huckepack".
Warum suchen die Krötenpärchen im Frühling auf diese Weise ein Gewässer auf? Wie entwickeln sich die Kröten?

Vögel brüten ihre Eier aus
In einem befruchteten Vogelei entwickelt sich ein Embryo, wenn es von den Altvögeln bebrütet wird. Dabei wird die Körperwärme auf die Eier übertragen. Wenn die Entwicklung abgeschlossen ist, schlüpft das Vogelküken, indem es die Kalkschale von innen aufbricht.
Wie sind die Vogeleier beschaffen? Wovon ernährt sich der Embryo im Ei? Können sich alle geschlüpften Jungvögel selbst ernähren?

Katzen betreiben Brutpflege
Nach etwa 9 Wochen Tragzeit bringen die Katzen 2 bis 8 Junge zur Welt. Die Jungen sind blind und hilflos. Nach kurzer Zeit beginnen die Jungen an den Zitzen der Mutter Milch zu saugen. Erst wenn die Jungen 15 Tage alt sind, reagieren sie auf alles, was sich bewegt.
Warum gehören Katzen zu den Säugetieren? Wie werden die Jungen genannt, die blind und hilflos geboren werden?

Fortpflanzung der Säugetiere

Männchen und Weibchen der Säugetiere unterscheiden sich auch in den **Geschlechtsorganen** (Abb. 1).
Zu den **männlichen Geschlechtsorganen** zählen jeweils zwei Hoden, Nebenhoden und Samenleiter, außerdem die Vorsteherdrüse und das Glied.
In den *Hoden* werden die Samen gebildet und in den *Nebenhoden* gespeichert. Durch die Samenleiter werden die Samen bis zur Harnröhre transportiert.
Damit die Samen beweglich bleiben, werden durch die *Vorsteherdrüse* noch Sekrete hinzugegeben.
Zu den **weiblichen Geschlechtsorganen** gehören zwei *Eierstöcke*, zwei *Eileiter*, die *Gebärmutter* und die *Scheide*. In den Eierstöcken werden Eizellen gebildet, die in den Eileiter wandern.
Wenn sich Katze und Kater **paaren (Begattung)**, werden Samenzellen über das Glied in die Gebärmutter des Weibchens übertragen **(Besamung)**. Von dort wandern die Samenzellen in die Eileiter. Befinden sich zu der Zeit Eizellen im Eileiter, verschmelzen Samenzelle und Eizelle. Die Eizellen werden befruchtet **(innere Befruchtung)**.
Die befruchteten Eizellen wandern nun in die Gebärmutter und nisten sich dort in der Schleimhaut ein. Aus jeder befruchteten Eizelle entwickelt sich ein **Embryo**.

Die Embryonen sind über die Gebärmutterschleimhaut mit dem Muttertier verbunden und erhalten von ihm Sauerstoff und Nährstoffe. Dadurch können die Embryos wachsen und sich entwickeln. Dabei liegen sie geschützt im Mutterleib, und die gesamte Entwicklung erfolgt weitgehend unabhängig von äußeren Einflüssen, z. B. der Temperatur.

Die Entwicklung der Jungen im Mutterleib verläuft bei allen Säugetieren in ähnlicher Weise. Unterschiedlich ist die Entwicklungsdauer im Mutterleib. Beim Goldhamster beträgt sie z. B. 16 Tage, beim Elefanten bis zu 2 Jahren.
Wenn alle Organe entwickelt sind und der Embryo eine bestimmte Größe hat, setzt die **Geburt** ein. Die Muskulatur der Gebärmutter presst die Jungen über die Scheide nach außen. Die Anzahl der Jungen ist bei den Säugetieren sehr unterschiedlich. Beim Schwein beträgt sie bis zu 12 und bei der Katze bis zu 6 Jungen.

> **M** Die Entwicklung der Jungen erfolgt geschützt im Mutterleib. Die Säugetiere bringen ihre Jungen lebend zur Welt.

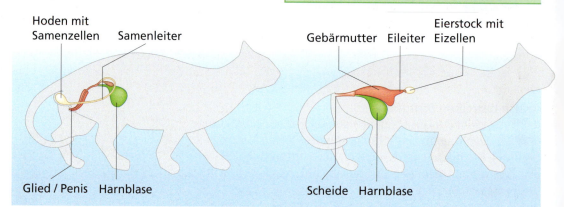

1 Männliche Geschlechtsorgane eines Katers und weibliche Geschlechtsorgane einer Katze

Fortpflanzung und Entwicklung der Wirbeltiere 141

1 Die jungen Igel finden nach der Geburt sofort die Zitzen.

Sofort nach der Geburt suchen die Jungen die Zitzen des Muttertieres auf und fangen an zu *saugen* (Abb. 1). Dieses Verhalten ist *angeboren*.
In die Zitzen münden nämlich Milchdrüsen, in denen die Milch produziert wird. Diese Milch ist in den ersten Wochen die Nahrung der jungen Tiere.
Von der *Tragzeit,* so nennt man die Entwicklungszeit im Mutterleib, hängt auch der Entwicklungszustand der Jungen nach der Geburt ab.

Die Entwicklungszeit im Mutterleib ist z. B. von *Igel* und *Kaninchen* sehr kurz. Sie kommen blind, nackt und hilflos zur Welt und müssen deshalb von den Elterntieren noch eine längere Zeit betreut werden. Sie sind **Nesthocker.**
Die Elterntiere bauen schon vor der Geburt an einem sicheren Ort ein Nest, z. B. in Höhlen. Dort können sich die Jungtiere geschützt vor Feinden entwickeln. Die einzige Nahrung in dieser Zeit ist die Milch der Mutter. Nach einigen Wochen ist das Fell voll entwickelt. Sie können sehen und sich gut fortbewegen.
Bei *Pferd* oder *Rind* ist die Entwicklungszeit im Mutterleib dagegen relativ lang. Die Jungen können bereits wenige Augenblicke nach der Geburt schon laufen und sich in ihrer Umgebung orientieren. Ihr Fell ist voll entwickelt. Sie sind **Nestflüchter.**
Sie finden ohne Probleme die Zitzen der Mutter (Abb. 2) und beginnen zu saugen. Wenn die Bewegungen der Jungen auch zu Anfang etwas holprig aussehen, so sind sie aber bald schon in der Lage, ihren Müttern über große Strecken zu folgen.

2 Rind mit saugendem Kälbchen

Fortpflanzung und Entwicklung der Fische

Im Frühjahr bzw. Frühsommer begeben sich die Fischweibchen und -männchen meist paarweise an bestimmte Plätze im Wasser. Dort legt das **Weibchen** seine Eier (Rogen) ab. Das **Männchen** spritzt nun über diese Eier seine Samenflüssigkeit (Milch). In der milchigen Samenflüssigkeit befinden sich viele Samenzellen.
Je eine Ei- und eine Samenzelle verschmelzen miteinander. Die Eizelle ist befruchtet.
Da die Befruchtung außerhalb des weiblichen Körpers stattfindet, nennt man sie **äußere Befruchtung** (Abb.).
Bei den meisten Fischen schlüpfen nach einigen Tagen aus den befruchteten Eiern kleine **Fischlarven**. Diese haben noch einen Dottersack am Bauch. Er dient den Fischlarven ca. 2 Wochen zur Ernährung. Die Flossen bilden noch einen geschlossenen Flossensaum. Die Fischlarven wachsen heran und entwickeln sich zu **Jungfischen**. Die Jungfische entwickeln sich zu **geschlechtsreifen Fischen** (Abb.).
Es gibt auch Fische, die lebende Junge zur Welt bringen. Dazu gehören beispielsweise die *Guppys*.

> Die Fortpflanzung und Entwicklung der Fische findet im Wasser statt. Aus der befruchteten Eizelle entwickelt sich meistens eine Fischlarve. Sie entwickelt sich zum Jungfisch und dieser zum geschlechtsreifen Fisch.

Auch die Fische zeigen ein arttypisches **Fortpflanzungsverhalten**.
Beim *Dreistachligen Stichling* (Abb. 2, S. 143) beispielsweise kann man im Frühjahr ein typisches Fortpflanzungs- und Revierverhalten beobachten (Abb. 1, S. 143).
In der Zeit der Fortpflanzung weist das Männchen eine kräftige Körperfärbung auf. Es hält sich in einem bestimmten Gebiet auf, aus welchem es andere Männchen vertreibt.

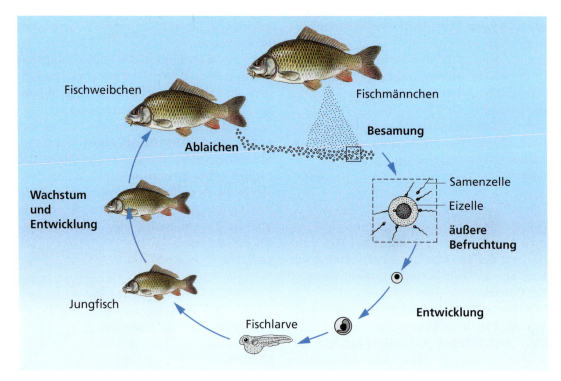

Fortpflanzung und Entwicklung der Wirbeltiere

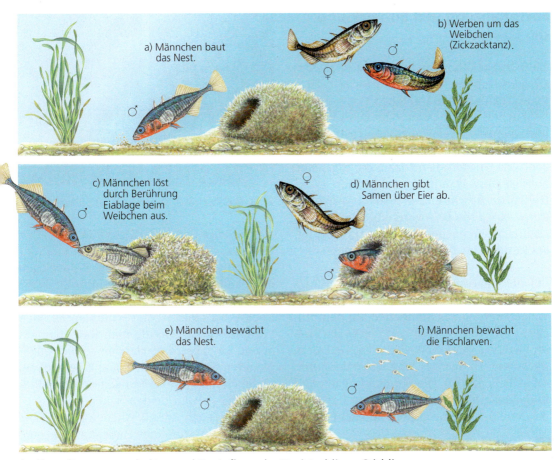

1 Fortpflanzungsverhalten und Brutpflege des Dreistachligen Stichlings

Es ist sein Revier, das es sich zum Zwecke der Brutpflege gesucht hat. Aus Pflanzenteilen, die mit dem Maul zusammengetragen und mit einem Stoff verklebt werden, wird ein röhrenförmiges Nest in eine kleine Sandgrube gebaut.

2 Dreistachliger Stichling

Kommt ein Weibchen, so versucht das Männchen es dazu zu bringen, in die Neströhre zu schwimmen, um dort abzulaichen. Danach schwimmt das Männchen in das Nest, gibt Samenzellen über die Eier.

Die Eier werden befruchtet. Während das Weibchen nun das Revier verlässt, bleibt das Männchen bei den Eiern. Es bewacht sie und fächelt ihnen mit den Flossen frisches Wasser zu. Aus den befruchteten Eiern schlüpfen Fischlarven. Sie wachsen und entwickeln sich zu jungen Stichlingen. Sie werden etwa 2 Wochen vom Männchen bewacht.
Es gibt bei manchen Fischen also eine **Brutpflege.**

Fortpflanzung und Entwicklung der Lurche

Im Frühjahr kann man in Gewässernähe das Quaken zahlreicher *Wasserfrösche* hören. Wenn man einen männlichen Wasserfrosch beobachtet, dann kann man in seinen Mundwinkeln zwei weiße Blasen sehen. Das sind Schallblasen, die das Quaken verstärken. Das Quaken dient dazu, die Weibchen auf sich aufmerksam zu machen (Abb. 1).
Die *Wasserfrösche* locken also die Weibchen durch ein „Froschkonzert" an. Die *Grasfrösche* dagegen machen sich nur durch ein leises Knurren bei den Weibchen bemerkbar.

Bei der **Paarung** umklammert das Männchen das größere Weibchen von hinten. Das Weibchen trägt das Männchen auf dem Rücken (Abb., S. 139). Wenn sie sich so ins Wasser begeben, gibt das Weibchen seine Eier in das Wasser ab und das Männchen daraufhin seine Samenzellen. Die Befruchtung der Eier findet außerhalb des Körpers statt. Es ist wie bei den Fischen eine **äußere Befruchtung**.

> M **Die Fortpflanzung der Lurche erfolgt durch äußere Befruchtung. Sie ist an Wasser gebunden.**

Jedes Ei ist von einer Gallertschicht umgeben, die im Wasser aufquillt. Die Eier des

1   Wasserfrosch – „quakendes" Männchen

2   Laichablage: a) Grasfrosch, b) Erdkröte

Grasfrosches und des *Wasserfrosches* bilden z. B. große Laichklumpen, die dann auf der Wasseroberfläche schwimmen. *Kröten* legen ihre Eier in Laichschnüren ab (Abb. 2).

Nach etwa einer Woche schlüpfen aus den Froscheiern Larven, die man **Kaulquappen** nennt. Sie haben einen langen, seitlich abgeplatteten Schwanz und keine Gliedmaßen. Sie leben nur im Wasser und atmen über Kiemen, die sich an beiden Seiten des Kopfes befinden. Nach 2 bis 3 Wochen werden die Kiemen aber von einer Haut überwachsen. Sie werden zu Innenkiemen.
Die Kaulquappen ernähren sich im Gegensatz zu den erwachsenen Fröschen von Algen und Pflanzenteilen.

Während der weiteren Entwicklung verändert sich die äußere Gestalt der Kaulquappen. Es bilden sich zunächst die Hinterbeine und danach die Vorderbeine. Der Schwanz wird kleiner, er schrumpft. Anstelle der inneren Kiemen entwickelt sich eine einfach gekammerte, sackförmige Lunge.
Aus der fischähnlichen, durch Kiemen atmenden Froschlarve (Kaulquappe) hat sich ein lungenatmender kleiner Jungfrosch entwickelt. Nun kann der Frosch auf dem Lande leben.
Eine solche körperliche Umwandlung nennt man **Metamorphose** (Gestaltwandel).

Fortpflanzung und Entwicklung der Wirbeltiere **145**

Die Entwicklung der anderen Froschlurche (**Kröten**, **Unken**) verläuft ähnlich wie die der Frösche.
Bei **Schwanzlurchen** bleibt der Schwanz zeitlebens erhalten.

> **M** In ihrer Entwicklung machen Lurche eine Metamorphose durch, von kiemenatmenden Larven zu lungenatmenden erwachsenen Tieren.

1 Entwicklung des Grasfrosches

Fortpflanzung und Entwicklung bei Kriechtieren

Die Fortpflanzung und Entwicklung der Kriechtiere erfolgt auf dem Lande. In der Fortpflanzungszeit paaren sich Männchen und Weibchen. Das Männchen gibt die Samenzellen in den Körper des Weibchens. Sie gelangen zu den Eizellen im Eileiter.
Eine Samenzelle verschmilzt im Körper des Weibchens mit der Eizelle. Deshalb nennt man diese Form der Befruchtung **innere Befruchtung**.

Nach der Befruchtung bildet sich bei Eidechsen und Schlangen um die Eier eine pergamentartige Hülle. Bei den Krokodilen und Schildkröten erhalten die Eier eine Kalkschale.

Die meisten Weibchen legen die befruchteten Eier auf dem Lande ab (Abb. 1). Eidechsen legen sie z. B. in ausgescharrte Erdlöcher, Ringelnattern in Dung- und Laubhaufen ab. Die Eier werden zugedeckt und sich selbst überlassen. Sie werden von der Sonnenwärme ausgebrütet, bis nach einigen Wochen die Jungen ausschlüpfen (Abb. 1).
Die jungen Eidechsen sind dann zwar noch sehr klein, sehen aber schon wie die erwachsenen Tiere aus und sind sofort selbstständig.

2 Bergeidechse beim Absetzen von Jungtieren

Einige Kriechtiere bringen lebende Junge zur Welt, sie sind lebend gebärend. Dazu gehört z. B. die *Bergeidechse* (Abb. 2) und die *Kreuzotter*.
Bei ihnen erfolgt die Entwicklung im Ei schon im weiblichen Körper. Beim Ablegen der Eier oder kurze Zeit später reißt die dünne Eihülle, und das voll entwickelte Jungtier schlüpft heraus.

 Die Fortpflanzung der Kriechtiere erfolgt durch innere Befruchtung.

1 Eigelege einer Zauneidechse und schlüpfende Zauneidechsen

Fortpflanzung und Entwicklung der Vögel

Der Hahn fällt in der Hühnerschar sofort auf. Sein Gefieder ist prächtiger als das der Hennen. Außerdem stolziert er umher. Manchmal lockt er eine Henne mit Futter (Abb.1). Kommt sie näher, umwirbt er sie mit einem Tanz und spreizt dabei den von ihr abgewandten Flügel. Geht die Henne auf sein Werben ein, duckt sie sich. Das ist das Zeichen für den Hahn. Er springt auf die Henne und presst seine Kloakenöffnung auf die des Weibchens.

Bei dieser **Paarung** werden die Samenzellen (Spermien) des Männchens, die in den Hoden gebildet wurden, in das Weibchen übertragen (Abb. 2). Bei Hühnern nennt man das *Treten*.

In den Eierstöcken des Weibchens werden ständig Eizellen gebildet. Diese wachsen heran und verlassen den Eierstock als Dotterkugeln. Nach der Paarung wandern die Spermien im Eileiter bis sie im oberen Teil auf die Eizellen treffen. Dringen die Spermien in die Eizellen ein, ist das Ei befruchtet. Auf der Dotterkugel ist jetzt eine winzige Keimscheibe zu sehen.

Da die Befruchtung im Körper stattfindet, spricht man von einer **inneren Befruchtung** wie bei den Säugetieren.

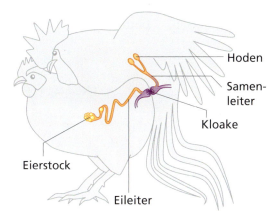

2 Fortpflanzungsorgane und Paarung bei Vögeln

Auf dem Wege durch den Eileiter zur Kloake entwickelt sich das befruchtete **Ei** (Abb. 1, S. 148). Im mittleren Teil des Eileiters wird die befruchtete Eizelle mit einer Hülle aus Eiklar umgeben. Die Hagelschnüre bilden sich. An der Schalendrüse des Eileiters angekommen, werden die Dotterkugel und das Eiklar mit der Kalkschale umgeben. Über die Kloake verlässt das fertige Ei den Vogelkörper. Vor der Eiablage bauen viele Vögel ein Nest. Dafür verwenden sie die verschiedensten Materialien: kleine Zweige, Federn, trockene Grashalme. In die Nester werden die Eier gelegt, die Anzahl hängt von der Art ab. Es sind **Eigelege.**

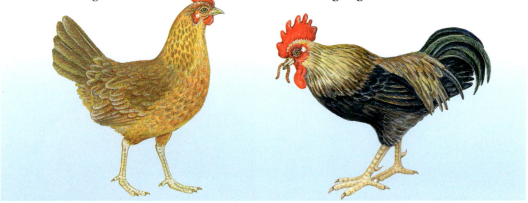

1 Fortpflanzungsverhalten bei Vögeln: Der Hahn wirbt mit Futter und einem „Tanz" um das Weibchen.

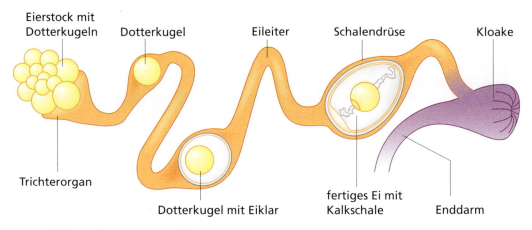

1 Entwicklung des Eies im Vogelkörper

Die Eier werden nun von den Altvögeln bebrütet. Dabei wird die Körperwärme der Elternvögel auf die Eier übertragen. Diese Wärme ist notwendig, damit sich im Ei ein Küken entwickeln kann. Während der Brut werden die Eier gedreht. Die Eier dürfen nicht unter 25 °C abkühlen.

Während des Brütens entwickelt sich aus der Keimscheibe (Abb. 2) ein Embryo, der Keimling.

Der Embryo verbraucht für sein Wachstum und seine Entwicklung die im Eiklar und im Eidotter enthaltenen Nährstoffe. Nach ca. 20 Tagen (z. B. Haushuhn) ist die Entwicklung abgeschlossen und das junge Vogelküken schlüpft; es bricht die Kalkschale von innen her auf. Nun beginnt die Entwicklung des jungen Vogels.

Aufgaben

1. Schlage vorsichtig ein rohes Ei an, lass es in eine Petrischale auslaufen (Abb. 3)! Fertige eine Zeichnung an und beschrifte die erkennbaren Teile!
2. Durchsteche mit der Pinzette die Dotterhaut!
   Was beobachtest du?

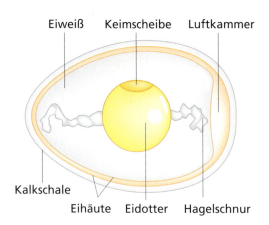

2 Bau des Vogeleies (Schema)

3 Rohes aufgeschlagenes Hühnerei

Fortpflanzung und Entwicklung der Wirbeltiere **149**

1 Amselmännchen füttert seine Jungen.

Verhaltensweisen der Vögel
Wie bei den Säugetieren gibt es auch bei den Vögeln nach dem Schlupf *Nesthocker* und *Nestflüchter*.
Die jungen *Amseln* (Abb. 1) oder die Jungen des *Sumpfrohrsängers* sowie *Sperlinge* und *Meisen* haben noch kein vollständiges Federkleid und geschlossene Augen. Sie sind hilflose **Nesthocker** und auf die Hilfe der Eltern angewiesen. Diese müssen sie wärmen und füttern. Sie betreiben **Brutpflege.**

Die Küken der *Stockente*, des *Haushuhns*, des *Jagdfasans* und der *Hausgans* beispielsweise sind nach dem Schlupf voll entwickelt. Sie sind **Nestflüchter**.

Schon in den ersten Lebensstunden wirken das Bild, die Bewegung und die Lautäußerungen (Piepen) der „Mutter" so stark auf die Küken ein, dass sie sie nicht mehr vergessen. Die Küken sind auf ihre „Mutter" **geprägt**. Dieser **Lernvorgang** ist für die Jungen lebensnotwendig. Auf der Suche nach Futter oder bei Gefahr müssen die Küken ihrer „Mutter" unbedingt folgen können.
Im Zusammenhang mit der Fortpflanzung kann man bei Vögeln, z. B. bei Amseln (Abb. 2), verschiedene Verhaltensweisen beobachten.

 Vögel bauen ein Nest und brüten die Jungen dort aus. Nach dem Schlupf der Jungen betreiben die Elterntiere Brutpflege. Man unterscheidet Nesthocker und Nestflüchter.

2 Fortpflanzungsverhalten der Amseln

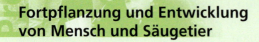

Fortpflanzung und Entwicklung von Mensch und Säugetier

Die Fortpflanzung ist ein wichtiges Kennzeichen des Lebens. Nachkommen können auf sehr unterschiedliche Weise erzeugt werden, z. B. ungeschlechtlich und geschlechtlich. Der Mensch und alle anderen Säugetiere pflanzen sich geschlechtlich fort.

1. **Schwangerschaft und Geburt – ein faszinierendes Ereignis**
   - Gestaltet ein Plakat mit Zeitleiste, Text und Bildmaterial!

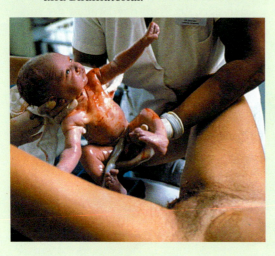

   - Überlegt euch dabei genau, in welche Abschnitte ihr die Zeitleiste einteilt!
   - *Tipp:* für die Zeiteinteilung
     Von einer Zelle zum Embryo
     z. B. 22. Lebenstag – erste unregelmäßige Herztöne
     Der Fetus
     z. B. Ab 4. Monat, Körperlänge von Kopf bis Steiß ca. 6 cm
     Die Geburt
     z. B. Jetzt geht's los – das Ziehen im Kreuz wird stärker, die Wehen setzen ein.
   - Geht in eine Frauenarztpraxis und besorgt euch Material dazu!

2. **Was ein Baby braucht!**
   - Gestaltet ein Poster und ergänzt es durch mitgebrachte Exponate!
   - *Tipp:* Was alles dazu gehört!
     Namen: (z. B. Monika Kroll oder Ben Fügener klingen gut in den Ohren, denn ein mehrsilbiger Vorname passt gut zu einem kurzsilbigen Nachnamen und umgekehrt.
     Verweist im Poster auf das Verzeichnis zugelassener Namen!
   - Findet ca. zehn wohlklingende Namen berühmter Persönlichkeiten aus europäischen Ländern und stellt dazu eine Beliebtheitsfolge (Hitliste) auf, z. B. Nummer 1 – Leonardo da Vinci, Nummer 2 – Robert Koch!
     Kleidung, Hygiene, erstes Spielzeug usw.

Alle Lebewesen pflanzen sich fort und entwickeln sich.

3. **Beobachtet die Entwicklung eures Lieblingstiers!**
   - Haltet alle wichtigen Ereignisse in einem Protokoll fest:
     Vatertier, Muttertier, Geburt, Gewicht, Größe, Wachstum, Körpermerkmale!
   - *Tipp:*
     Wenn ihr kein eigenes Heimtier habt, geht in einen Zoo oder Tierpark und beobachtet dort ein Tier!
   - Stellt einen Steckbrief von eurem Lieblingstier auf!

Teste dein Wissen

1. Beschreibe die Entwicklung eines Säugetiers von der Befruchtung der Eizelle bis zur Geburt!

2. Bei Wirbeltieren findest du die äußere und innere Befruchtung.
   a) Erläutere den Begriff Befruchtung!
   b) Vergleiche innere und äußere Befruchtung miteinander!
   c) Nenne zu jeder Art der Befruchtung einige Lebewesen!

3. Beschreibe die Entwicklung eines Fisches! Nutze dazu die Abbildungen auf S.142!

4. Ordne Karpfen, Schwein, Amsel, Katze, Erdkröte, Haushuhn, Wasserfrosch, Hecht und Feuersalamander nach der Art der Befruchtung!

5. Ein Heringsweibchen legt auf einmal bis zu 30 000 Eier und ein Hechtweibchen bis zu 100 000 Eier ab. Dagegen laicht ein Stichlingsweibchen nur 80 bis 100 Eier.
   a) Warum ist die Anzahl der abgelegten Eier so unterschiedlich?
   b) Begründe, warum auch beim Stichling ausreichend Nachkommen vorhanden sind!

6. Beschreibe anhand der Abbildung die Entwicklung der Lurche!

7. Erläutere den Begriff Metamorphose am Beispiel des Grasfrosches! Nutze dazu die Abbildungen auf Seite 145!

8. Alle heimischen Lurche sind geschützte Tiere.
   Informiere dich bei einem Naturschutzbeauftragten deines Heimatortes über Maßnahmen zum Schutz der heimischen Lurche zur Zeit der Fortpflanzung! Nutze auch das Internet!

9. Ermittle anhand von Literatur und des Internets, wie bei Amseln, Blaumeisen und Störchen Nestbau und Brut erfolgen!

10. Du sollst brütende Vögel nicht stören. Was würde passieren, wenn der brütende Vogel für längere Zeit sein Nest verlässt?

11. a) Bei Vögeln gibt es Nesthocker und Nestflüchter. Ordne folgende Vögel in eine Tabelle ein: Amsel, Blaumeise, Haushuhn, Rebhuhn, Specht, Stockente, Schwan, Fasan, Schleiereule! Begründe die Zuordnung!
    b) Katzenjungen sind auch Nesthocker. Vergleiche mit Nesthockern bei Vögeln!

12. a) Vergleiche den Bau der Eier und deren Anzahl bei den Fischen, Lurchen, Kriechtieren, Vögeln und Säugetieren!
    b) Welche Art der Befruchtung liegt jeweils vor?

13. Die geschlechtliche Fortpflanzung der Wirbeltiere wird durch gemeinsame und unterschiedliche Merkmale gekennzeichnet.
    Stelle die Gemeinsamkeiten und Unterschiede in einer Tabelle zusammen!

Das Wichtigste im Überblick

Fortpflanzung bei Wirbeltieren

Bei allen Wirbeltieren entwickeln sich die Nachkommen aus Eizellen, die durch Samenzellen befruchtet werden.

Wirbeltier-klassen		Befruchtung/ Entwicklung	Eier
Fische		äußere Befruchtung/ erfolgt ausschließlich im Wasser	schalenlos, mit Nährstoffen, große Anzahl (bis zu 700 000)
Lurche		äußere Befruchtung/ erfolgt im Wasser und auf dem Land (Amphibien = doppeltes Leben)	Gallerte, mit Nährstoffen, große Anzahl (bis zu 10 000)
Kriechtiere		innere Befruchtung/ erfolgt auf dem Land	pergament- oder kalkschalig, mit Nährstoffen, geringe Anzahl (bis zu 15)
Vögel		innere Befruchtung/ erfolgt auf dem Land / Wasser	kalkschalig, mit Nährstoffen in Eidotter und Eiklar, geringe Anzahl
Säugetiere		innere Befruchtung/ erfolgt auf dem Land / Wasser	Eizellen im Mutterleib

5.3 Fortpflanzung und Entwicklung von Samenpflanzen

Bestäubung und Befruchtung

Während der Blütezeit besuchen viele Insekten, z.B. Hummeln, Bienen und Schmetterlinge, die schönen und auffällig gefärbten Blüten. Dabei wechseln sie von Blüte zu Blüte, um an den Nektar zu gelangen.
Welche Vorgänge werden durch die Insekten ausgelöst?
Welche Möglichkeit der Bestäubung gibt es bei Pflanzen mit kleinen, unscheinbaren Blüten?

Die Blüte – ein Erkennungsmerkmal
Im Frühjahr tragen Obstbäume, z. B. Kirschbäume (Abb.), viele weiße oder rosa gefärbte Blüten, die weithin leuchten. Nur wenige Wochen später kannst du an den Obstbäumen keine Blüten mehr finden.
Welche Bedeutung haben die Blüten?
In welche großen Pflanzengruppen kann man alle blühenden Pflanzen einordnen?

Vom Samen zur jungen Pflanze
Im Frühjahr kann man gut beobachten, wie sich aus Samen junge Pflanzen entwickeln. Dabei brechen kleine grüne Spitzen, die Keimstängel, durch die Oberfläche. Nach kurzer Zeit ist eine vollständige junge Pflanze entstanden.
Wie entwickelt sich eine junge Bohnenpflanze?
Welche Bedingungen sind erforderlich?

Von der Blüte zur Frucht

Die Blüte der Samenpflanzen

Die Blüte der Samenpflanzen ist aus verschiedenen Blättern aufgebaut: Kelchblättern, Kronblättern, Staubblättern und Fruchtblättern (Abb. 2, S. 155).

Außen ist die Blüte von den meist grünen **Kelchblättern** umgeben. Die **Kronblätter** sind oft auffällig gefärbt.
In der Mitte der Blüte befinden sich ein oder mehrere **Fruchtblätter**, die aus Narbe, Griffel und Fruchtknoten bestehen. An dem langen Staubfaden des **Staubblattes** befindet sich ein Staubbeutel.
Aus den Fruchtblättern der Blüten entstehen Früchte, die Samen enthalten. Durch die Bildung der Samen erfolgt die Fortpflanzung der Samenpflanzen.
Die Blüten der Samenpflanzen sind sehr *vielfältig* gestaltet. Sie unterscheiden sich u. a. in Größe, Form (Abb. 1, 2) und Farbe. Bei manchen Pflanzenarten sind die Kronblätter miteinander verwachsen, bei anderen stehen sie frei auf dem Blütenboden.

Auch in der **Anzahl** der Kelch-, Kron-, Staub- und Fruchtblätter unterscheiden sich Blüten verschiedener Pflanzenarten. So hat zum Beispiel die Blüte der *Wildrose* fünf, die Blüte des Saat-Mohns nur 4 Kronblätter (Abb. 2).

2 Saat-Mohn

Unterschiedlich ist auch die Anzahl der Blüten, die an einer Sprossachse zu finden sind. Bei manchen Pflanzenarten trägt die Sprossachse nur einzeln stehende Blüten, bei anderen Pflanzenarten stehen mehrere Blüten dicht beieinander. Die Blüten bilden dann einen Blütenstand, z. B. Doppeldolde, Köpfchen, Korb, Traube (Abb. 1, S. 155).
Die Anzahl der Blütenteile ist ein wichtiges Merkmal, um die Pflanzen einer Pflanzengruppe, z. B. einer Pflanzenfamilie, zuzuordnen.
Beim genauen Betrachten einer Blüte stellt man fest, dass die Blütenblätter meist kreisförmig angeordnet sind.

1 Blüte eines Kirschbaumes

3 Blüte einer Strelitze

Fortpflanzung und Entwicklung von Samenpflanzen

Zerlegt man eine Blüte vorsichtig mit einer Pinzette und fertigt ein Legebild an (Abb. 3), kann man das noch besser erkennen. Aus dem Legebild kann man übrigens ein Blütendiagramm (Abb. 4, vereinfachte Zeichnung) entwickeln.

Die Blüte vieler Samenpflanzen besteht aus Kelch-, Kron-, Staub- und Fruchtblättern. In Farbe und Form sind die Blüten sehr vielfältig.
Oft sind sie zu Blütenständen vereinigt.

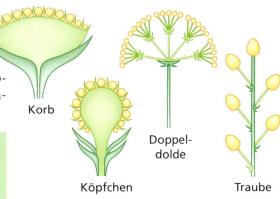
1 Formen einiger Blütenstände

Untersuchung einer Blüte und Anfertigen eines Blütendiagramms

Materialien:
Pinzette, Lupe, Zeichenpapier, Bleistift, Apfel- oder Kirschblüte

Durchführung:
1. Betrachte die Blüte mit einer Lupe und benenne die einzelnen Blütenteile!

2. Fertige ein Legebild an!
Mit der Pinzette wird die Blüte vorsichtig in ihre Bestandteile zerlegt. Beginne mit den Kelchblättern. Lege die Blütenblätter entsprechend ihrer Anordnung in der Blüte auf eine Unterlage! So erhältst du ein Legebild.

3. Entwickle aus dem Legebild ein Blütendiagramm!
Zeichne zunächst 5 ineinander angeordnete Kreise! Dann zeichne die Kelchblätter entsprechend ihrer Anordnung auf den äußeren Kreis! Auf den nach innen folgenden Kreis zeichne nun die Kronblätter! Die Staubblätter werden verteilt auf die nächsten 3 Kreise gezeichnet.
In die Mitte des Blütendiagramms zeichne das Fruchtblatt!

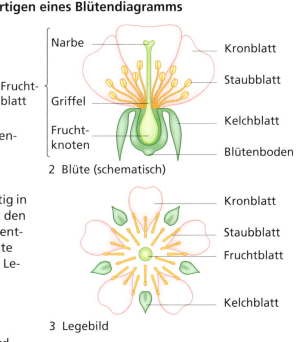
2 Blüte (schematisch)

3 Legebild

4 Blütendiagramm

Bestäubung und Befruchtung

Blüten sind die Fortpflanzungsorgane der Pflanzen. Aus dem Fruchtblatt entwickelt sich später nämlich der Samen, aus dem eine neue Pflanze entstehen kann.

Ein oder mehrere **Fruchtblätter** bilden den weiblichen Blütenteil, die **Staubblätter** sind die männlichen Blütenteile (Abb. 2).
Das Fruchtblatt besteht aus der Narbe, dem Griffel und dem Fruchtknoten. Der Fruchtknoten enthält eine oder mehrere *Samenanlagen*. In der Samenanlage befindet sich die *Eizelle*.
An dem langen Staubfaden des Staubblattes ist ein Staubbeutel. In ihm entsteht der *Blütenstaub* (Pollen). Im Blütenstaub entwickeln sich Samenzellen.

Im Garten kannst du im Frühjahr und Sommer viele Insekten bei ihrer Nahrungssuche beobachten. Bienen (Abb. 1, S. 157), Hummeln oder Schmetterlinge schwirren in den Kirsch- oder Apfelbäumen umher. Sie werden angelockt von dem süßen Duft der Blüten oder auch von den leuchtenden Farben der Kronblätter. Sie fliegen zu einer Blüte, saugen dort den Nektar aus der Blüte.

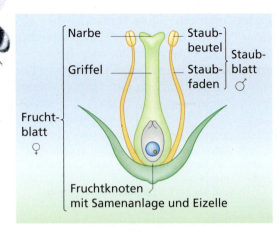

2 Weibliche und männliche Teile einer Blüte

Beim Herumkrabbeln auf dieser Blüte berühren sie auch den Staubbeutel mit dem Pollen. Dieser bleibt an ihrem Körper haften. Beim Besuch der nächsten Blüte bleibt der Pollen dann an der klebrigen Narbe hängen. Diesen Vorgang nennt man **Insektenbestäubung** (Abb. 1).
Insektenbestäubung kommt oft bei auffällig gefärbten oder stark duftenden Blüten vor.

Da die Narben dieser Blüten immer mit Pollen von fremden Blüten bestäubt werden, spricht man hier auch von *Fremdbestäubung*.

1 Bestäubung einer Blüte durch Insekten

Fortpflanzung und Entwicklung von Samenpflanzen 157

1 Biene auf einer Apfelblüte

2 Blühendes Knäuelgras

Bei Pflanzen mit sehr kleinen, unscheinbaren Blüten erfolgt die Übertragung des Blütenstaubes auf die Narben durch den Wind. Diesen Vorgang nennt man **Windbestäubung.** Windbestäubung kommt z. B. bei allen Gräsern (Abb. 2), der *Weide* und der *Kiefer* vor.
Wenn ein Pollenkorn auf die Narbe gelangt ist, bildet sich ein **Pollenschlauch.** Der Pollenschlauch wächst durch den Griffel hindurch bis in die Samenanlage mit der Eizelle (Abb. 3a). Im Pollenschlauch bilden sich zwei Samenzellen. Eine Samenzelle verschmilzt mit der Eizelle.

Die Verschmelzung von Eizelle und Samenzelle ist die **Befruchtung** (Abb. 3b).

Die Bestäubung und die Befruchtung sind die Voraussetzungen für die Bildung von Samen und Früchten.

> **M** Die Übertragung des Blütenstaubes (Pollen) von den Staubblättern auf die Narbe eines Fruchtblattes ist die Bestäubung. Man unterscheidet Insekten- und Windbestäubung.
> Die Verschmelzung von Samenzelle und Eizelle ist die Befruchtung.

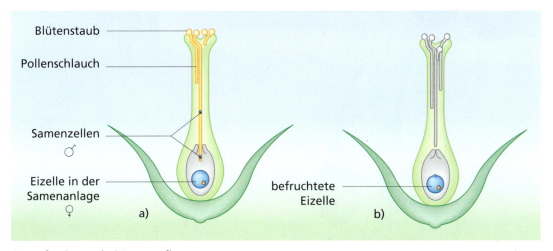

3 Befruchtung bei Samenpflanzen

Bildung von Früchten und Samen

Nach der Befruchtung vertrocknen die Kelch-, Kron- und Staubblätter. Sie fallen ab. Der Fruchtknoten wächst heran, wird dicker und entwickelt sich zur Frucht.
Aus der Samenanlage mit der befruchteten Eizelle entsteht der Samen mit einem Keimling. Gelangt der Samen in den Boden, kann sich daraus eine neue Pflanze entwickeln.
Am Beispiel der *Süß-Kirsche* kannst du gut beobachten, wie aus der Blüte eine Frucht entsteht (Abb.).

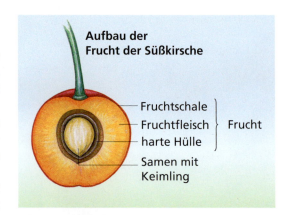

Aufbau der Frucht der Süßkirsche

> **M** Aus der Samenanlage mit der befruchteten Eizelle entwickelt sich der Samen, aus dem Fruchtknoten die Frucht.

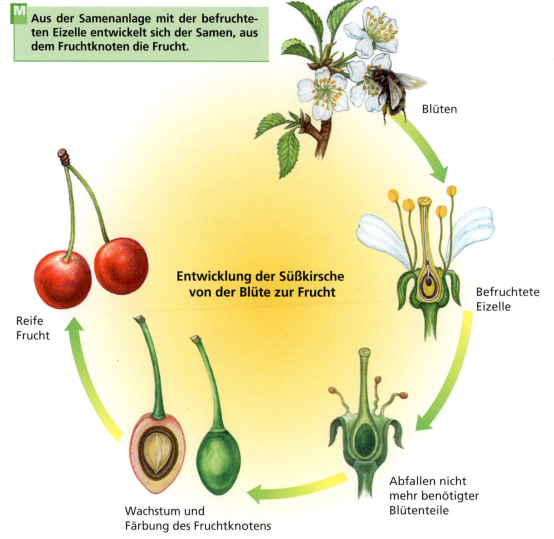

Entwicklung der Süßkirsche von der Blüte zur Frucht

Fortpflanzung und Entwicklung von Samenpflanzen

Fruchtformen

Ebenso wie bei Wurzeln, Blättern, Blüten und Sprossachsen gibt es auch bei den Früchten eine Vielzahl von verschiedenen Fruchtformen.
Je nach der Lage der Samen in der Frucht unterscheidet man z. B. **Schließfrüchte** und **Streufrüchte**.

Bei *Schließfrüchten* bleibt der Samen in der reifen Frucht eingeschlossen. Zu den Schließfrüchten zählen u. a. *Nüsse, Beeren* und *Steinfrüchte*.
Bei den *Streufrüchten* platzt die Frucht auf und die Samen werden herausgestreut. Zu den Streufrüchten zählen u. a. *Kapseln, Hülsen* und *Schoten*.

Verbreitung von Früchten und Samen

Früchte und Samen haben oft Einrichtungen entwickelt, die der **Verbreitung** dienen. Dadurch werden sie manchmal weit fortgetragen. Gelangen sie an einen Ort mit guten Bedingungen, wachsen sie zu einer neuen Pflanze heran.
Je nachdem wie die Samen und Früchte verbreitet werden, unterscheidet man zwei große Gruppen: *Selbstverbreitung* und *Fremdverbreitung*.

Zur Gruppe mit **Selbstverbreitung** gehören solche Pflanzen, die ihre Früchte und Samen ohne fremde Hilfe (ohne Wind, Tiere, Wasser) verbreiten können. Dazu haben sie bestimmte Einrichtungen in den Früchten ausgebildet.
Beim *Springkraut* (Abb. 1, S.161) gibt es fast eine „Explosion", wenn die Früchte ganz reif sind. Dann nämlich springt die Frucht explosionsartig auseinander und schleudert die Samen ca. 3 m heraus. Das passiert auch, wenn man eine reife Frucht des Springkrautes berührt. Deshalb heißt die Pflanze umgangssprachlich auch „Rühr mich nicht an".
Etwas Ähnliches kann man auch beim *Ginster* beobachten. Wenn die Früchte reif sind, platzen sie mit einem kleinen Knall auf und schleudern ihre Samen heraus.

Zur Gruppe mit **Fremdverbreitung** gehören solche Pflanzen, deren Samen und Früchte mit fremder Hilfe (Wind, Tiere, Wasser) verbreitet werden.

Verbreitung durch den Wind: Manche Früchte und Samen haben Flugeinrichtungen, z. B. Flügel oder Haare. Sie werden durch den Wind verbreitet.
Die „Pusteblume" des *Löwenzahns* (Abb. 2, S. 161) ist jedem bekannt. Die Frucht sieht aus wie ein kleiner Fallschirm. Durch die kleinen Härchen an dem Schirm wird die Oberfläche vergrößert. Wenn Wind weht oder auch wenn du pustest, fliegen diese kleinen Fallschirme weit weg, manchmal bis zu 10 Kilometer entfernt von dem Standort der Mutterpflanze.

Beim *Klatsch-Mohn* und anderen Mohnarten werden die Samen aus der Kapsel (Abb. 3, S. 161) bei trockenem Wetter durch Poren herausgestreut. Der Wind ist auch hier Helfer, denn die Kapseln sitzen auf langen Stielen. Weht ein Wind, schwanken die Stiele hin und her. Auf diese Weise werden die Samen ziemlich weit verstreut.

Auch die Früchte der *Birke* und der *Linde* werden durch den Wind verbreitet. Die Frucht der *Linde* bewegt sich bei Wind wie ein kleiner Propeller durch die Luft und wird auf diese Weise verbreitet.

Verbreitung durch Tiere: Tiere sind an der Verbreitung von Samen und Früchten beteiligt. Für das *Eichhörnchen* beispielsweise sind Haselnüsse, Eicheln und Bucheckern (Trockenfrüchte) eine beliebte Nahrung. Es sammelt sie und schleppt sie in seine Vorratskammer. Auf dem Weg dorthin verliert es auch viele Früchte.

Viele Vögel werden von den auffällig gefärbten Früchten (Lockfrüchte) von Bäumen und Sträuchern angelockt. Sie fressen die Früchte und scheiden die unverdauten Samen aus (Abb. 5, S. 161). So gelangen die Samen an Stellen, die weit von der Mutterpflanze entfernt sind. *Schneeball*, *Vogelbeere* und *Tollkirsche* z. B. besitzen solche Früchte.

Fortpflanzung und Entwicklung von Samenpflanzen

Andere Früchte haben Widerhaken ausgebildet, z. B. *Filz-Klette* (Abb. 6), *Klebriges Labkraut* und *Waldmeister*. Diese bleiben am Fell der Tiere haften und werden so an einen anderen Ort gebracht.

Leberblümchen und *Veilchen* besitzen so genannte Ameisenfrüchte. Diese Früchte besitzen nämlich einen nahrhaften fleischigen Anhang, der von Ameisen gern gefressen wird. Sie verschleppen die Früchte an einen anderen Ort, verzehren den süßen Anhang und lassen den eigentlichen Samen liegen.

Verbreitung durch Wasser: Wasserpflanzen (z. B. *Seerose*) und einige andere Pflanzen (z. B. *Mauerpfeffer*) sind bei der Verbreitung ihrer Früchte und Samen auf Wasser angewiesen.

Die Früchte des *Mauerpfeffers* öffnen sich nur bei Regen. Dabei werden dann die Samen herausgespült und verbreitet.

> **M** Früchte und Samen besitzen Verbreitungseinrichtungen. Verbreitung ist der Transport der Früchte und Samen an einen anderen Ort.

1 Springkraut (Berührung)

2 Löwenzahn (Wind)

3 Mohn (Wind)

4 Haselnuss (Tiere)

5 Vogelbeere (Tiere)

6 Filz-Klette (Tiere)

Bau des Samens

Die Bildung von Samen ist u. a. eine Voraussetzung für die Entwicklung einer neuen Pflanze.
Wenn du z. B. einen Bohnensamen öffnest, kannst du mit der Lupe gut den **Keimling** erkennen. Er besteht aus dem **Keimspross** und der **Keimwurzel**.
Außerdem enthält der Bohnensamen zwei große **Keimblätter**. In den Keimblättern sind die Nährstoffe, z. B. Stärke, für die Ernährung des Keimlings gespeichert.

Außen ist der Samen von einer **Samenschale** umgeben (Abb. 1).
Gelangt ein Samen in den Boden, kann sich aus dem Keimling eine neue Pflanze entwickeln (s. S. 163).

Die Samen einiger Pflanzenarten enthalten ganz bestimmte Stoffe in größerer Menge.
Die *Bohnensamen* speichern Stärke (siehe Untersuchungen).
Die *Garten-Erbse* speichert in den Samen außer Stärke besonders viel **Eiweiß**. Die Samen der Sonnenblume enthalten viel Fett.

Lupenbetrachtung eines Samens

Materialien:
Lupe, Messer, Präpariernadel, Wasser, Becherglas, Bohnensamen

Durchführung:
Damit du den Samen leichter öffnen kannst, lege ihn einen Tag ins Wasser und lass ihn quellen.
Entferne mit der Präpariernadel vorsichtig die Samenschale und klappe die beiden Keimblätter auseinander!
Betrachte die Keimblätter mit der Lupe!
Zeichne und beschrifte sie!

Stärkenachweis in Keimblättern

Materialien:
Bohnensamen, Iod-Kaliumiodid-Lösung, Uhrglas, Wasser, Präpariernadel, Pipette

Durchführung:
Entferne von einem gequollenen Bohnensamen die Samenschale und lege ihn auf ein Uhrgläschen!
Gib nun auf den Bohnensamen einige Tropfen Iod-Kaliumiodid-Lösung!

Beobachtung:
Was stellst du fest?

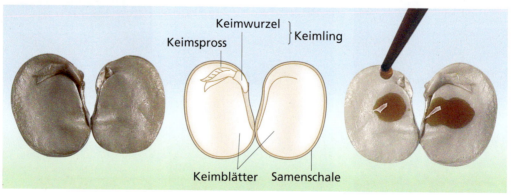

1   Bau eines Bohnensamens (Original und Zeichnung)   2   Stärkenachweis

Fortpflanzung und Entwicklung von Samenpflanzen

Entwicklung einer neuen Samenpflanze

Werden trockene Samen einige Stunden in feuchten Boden oder ins Wasser gelegt, nehmen sie an Gewicht und Größe zu. Die Samen nehmen dabei sehr viel Wasser auf (Abb.). Dieser Vorgang heißt **Quellung**.
Bei der Quellung der Samen entsteht ein großer Druck, der dafür verantwortlich ist, dass die umgebende Erde gelockert wird.
Nach einigen Tagen platzt die Samenschale. Durch die Wasseraufnahme ist die Samenschale weich und die Keimblätter sind zu groß geworden. Die Keimwurzel bricht durch. Man sagt dann, der Samen **keimt** (Abb. 1).

Die Keimwurzel dringt dann senkrecht in den Erdboden ein und streckt sich in die Länge. Sie entwickelt sich zur Hauptwurzel, die am oberen Teil viele kleine Seitenwurzeln ausbildet.
Dann wächst auch der Keimspross in die Länge, aber in die andere Richtung, entgegengesetzt zur Wurzel. Der Keimstängel biegt sich dabei wie ein Haken und dringt durch den Boden bis zur Erdoberfläche vor. Über der Erdoberfläche entfalten sich die ersten Laubblätter. Stängel und Laubblätter werden grün, sobald sie im Licht sind (Abb.1, 1–4).

Samen brauchen bestimmte **Bedingungen**, damit sie keimen können. Dazu gehören *Wasser*, eine bestimmte *Temperatur*, und *Sauerstoff* aus der Luft.
Die Samen der *Garten-Bohne* keimen erst, wenn der Boden mindestens eine Temperatur von 10 °C hat.

> **M** Samen keimen nur, wenn eine günstige Temperatur, Wasser und Sauerstoff vorhanden sind (Keimbedingungen).

Während des **Wachstums** des Keimlings schrumpfen die Keimblätter und fallen schließlich ab (Abb. 1, 5 und 6).
Die in ihnen gespeicherten Nährstoffe werden vom Keimling für das Wachstum verbraucht.

Sobald die neue Pflanze Wurzeln und Laubblätter ausgebildet hat, ernährt sie sich vom Wasser und den Mineralstoffen aus dem Boden sowie dem Kohlenstoffdioxid aus der Luft. Zum **Wachstum** benötigt die junge Pflanze außerdem Licht und eine günstige Temperatur. Bei ungünstigen Wachstumsbedingungen (z. B. Licht- und Wassermangel) verkümmern die Pflanzen.

> **M** Die junge Pflanze benötigt für ihr Wachstum eine günstige Temperatur, Wasser, Mineralstoffe und Licht.

1 Keimung und Wachstum einer Gartenbohne

Untersuchungen an Samen

Quellung von Samen

Materialien:
Bohnensamen, Becherglas, Filzstift, Wasser

Durchführung:
In ein Becherglas wird eine bestimmte Menge an Bohnensamen gegeben. Die Höhe wird mit einem Filzstift markiert. Nun wird so viel Wasser hineingegossen, bis die Bohnensamen bedeckt sind.
Lass das Becherglas einige Tage stehen und notiere alle Veränderungen!

Beobachtung:
Beobachte und vergleiche die Samen!

Auswertung:
Erkläre deine Beobachtungen!

Nachweis der Keimbedingungen

Materialien:
6 kleine Blumentöpfe, Erde, Wasser, Watte, Kressesamen oder Bohnensamen

Durchführung:
In fünf Blumentöpfchen wird Erde gefüllt, ein Blumentöpfchen wird mit Watte ausgestopft.
In alle Blumentöpfe wird die gleiche Anzahl von Samen gelegt.
Um herauszufinden, unter welchen Bedingungen die Samen keimen, musst du sie etwa 1 Woche unterschiedlichen Bedingungen aussetzen.
Halte die Blumentöpfe unter den in den Abbildungen angegebenen Bedingungen!

1 Erde: feucht; Ort: warm, hell; Luft

2 Watte: feucht; Ort: warm, hell; Luft

3 Erde: feucht; Ort: warm, dunkel; Luft

4 Erde: feucht; Ort: kalt, hell; Luft

5 Erde: feucht; Ort: warm, hell; ohne Luft

6 Erde: trocken; Ort: warm, hell; Luft

Beobachtung:
Beobachte und vergleiche die Entwicklung der Samen in den fünf Blumentöpfen innerhalb einer Woche! Fertige ein Protokoll an!

Auswertung:
Unter welchen Bedingungen keimen Samen?

Geschlechtliche und ungeschlechtliche Fortpflanzung bei Samenpflanzen

Die **Fortpflanzung** ist ein Merkmal aller Lebewesen. Durch die Fortpflanzung entstehen **Nachkommen**.

Bei *Menschen* und *Tieren* bilden die weiblichen Organismen Eizellen und die männlichen Organismen Samenzellen aus. Jeweils eine **Eizelle** und eine **Samenzelle** verschmelzen bei der **Befruchtung** miteinander. Aus der befruchteten Eizelle entwickelt sich ein neues Lebewesen.

Bei den *Samenpflanzen* werden nach der Befruchtung der Eizelle im Fruchtblatt der Blüten Samen gebildet. Der Samen enthält einen Keimling, der zu einer neuen Pflanze heranwachsen kann.
Diese Form der Fortpflanzung nennt man **geschlechtliche Fortpflanzung**.

> **M** Samenpflanzen können sich geschlechtlich fortpflanzen. Bei der geschlechtlichen Fortpflanzung entstehen die Nachkommen aus einer befruchteten Eizelle.
> Bei den Samenpflanzen werden nach der Befruchtung Samen gebildet.

Aber nicht immer pflanzen sich Samenpflanzen auf diese Weise fort.
Legt man beispielsweise eine **Sprossknolle** der Kartoffel (Abb. 1) in den Erdboden, entwickelt sich daraus eine neue *Kartoffelpflanze*.

1 Sprossknollen von Kartoffeln

Erdbeerpflanzen blühen im Frühjahr. Aus der Blüte entwickelt sich die schmackhafte Frucht. Betrachtest du die Frucht der Erdbeere genau, kannst du kleine braune Körner erkennen. Das sind die Samen, aus denen wieder neue Erdbeerpflanzen entstehen können.
Aber die Erdbeeren pflanzen sich noch auf eine ganz andere Art fort. Sie bilden *oberirdische Triebe* (das sind Sprossachsen) aus, die seitlich aus der Pflanze herauswachsen. Man nennt sie auch **Ausläufer**. Wenn diese Ausläufer den Boden berühren, bilden sich Wurzeln und Blätter, eine neue Erdbeerpflanze ist entstanden. Man zwickt sie ab und pflanzt sie ein.

Die *Quecke*, ein wirklicher „Plagegeist" in jedem Garten, bildet ebenfalls Triebe aus. Diese sind aber unterirdisch. Man nennt sie *unterirdische Ausläufer*.
Neue Pflanzen können sich also entwickeln, ohne dass Samen in den Boden gelangen und dort auskeimen.
Diese Form der Fortpflanzung aus Teilen einer Pflanze, z. B. der Sprossachse, nennt man **ungeschlechtliche Fortpflanzung**.

1 Teil eines Brutblattes mit Ablegern

2 Vermehrung von Tulpen durch Zwiebeln

Neue Pflanzen können auch aus anderen **Teilen der Pflanzen** entstehen, z. B. aus der *Wurzel* und dem *Laubblatt*.

Am *Brutblatt* entwickeln sich z. B. an den Blatträndern kleine Pflänzchen. Man nennt sie *Ableger*. Nach einer gewissen Zeit fallen sie ab und wachsen zu neuen Brutblattpflanzen heran.

Bei *Tulpen* (Abb. 2) und *Küchenzwiebeln* bilden sich seitlich bei der Zwiebel der Mutterpflanze kleine Zwiebeln – Tochterzwiebeln. Diese wachsen heran, werden von der Mutterzwiebel getrennt und ausgepflanzt. Es entstehen neue Pflanzen, die alle gleich aussehen.

Das *Buschwindröschen* besitzt einen Wurzelstock (unterirdische Sprossachse), der ständig weiterwächst. Aus den Knospen am Wurzelstock wachsen neue Pflanzen.

Bei der *Dahlienpflanze* entwickeln sich neue Pflanzen aus *Wurzelknollen*. Das sind kleine verdickte Seitenwurzeln.
Wenn du eine Mutterpflanze vorsichtig aus dem Boden ziehst, kannst du die Wurzelknollen gut erkennen.

Vielleicht hast du schon einmal einen frischen Zweig einer *Korkenzieherweide* in eine Vase mit Wasser gestellt.
Nach einiger Zeit haben sich an dem Zweig Wurzeln gebildet. Du kannst den Zweig jetzt im Garten einpflanzen.
Man nennt diese Zweige *Stecklinge*.

 Bei der ungeschlechtlichen Fortpflanzung entstehen die Nachkommen aus Teilen des Lebewesens.
Zur ungeschlechtlichen Fortpflanzung bilden die Samenpflanzen z. B. Spross- und Wurzelknollen, Ausläufer, Ableger, Stecklinge, Zwiebeln, Wurzelstöcke.

Diese Art der Fortpflanzung von Samenpflanzen nutzen Gärtner zur Vermehrung von Pflanzen aus. Das bringt nämlich einige Vorteile mit sich:
– Die Vermehrung geht viel schneller, denn man muss nicht auf die Blütenbildung warten.
– Die Nachkommen haben alle die gleichen Eigenschaften wie die Mutterpflanze.

Fortpflanzung und Entwicklung von Samenpflanzen **167**

Verbreitung von Samen

Die Bestäubung ist der Transport des Pollen vom männlichen zum weiblichen Blütenteil. Das ermöglicht erst den Kontakt der männlichen und weiblichen Geschlechtszellen, so dass die Befruchtung stattfinden kann.

1. Führt eine aktuelle Pollenflug-Nachrichtentafel im Klassenzimmer und hängt eine Europäische Pollenflug-Drehscheibe daneben (erhältlich in Apotheken und Arztpraxen)!
Stellt einige gesundheitliche Tipps für Schüler zusammen, die Allergie haben!

Pflanzen	Jan	Feb	März	.....
Erle				
Hasel				
Ulme				
Weide				
Pappel				

2. Testet die Geschwindigkeit, mit der Erbsen Wasser aufnehmen!
Vergleicht die Geschwindigkeit der Volumenvergrößerung bei einer Wassertemperatur von 10°C (Kühlschranktemperatur) mit der bei einer Wassertemperatur von 20°C (Zimmertemperatur)! (Hinweis: Zur besseren Kontrolle benutzt dazu ein Glas mit einer Skalierung, z. B. Messzylinder).

Die Samen des Löwenzahns werden vom Wind davon getragen. Der Flugapparat ist ein winzig gestielter Haarkranz, der als Fallschirm funktioniert.

3. a) Betrachtet den Samen mithilfe einer Lupe oder eines Mikroskops und zeichnet ihn vergrößert möglichst naturgetreu auf ein DIN-A4-Blatt!
b) Nehmt eine durchsichtige Glasröhre (Länge 1 m, Durchmesser 3 bis 5 cm) und stellt sie senkrecht am Stativ befestigt auf den Tisch!
Lasst einen Löwenzahnsamen durch die Röhre nach unten schweben und stoppt die Zeit!
   * Wie lange braucht der Samen vom Loslassen bis zum Berühren des Bodens?
   * Schweben verschiedene Samen gleich schnell? Wiederholt den Versuch mit Samen anderer Pflanzen (z. B. Ahorn, Linde)!
   * Rekordzeit des langsamsten Sinkfluges?

4. Legt eine Samensammlung an! Ordnet sie nach:
   * Zapfen (Blütenstände der Nacktsamer) heimischer Nadelbäume
   * Samen und Früchte (Blüten von Bedecktsamern im Zustand der Samenreife), die für unsere Ernährung bedeutsam sind.

Graue Tanne

Gemeine Fichte

Haselnuss

Weizen

Teste dein Wissen

1. Hänge-Birke, Wilde Malve, Hasenklee und das Gemeine Knäuelgras gehören zu den Samenpflanzen.
Begründe diese Aussage!

Hänge-Birke

Wilde Malve

Hasenklee

Knäuelgras

2. Betrachte die Blüte der Malve und der Garten-Erbse.
   a) Nenne ihre Teile!
   b) Nenne Gemeinsamkeiten und Unterschiede!
   c) Fertige ein Blütendiagramm von beiden Blüten an!

3. Es gibt verschiedene Formen der Bestäubung. Nenne sie und bringe für jede Gruppe ein Beispiel!

Kiefer

Wiesensalbei

4. Erläutere die Begriffe Bestäubung und Befruchtung!

5. Betrachte Pollenkörner von verschiedenen Pflanzen (z. B. Kiefer, Eiche) mit der Lupe!
Fertige Skizzen von beiden Pollenkörnern an und vergleiche!

6. Beschreibe die Bildung einer Frucht am Beispiel der Kirsche! Nutze die Abbildungen auf Seite 158!

7. In Lagerräumen und Verkaufseinrichtungen müssen Samen immer trocken gelagert werden.
Begründe diese Maßnahme!

8. Beschreibe die Bedeutung der Verbreitung von Samen und Früchten für die Pflanze! Gehe dabei auch auf Formen der Verbreitung ein!
Erläutere an Beispielen!

9. a) Was geschieht, wenn Bohnensamen auf feuchten Boden gelegt werden?
   b) Wie heißt dieser Vorgang?
   c) Was kann man beobachten, wenn die Bohnensamen einige Zeit auf dem feuchten Boden liegen bleiben?

10. Was bedeuten die Angaben auf der Samentüte?

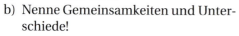

11. Samenpflanzen können sich geschlechtlich und ungeschlechtlich fortpflanzen.
    a) Vergleiche beide Formen der Fortpflanzung! Nenne einige Beispiele!
    b) Beschreibe an drei Beispielen die ungeschlechtliche Fortpflanzung bei Samenpflanzen!

Das Wichtigste im Überblick
Fortpflanzung und Entwicklung der Samenpflanzen

Bau der Blüte

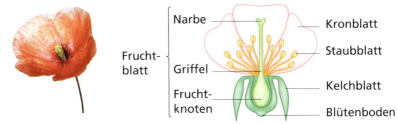

Geschlechtliche Fortpflanzung
Entstehung von Nachkommen aus einer befruchteten Eizelle

Bestäubung: Übertragung des Blütenstaubes von den Staubblättern auf die Narbe eines Fruchtblattes (Insekten- und Windbestäubung)

Befruchtung: Verschmelzung von Samenzelle und Eizelle

Bildung von Samen und Frucht
Samen keimen, wenn eine günstige Temperatur, Wasser und Sauerstoff vorhanden sind (Keimbedingungen). Die Keimwurzel durchstößt die Samenschale und entwickelt sich zur Hauptwurzel, aus dem Keimspross entwickeln sich die ersten Laubblätter.
Die **jungen Pflanzen** benötigen für ihr Wachstum eine günstige Temperatur, Wasser, Mineralstoffe und Licht.

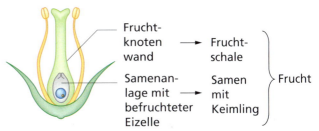

Ungeschlechtliche Fortpflanzung
Entwicklung neuer Jungpflanzen aus Teilen einer Pflanze.

6 Lebewesen besitzen gemeinsame und unterschiedliche Merkmale

6.1 Merkmale von Tieren

Vielfalt der Tiere
Auf der Erde gibt es etwa 1,5 Millionen Tierarten. Um diese Vielfalt überschaubar zu machen, sucht man nach gemeinsamen Merkmalen und fasst die Tiere nach diesen in Gruppen zusammen. Unterschiedliche Merkmale dienen der Unterscheidung der Lebewesen.
Durch welche typischen Merkmale zeichnen sich die Tiere aus?

Angepasstheit der Wirbeltiere und wirbellosen Tiere an ihren Lebensraum
Wirbeltiere und wirbellose Tiere (Abb.) sind durch ihren Bau an ihren Lebensraum angepasst, z. B. Fische an das Leben im Wasser, Regenwürmer an das Leben in der Erde.
Warum gehören die Fische zu den Wassertieren, die Lurche und Regenwürmer zu den Feuchtlufttieren und die Vögel und Säugetiere zu den Trockenlufttieren?

Einordnung der Wirbeltiere
Feldhasen (Abb.) bewohnen vor allem offene Landschaften. Die Jungen werden als Nestflüchter geboren. Wildkaninchen leben gesellig in großen Kolonien und wohnen in Erdbauten. Die Jungen sind Nesthocker.
Warum gehören beide Tierarten trotz der Unterschiede zur Gruppe der Hasentiere?

Vielfalt der Tiere

Die Erde wird von unzähligen Lebewesen besiedelt. Davon sind etwa 1,5 Millionen Tierarten. Und immer noch werden neue Arten entdeckt.
Die größte Gruppe unter den Tieren bilden die Insekten. Es gibt ca. 750 000 Insektenarten.

Im Laufe von Jahrmillionen haben die Tiere alle **Lebensräume** erobert.
Einige Tiere wie die *Maulwurfsgrille* (Abb. 1a), der *Maulwurf* und der *Regenwurm* leben im **Boden**.
Auf dem **Lande** gibt es Tiere, die auf *feuchte Gebiete* angewiesen sind (z. B. *Frösche*). Andere dagegen können auch in Gebieten leben, wo es *wenig Wasser* gibt (z. B. *Kamel*, Abb. 2 a).
Im **Luftraum** sind viele Insekten (Abb. 1b), Vögel und die *Fledermäuse* zu Hause.
Im **Wasser** leben u.a. Muscheln, *Fische* und *Delfine* (Abb. 2 b).

Die Tierarten unterscheiden sich auch in der **Größe**. Manche Tiere sind so klein, das man sie mit bloßem Auge kaum oder gar nicht sehen kann. *Blauwale* dagegen erreichen eine Länge von über 30 m und werden bis 177 000 kg schwer.

Die **Lebenszeit** beträgt bei einigen Tieren nur Tage (z. B. *Stubenfliege* max. 76 Tage), andere können bis 100 Jahre alt werden (z. B. *Wal*, *Storch*).

1 Wirbellose Tiere (Maulwurfsgrille **a**, Libelle **b**)   2 Wirbeltiere (Kamel **a**, Delfin **b**)

Große Unterschiede gibt es auch in der Art der *Ernährung* (s. Kap. 1), der *Bewegung* (s. Kap. 4), und der *Fortpflanzung* (s. Kap. 5).

Um die Vielfalt an Tieren zu überschauen, haben sich die Menschen schon seit Jahrhunderten bemüht, die **Tiere zu ordnen**. Dazu haben sie nach *gemeinsamen Merkmalen* gesucht.
Anhand von bestimmten Merkmalen kann man die Tiere, wie übrigens auch die Pflanzen (s. a. S. 191), vergleichen. Diejenigen, die in bestimmten Merkmalen übereinstimmen, können dann in Gruppen zusammengefasst werden.

Ein wichtiges Merkmal ist die **Wirbelsäule**. Wenn man prüft, welche Tiere eine Wirbelsäule haben und welche dieses Merkmal nicht besitzen, dann lassen sich die Tiere in zwei große Gruppen einteilen: Die **Wirbeltiere** (mit Wirbelsäule) und die **wirbellosen Tiere** (ohne Wirbelsäule). Am Skelett bzw. inneren Bau von diesen Tieren kann man das eindeutig erkennen (Abb. 1 u. 2).

Es gibt aber auch innerhalb der Wirbeltiere und der wirbellosen Tiere noch eine Vielzahl von Tierarten. Um diese in den Gruppen überschaubar zu machen, untergliedert man sie noch weiter. Dazu müssen aber weitere Merkmale herangezogen werden. Das sind u. a.
– die Körperbedeckung
– die Körpergliederung
– die Fortpflanzung.

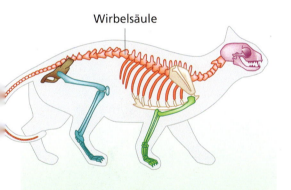

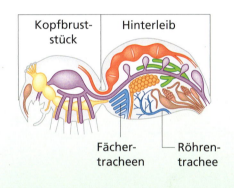

1   Katze und Katzenskelett

2   Spinne (Weberknecht) und Innerer Bau

Körpergliederung von Wirbeltieren

Vergleicht man *Karpfen, Feuersalamander, Zauneidechse, Taube* und *Katze*, kann man bei allen Tieren feststellen, dass ihr Körper in bestimmte Abschnitte gegliedert ist. Das sind **Kopf**, **Rumpf**, **Schwanz** und **Gliedmaßen** (Abb. 1a). Bei Fischen sind die Gliedmaßen Flossen, bei den anderen Tieren Beine. Bei Vögeln sind die Vordergliedmaßen zu Flügeln umgewandelt.

Im Inneren der genannten Tiere befindet sich ein **Skelett** aus Knochen. Es ist – entsprechend der Körpergliederung – in Abschnitte gegliedert. Diese Tiere besitzen alle einen **Schädel,** eine **Wirbelsäule mit Rippen,** eine **Schwanzwirbelsäule**. Letztere ist nicht bei allen Wirbeltieren vorhanden. Fische besitzen **Flossenstrahlen** (Abb. 1d), die übrigen Tiere haben noch einen **Schulter-** und **Beckengürtel** sowie ein **Brustbein** (Abb. 1b, c).

> **M** Tiere, die als gemeinsames Merkmal ein knöchernes Innenskelett und eine Wirbelsäule besitzen sowie in Kopf, Rumpf und Gliedmaßen gegliedert sind, gehören zur Gruppe der Wirbeltiere.

Aufgabe

1. Welche Aufgaben hat die Wirbelsäule?

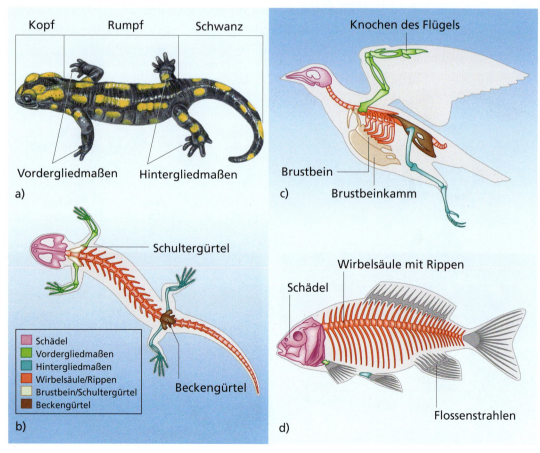

1 Körpergliederung und Skelette der Schwanzlurche (a, b), Vögel (c), Fische (d)

Merkmale von Tieren

Körperbedeckung von Wirbeltieren

Von den 1,5 Millionen Tierarten auf der Erde sind etwa 50 000 Arten Wirbeltiere. Nach ihrer Körperbedeckung können Wirbeltiere wiederum in Gruppen zusammengefasst werden.

Säugetiere

Viele Säugetiere besitzen ein Fell. Wenn man z. B. ein Stück **Fell** vom Wildschwein mit der Lupe betrachtet, kann man kürzere und längere Haare erkennen. Die längeren Haare heißen **Grannenhaare**, die kürzeren **Wollhaare**.

Beide Haararten erfüllen bestimmte Aufgaben. Die *Grannenhaare* schützen vor Nässe. Durch Talgdrüsen an den Haarwurzeln sind sie fettig.
Die dicht aneinander stehenden *Wollhaare* mindern den Wärmeverlust, indem sie wie eine Isolierschicht wirken (s. Exp. S. 176).

Durch diese Körperbedeckung können Säugetiere fast überall leben. Je kälter der Lebensraum, umso dichter ist die Isolierschicht durch die Wollhaare. *Eisbär* und *Polarfuchs* können deshalb auch in sehr kalten Gebieten leben.
Zusätzlich schützen dicke Speckschichten unter dem Fell die Tiere vor Wärmeverlust. Bei *Kamel*, *Hyäne* und *Wüstenfuchs*, die in sehr heißen Gebieten zu Hause sind, verhindert diese Isolierschicht, dass zu viel Wärme in den Körper eindringen kann.

Säugetiere besitzen im Winter wie im Sommer die gleiche Körpertemperatur (ca. 37 °C). Sie sind **gleichwarm**.

> **M** Ein gemeinsames Merkmale der Wirbeltiergruppe Säugetiere ist das Fell.

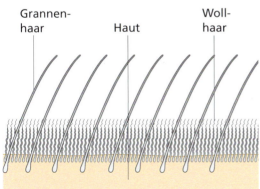

1 Wildschwein – borstiges Fell

Aufgaben

1. Im Frühjahr kann man beobachten, dass beispielsweise Hunde Haare verlieren. Viele Säugetiere wechseln beim Übergang zur warmen oder kalten Jahreszeit ihr Haarkleid! Erkläre, warum Tiere ein Sommer- bzw. Winterfell besitzen!
2. Nach der Funktion kann man Grannen- und Wollhaare im Fell unterscheiden. Beschreibe, wie sich Sommer- und Winterfell unterscheiden!
3. Der Mensch gehört ebenfalls zu den Säugetieren. Er hat aber kein „Fell" mehr. Wie schützt sich der Mensch vor Wärmeverlust?

Ermittle die Wärmeisolation verschiedener Materialien (DE)!

Materialien:
5 gleich große Bechergläser (200 ml), Wasser, 5 Thermometer, Fell, Papier, Stoff, Heizplatte, Messuhr, Wasserkessel

Durchführung:
1. Je 1 Becherglas wird mit Stoff, Papier, Fell und Federn fest umhüllt. Das 5. Gefäß verbleibt als Vergleichsobjekt (Abb.).
   In jedes Becherglas wird ein Thermometer gestellt.
2. In einem Wasserkessel wird Wasser auf 45 °C bis 50 °C erhitzt.
3. In jedes Becherglas wird vorsichtig (Arbeitsschutz beachten!) die gleiche Wassermenge eingefüllt.
4. Beobachte nach 5, 10 und 15 min die Höhe der Temperatur in den Thermometern und notiere sie!

Auswertung:
1. Vergleiche die in den 5 Thermometern angezeigte Temperatur!
2. Welche Schlussfolgerungen kannst du in Bezug auf die Qualität der Wärmeisolation der verwendeten Materialien ziehen?

Vergleichsobjekt

Stoff　　　Papier　　　Fell　　　Federn

Aufgabe

1. Gestalte einen Steckbrief!
   Alle Säugetiere in der Arktis sind richtig warm eingepackt.
   a) Informiere dich über die Lebensweise von Robben, Eisbären oder Polarfüchsen!
   b) Suche im Atlas und Internet nach ihren Lebensräumen im Winter und im Sommer!
   c) Wie schützen sie sich vor Kälte?

ARBEITSMETHODEN 177

Wie vergleiche ich Naturgegenstände bzw. Vorgänge?

Oftmals wird von dir im Biologieunterricht verlangt, dass mindestens zwei oder auch mehrere Naturgegenstände oder Lebensvorgänge miteinander verglichen werden sollen.
Das **Vergleichen** ist eine wichtige Tätigkeit im Biologieunterricht. Dabei sollst du übereinstimmende und unterschiedliche Merkmale von den zu vergleichenden Objekten ermitteln. Die Ergebnisse des Vergleichs kannst du z. B. in Form einer Tabelle oder in Sätzen formuliert darstellen.
Beim Ausführen des Vergleichs wirst du feststellen, dass sehr häufig weitere Tätigkeiten benötigt werden, z. B. das Beobachten und Untersuchen.
Auch beim Vergleichen solltest du **schrittweise vorgehen**.

Aufgabe
Vergleiche den Aufbau des Sommer- und Winterfelles vom Hund!

Darstellen der Ergebnisse
(z. B. in einer Tabelle)

1. Schritt

Festlegen der Objekte, die verglichen werden sollen

Sommer- und Winterfell vom Hund

	Winterfell	Sommerfell
Grannenhaare	vorhanden	vorhanden
Wollhaare	sehr viele	wenige

2. Schritt

Auswählen geeigneter Merkmale für den Vergleich

Vergleichsmerkmale:
– Dichte des Fells
– Haararten und dazu Anzahl
Hilfsmittel:
– Lupe

4. Schritt

Ableiten von weiterführenden Erkenntnissen

Beim Übergang von der warmen zur kalten Jahreszeit wechselt der Hund seine Haare. Das „dickere" Winterfell schützt ihn vor Kälte.

3. Schritt

Durchführen des Vergleichs

Ermitteln von Gemeinsamkeiten und Unterschieden

Gemeinsamkeiten: beide Felle enthalten Grannen- und Wollhaare
Unterschiede: höhere Anzahl der Wollhaare im Winterfell

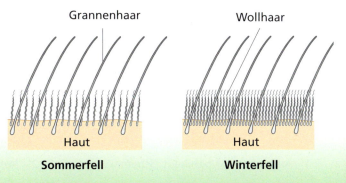

Vögel

Vögel erkennt man sofort am Gefieder. Der Körper ist mit einer trockenen **Haut mit Federn** bedeckt (Abb. 1). Vögel besitzen verschiedene Arten von Federn, z. B. Schwanzfedern, Schwungfedern,

Deckfedern und Daunenfedern. Die Federn haben unterschiedliche Funktionen. Sie schützen beispielsweise vor äußeren Einflüssen und Wärmeverlust. Die Federn der Flügel und die Schwanzfedern ermöglichen das Fliegen.
Vögel sind **gleichwarme** Tiere mit einer Körpertemperatur von etwa 42 °C.
Weitere Merkmale der Vögel sind in der Tabelle auf Seite 180/181 zusammengefasst.

 Wirbeltiere, deren Körper von einer trockenen Haut mit Federn bedeckt ist, gehören zur Gruppe der Vögel.

Kriechtiere

Der Körper der Echsen und Schlangen ist mit **Hornschuppen** bedeckt. Krokodile und Schildkröten besitzen eine Haut, die mit **Hornplatten** bedeckt ist. Diese Hornschuppen bzw. -platten werden von der oberen Schicht der Haut, der Oberhaut, gebildet (Abb. 2). Sie wird fest und hart. Die Hornschicht schützt den Tierkörper vor Verletzungen und auch vor Wasserabgabe durch die Haut. Kriechtiere trocknen dadurch nicht so schnell aus. Sie sind **Trockenlufttiere**.
Wenn die Kriechtiere größer werden, kann die feste Hornhaut nicht mitwachsen. Sie zerreißt. Die alte Hornhaut wird mehrmals im Jahr in kleinen bis größeren Fetzen, z. B. bei den Eidechsen, oder im Ganzen, z. B. bei den Schlangen, abgestreift.
Die neue Haut wurde unter der alten bereits von der Oberhaut gebildet. Diesen Vorgang des Abstreifens der alten Hornhaut nennt man **Häutung**.
Dabei befreien sich Schlangen und Echsen gleichzeitig von Zecken und Milben, die sich unter den Schuppen festgesetzt haben.

 Kriechtiere besitzen eine trockene Haut mit Hornschuppen oder Hornplatten. Sie sind Trockenlufttiere.

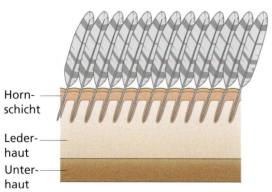
1 Aufbau einer Vogelhaut (Schema)

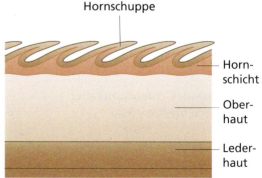
2 Aufbau einer Kriechtierhaut (Schema)

Merkmale von Tieren 179

Lurche

Wenn man einen Frosch anfasst, fühlt man, dass seine Haut nackt und dünn ist. In der Oberhaut befinden sich Schleimdrüsen (Abb. 1). Der dort gebildete Schleim vermindert die Abgabe von Feuchtigkeit und damit das Austrocknen.
Wenn sich Lurche zu lange in der Sonne aufhalten würden, dann könnte ihre Haut austrocknen. Da sie u. a. auch durch die Haut atmen, würden sie sterben. Lurche müssen sich daher immer in feuchter Umgebung oder im Wasser aufhalten. Man bezeichnet sie daher als **Feuchtlufttiere.**

Alle Wirbeltiere mit einer feuchten, dünnen Haut mit Schleimdrüsen gehören zur Gruppe der Lurche.
Zu dieser Gruppe gehören auch *Kröten, Unken, Molche* und *Salamander*.
Im Gegensatz zu den Lurchen sind Kriechtiere, Vögel und Säugetiere Trockenlufttiere. Ihr Körper ist durch Hornschuppen, Federn oder Haare vor Austrocknung geschützt.

 Lurche besitzen eine dünne, nackte, schleimige, feuchte und drüsenreiche Haut. Sie sind Feuchtlufttiere.

Fische

Wer angelt und einen Fisch vom Haken löst, hat sicher schon festgestellt, dass der Fisch einem schnell aus der Hand gleiten kann, weil seine Oberfläche glitschig ist.

Der Körper der Fische ist von dachziegelartig angeordneten Schuppen bedeckt. Diese werden von einer Schleimschicht überzogen (Abb. 2). Schuppen sind zarte Knochenplättchen, die den Körper vor äußeren Einflüssen schützen. Form, Größe und Färbung der Schuppen variieren bei den verschiedenen Fischarten.
Alle Wirbeltiere, die knöcherne Schuppen mit einer Schleimschicht besitzen, gehören zur Gruppe der Fische.

 Fische haben eine glatte und schleimige Haut, die von dachziegelartig übereinander liegenden Schuppen bedeckt ist.

Die fünf Gruppen der Wirbeltiere können nicht nur nach ihrer Körperbedeckung unterschieden werden. Weitere Unterscheidungsmerkmale sind das Skelett, die Fortpflanzung und Befruchtung und die Atmung. Die folgende Tabelle (s. S. 180/181) fasst diese Merkmale der Wirbeltierklassen zusammen.

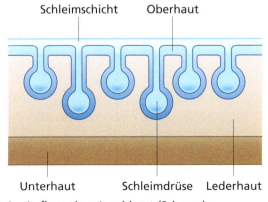
1 Aufbau einer Lurchhaut (Schema)

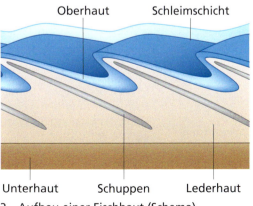
2 Aufbau einer Fischhaut (Schema)

Merkmale der Wirbeltierklassen

	Fische	Lurche
Skelett	Schädel, Wirbelsäule, Rippen, Flossenstrahlen	Schädel, Wirbelsäule, Rippen, Schultergürtel, Beckengürtel, Vorder- und Hintergliedmaßenskelett
Körperbedeckung	schleimige Haut (mit Schuppen)	schleimig feuchte, nackte Haut (Drüsen)
Atmung	Kiemen	Kaulquappen: Kiemen erwachsene Tiere: einfach gekammerte, sackförmige Lungen
Körpertemperatur	wechselwarm Körpertemperatur ändert sich mit der Außentemperatur.	wechselwarm Körpertemperatur ändert sich mit der Außentemperatur.
Fortpflanzung geschlechtlich **Befruchtung**	schalenlose Eier; befruchtetes Ei, Fischlarve, Jungfisch, erwachsener Fisch; Entwicklung im Wasser äußere Befruchtung	Eier mit Gallerte; befruchtetes Ei, Froschlarve (Kaulquappe), Jungfrosch; Metamorphose im Wasser äußere Befruchtung
Lebensraum	Wasser	Wasser/Land
Abhängigkeit vom Wasser	Wasser notwendig	starke Abhängigkeit

Merkmale von Tieren 181

Merkmale der Wirbeltierklassen

Kriechtiere	Vögel	Säugetiere
		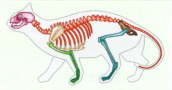
Schädel, Wirbelsäule, Rippen, Schulter-, Beckengürtel, Vorder- und Hintergliedmaßenskelett	Schädel, Wirbelsäule, Rippen, Brustkorb, Schulter-, Beckengürtel, Vorder- und Hintergliedmaßenskelett	Schädel, Wirbelsäule, Rippen, Brustkorb, Schulter- und Beckengürtel, Vorder- und Hintergliedmaßenskelett
	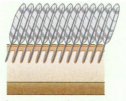	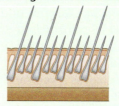
trockene Haut (Hornschuppen)	trockene Haut (mit Federn)	trockene Haut (mit Haaren)
mehrfach gekammerte Lunge	stark gekammerte Lunge (Luftsäcke)	Lunge mit Lungenbläschen
wechselwarm Körpertemperatur ändert sich mit der Außentemperatur.	gleichwarm Körpertemperatur bleibt immer gleich (ca. 42 °C).	gleichwarm Körpertemperatur bleibt immer gleich (ca. 37 °C).

pergament- oder kalkschalige Eier; Schlupf der Jungtiere; Entwicklung auf dem Land innere Befruchtung Land/Wasser geringe Wasserabhängigkeit	kalkschalige Eier; Ausbrüten der Eier, Schlupf der Jungvögel; Entwicklung auf dem Land innere Befruchtung Land/Luft/Wasser geringe Wasserabhängigkeit	Eizellen im Mutterkörper; Entwicklung im Mutterleib; lebend gebärend; Junge säugend innere Befruchtung Land/Luft/Wasser geringe Wasserabhängigkeit

Verwandtschaft und systematische Kategorien

Gemeinsame äußere und innere Merkmale werden auch herangezogen, um Verwandtschaftsbeziehungen festzustellen. Da die Wirbeltiere in vielen Merkmalen übereinstimmen, sind sie miteinander **verwandt**. Je mehr Merkmale bei den Lebewesen übereinstimmen, desto enger ist ihre Verwandtschaft. So ist beispielsweise der *Karpfen* enger mit dem *Hecht* verwandt als mit dem *Wasserfrosch*. *Karpfen* und *Hecht* sind Fische, der *Wasserfrosch* ist ein Lurch.
Um die große Vielfalt der Lebewesen zu ordnen und überschaubar zu machen, haben Wissenschaftler **Verwandtschaftsgruppen** gebildet.
Als Einteilungsgesichtspunkt dient u.a. die Ähnlichkeit der Lebewesen im äußeren und inneren Bau sowie in den Lebensprozessen. Danach kann man die Lebewesen unterschiedlichen Verwandtschaftsgruppen zuordnen.
Die kleinste Gruppe, die die engste Verwandtschaft ausdrückt, ist die **Art**. Die nächsthöhere Gruppe, die von mehreren Arten gebildet wird, ist die **Gattung**. Mehrere Gattungen bilden eine **Familie**, mehrere Familien eine **Ordnung**, mehrere Ordnungen eine **Klasse** von Lebewesen. Die Verwandtschaftsgruppen – ausgehend von der Art – weisen von einer Stufe zur höheren Stufe weniger gemeinsame Merkmale auf.

 Die Verwandtschaftsgruppen Art, Gattung, Familie, Klasse werden systematische Kategorien genannt.

Die Biologen versuchen durch die Einordnung der Lebewesen in diese Gruppen die große Mannigfaltigkeit der Lebewesen in einem System überschaubar zu machen.
Um beispielsweise die große **Vielfalt der Säugetiere** zu ordnen und überschaubar zu machen, haben Wissenschaftler die Säugetiere ebenfalls unterschiedlichen Verwandtschaftsgruppen (Familien) zugeordnet (Abb. unten).
So kann man aufgrund der bisherigen Kenntnisse selbst herausfinden, dass *Wildschwein* und *Hausschwein* sehr eng miteinander verwandt sind. Sie besitzen daher zahlreiche gemeinsame Merkmale. Sie gehören beide zu derselben Familie und zu derselben Gattung.

Verwandtschaftsbeziehungen innerhalb der Klasse der Säugetiere				
Klassen	Familien	Gattungen	Arten (Auswahl)	
Säugetiere	Schweine	Schweine	Wildschwein	Hausschwein
	Katzenartige	Katzen	Wildkatze	Hauskatze

Wie begründe ich biologische Aussagen?

Im Biologieunterricht wirst du oftmals aufgefordert, Aussagen über biologische Sachverhalte oder Naturschutzmaßnahmen zu begründen. Beim **Begründen** sollst du nachweisen, dass die entsprechende Aussage richtig ist. Für diesen Nachweis musst du Gründe suchen und sie angeben. Beim Begründen von Aussagen kannst du **schrittweise vorgehen**.

Aufgabe

Der Seehund kann zeitlebens im Wasser leben, der Maulwurf vorwiegend im Erdboden. Die Fledermaus bewegt sich zielsicher in der Luft. Begründe die Angepasstheit dieser Lebewesen an ihre Lebensräume!

1. Schritt

Lies die Aussagen, die du begründen sollst, genau durch!

Hast du die Aufgabe richtig verstanden?

2. Schritt

Gib Gründe für die Richtigkeit der Aussagen an!

Seehund (im Wasser):
– spindelförmiger Körper und flossenartige Gliedmaßen zur Fortbewegung,
– kurze, dichte Behaarung verringert Widerstand bei Fortbewegung,
– dicke Speckschicht unter Haut schützt vor Wärmeverlust

Maulwurf (im Erdboden):
– schaufelförmige Vordergliedmaßen zum Graben,
– zugespitzter Kopf, walzenförmiger Körper zur Fortbewegung in engen Erdgängen,
– Tasthaare und guter Geruchssinn ermöglichen Auffinden von Nahrung im Dunkeln

Fledermaus (in Luft):
– flügelähnliche Vordergliedmaßen und Flughäute ermöglichen das Fliegen,
– Aufnahme von Ultraschallwellen durch große Ohren bei Ortung von Nahrung bzw. Hindernissen im Dunkeln

3. Schritt

Formuliere die Begründung!

Der *Seehund* ist durch den spindelförmigen Körper, seine kurze, dichte Behaarung und die dicke Speckschicht gut an das Leben im Wasser angepasst.
Der *Maulwurf* ist durch die Grabschaufeln, seine Körperform und seinen Tast- und Geruchssinn gut an das Leben im Erdboden angepasst.
Die *Fledermaus* ist durch ihren Körperbau gut an das Leben in der Luft angepasst.

184 ARBEITSMETHODEN

Wie bestimme ich Tiere?

Auf Wanderungen oder Exkursionen siehst du viele Lebewesen (z. B. Pflanzen, Tiere, Pilze), die dir unbekannt sind. Wenn du wissen möchtest, um welches Lebewesen es sich handelt, kannst du es durch das Bestimmen herausfinden.

Das **Bestimmen** ist ein Verfahren, mit dem du den Namen von dir unbekannten Lebewesen mithilfe von *Abbildungen* oder *Bestimmungsschlüsseln* feststellen kannst. Dazu musst du die typischen Merkmale der dir unbekannten Lebewesen mit dem bloßen Auge, einem Fernglas oder einer Lupe erfassen und benennen.

In der Regel ist ein **Bestimmungsschlüssel** so aufgebaut, dass 2 unterschiedliche Ausbildungsformen eines Merkmals (z. B. Schwanz lang, Schwanz kurz) verglichen und gegenübergestellt werden. Die 2 Ausbildungsformen bilden ein *Merkmalspaar* und werden mit 1 und 1*, 2 und 2* usw. bezeichnet.

Am Ende der Zeilen mit den Merkmalen steht jeweils eine Ziffer (z. B. 2, 3). Sie führt dich zu dem Merkmalspaar, bei dem du die Bestimmung fortsetzen musst. So gelangst du schrittweise zum Namen des dir unbekannten Lebewesens.

Beim Bestimmen kannst du in folgender **Schrittfolge** vorgehen:

1. Schritt

Lies im Bestimmungsschlüssel das erste angegebene Merkmalspaar (1 und 1*)!

2. Schritt

Betrachte bzw. beobachte genau das zu bestimmende Lebewesen im Hinblick auf die angegebenen Merkmale! Nutze auch Hilfsmittel wie Lupe, Fernglas!

3. Schritt

Entscheide, welches Merkmal du von den zwei sich gegenüberstehenden Merkmalen auswählst!
Setze die Bestimmung fort, indem du entsprechend der Ziffer am Ende der Merkmalszeile zum angegebenen nächsten Merkmalspaar gelangst!

4. Schritt

Wiederhole diese Schritte mit weiteren Merkmalspaaren so lange, bis du zum Namen des unbekannten Lebewesens gelangst!

5. Schritt

Benenne das Lebewesen! Präge dir die typischen Merkmale ein!

Aufgabe

Mit dem folgenden **Bestimmungsschlüssel** kannst du verschiedene **Meisen** bestimmen.

Suche dir eine der sechs Abbildungen aus und bestimme die Meisenart!

ARBEITSMETHODEN 185

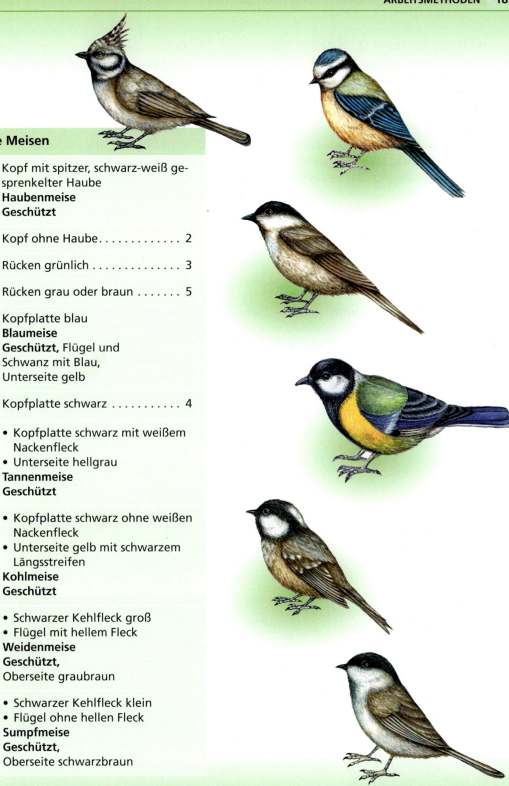

Einige Meisen

1	Kopf mit spitzer, schwarz-weiß gesprenkelter Haube **Haubenmeise** Geschützt
1*	Kopf ohne Haube............. 2
2	Rücken grünlich.............. 3
2*	Rücken grau oder braun....... 5
3	Kopfplatte blau **Blaumeise** **Geschützt**, Flügel und Schwanz mit Blau, Unterseite gelb
3*	Kopfplatte schwarz........... 4
4	• Kopfplatte schwarz mit weißem Nackenfleck • Unterseite hellgrau **Tannenmeise** Geschützt
4*	• Kopfplatte schwarz ohne weißen Nackenfleck • Unterseite gelb mit schwarzem Längsstreifen **Kohlmeise** Geschützt
5	• Schwarzer Kehlfleck groß • Flügel mit hellem Fleck **Weidenmeise** **Geschützt**, Oberseite graubraun
5*	• Schwarzer Kehlfleck klein • Flügel ohne hellen Fleck **Sumpfmeise** **Geschützt**, Oberseite schwarzbraun

Körpergliederung von wirbellosen Tieren

Im Garten kann man z.B. *Bienen, Spinnen, Schnecken, Ameisen* oder *Regenwürmer* beobachten. Sie unterscheiden sich von den Wirbeltieren nicht allein durch ihre Größe. Im Inneren ihres Körpers befindet sich **kein knöchernes Skelett** und **keine Wirbelsäule**.

Tiere ohne Wirbelsäule werden zur großen Gruppe der **wirbellosen Tiere** zusammengefasst. Zu den wirbellosen Tieren gehören z. B. Quallen, Schnecken, Muscheln, Spinnen und Insekten.

Vergleicht man den äußeren Bau von Regenwürmern, Spinnen und Insekten, erkennt man, dass alle einen **gegliederten Körper** besitzen (s. Tab. S. 187).
Der *Regenwurm* (Abb. 1) besteht aus vielen gleichmäßigen Körperabschnitten, er ist *gleichmäßig gegliedert*.

Die *Kreuzspinne*, ein Spinnentier, weist zwei Körperabschnitte auf: Kopfbrust und Hinterleib (s. S. 173). Eine *Honigbiene* (Abb. 2) ist in 3 Körperabschnitte gegliedert, in *Kopf, Brust* und *Hinterleib*.
Betrachtet man die Unterseite der *Honigbiene* mit einer Lupe, so erkennt man am Kopf Fühler und Mundwerkzeuge (Saugrüssel) (s. S. 46). Am Brustabschnitt befindet sich an jedem der 3 Abschnitte 1 Paar Beine, auch der Hinterleib besteht aus Gliedern.
Der Körper der Honigbiene ist wie der der Spinnentiere *ungleichmäßig gegliedert*.

Wirbellose Tiere, deren Körper gegliedert ist, bilden die Gruppe der Gliedertiere.

Aufgabe

1. Nenne noch 3 Tiere, die ebenfalls zu den Gliedertieren gehören!
   Nutze dazu Nachschlagwerke, Bestimmungsliteratur oder das Internet!

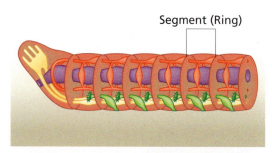

1 Der Körper des Regenwurms ist gleichmäßig gegliedert.

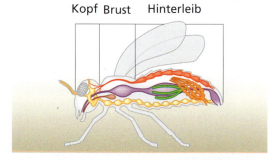

2 Der Körper der Honigbiene ist ungleichmäßig gegliedert und besitzt Beine.

Innerhalb der Gruppe der Gliedertiere gibt es weitere Unterschiede. Beim Betrachten von *Regenwurm* und *Honigbiene* fällt ein Unterschied sofort auf:
Der *Regenwurm* besitzt im Gegensatz zur *Honigbiene* keine Beine. Die Beine der Honigbiene sind aus mehreren Abschnitten zusammengesetzt, es sind gegliederte Beine.
Nach **diesem Unterscheidungsmerkmal** – Beine vorhanden, Beine nicht vorhanden – werden die Gliedertiere nochmals unterteilt, in **Ringelwürmer** und **Gliederfüßer**.

Gliederfüßer kann man u. a. nach der Anzahl ihrer Beine und der Anzahl ihrer Fühler noch weiter unterscheiden.

Eine *Honigbiene* hat 3 Paar gegliederte Beine und 2 Paar Flügel am Brustabschnitt, sowie 1 Paar Fühler am Kopf. Diese Merkmale findet man z. B. bei *Fliegen, Mücken, Maikäfern, Schmetterlingen* und *Libellen*. Sie alle gehören zur **Gruppe der Insekten**.

Eine *Kreuzspinne* besitzt 4 Paar gegliederte Beine, keine Fühler und Flügel (s. Abb.). Wirbellose Tiere mit solchen Merkmalen gehören zur **Gruppe der Spinnentiere**.

Ein *Flusskrebs* hat 5 Paar Beine und 2 Paar Fühler. Am Hinterleib sind weitere Beine zu finden. Tiere mit diesen Merkmalen gehören zur **Gruppe der Krebstiere**.

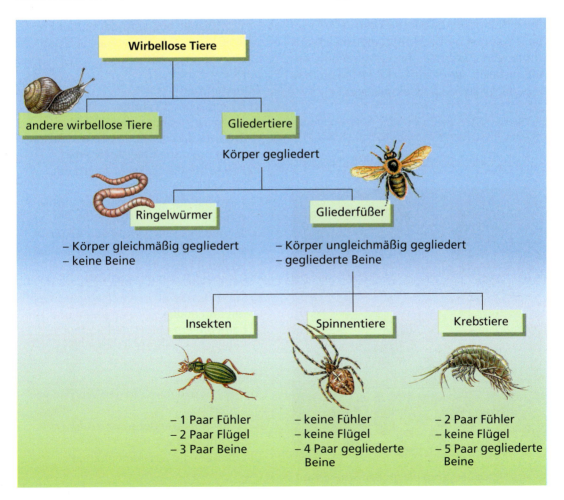

Körperbedeckung von wirbellosen Tieren

Ringelwürmer besitzen eine **feuchte** und **dünne Haut**. Sie trocknen an der Luft schnell aus. Deshalb halten sie sich in feuchter Umgebung auf, der *Regenwurm* z.B. im Boden. Der Regenwurm ist wie alle Ringelwürmer ein **Feuchtlufttier**.

Der Körper einer *Honigbiene* ist fest und trocken. Ihr Körper ist von einer Hülle aus einer hornähnlichen Substanz, dem **Chitin**, bedeckt.
Die *Honigbiene* und alle anderen **Gliederfüßer** besitzen also ein **Außenskelett aus Chitin**. Es schützt den Körper vor Austrocknung und gibt ihm Festigkeit und Halt.
Auch Spinnen besitzen ein Außenskelett aus Chitin. Ein *Flusskrebs* besitzt ebenfalls ein Außenskelett aus Chitin. Es ist besonders hart, da zusätzlich Kalk eingelagert ist.

> **M** Gliederfüßer besitzen ein Außenskelett aus Chitin. Ringelwürmer haben eine weiche Haut.

Untersuche die Durchmischung des Bodens durch Regenwürmer!

Vorbereitung:
a) Überlege, wie Regenwürmer den Boden durchmischen können und wie das zu beobachten ist!
b) Stelle an Material und Geräten bereit:
   – ein Becherglas oder ein kleines Aquarium,
   – hellen Sand, lockere humushaltige Gartenerde, Wasser, Regenwürmer!
c) Bereite eine Futtermischung für die Regenwürmer vor! Sie soll Kaffeesatz, klein geschnittene Apfelschalen, Wurstschale aus Naturdarm oder ähnliche Küchenabfälle sowie Laub und grüne Blätter enthalten.

Durchführung:
a) Fülle das durchsichtige Gefäß etwa zu einem Drittel mit hellem Sand! Schichte darüber etwa ebenso viel lockere humushaltige Gartenerde!
b) Befeuchte die Gartenerde gut mit Wasser! Achtung, das Wasser darf sich nicht stauen!
c) Setze dann eine Anzahl von Regenwürmern (10 bis 30 Stück) auf die Gartenerde! Gib eine 3 bis 5 cm dicke Schicht des Futtergemisches darauf!
e) Stelle das Gefäß in einen abgedunkelten und mäßig warmen Raum und halte die Erdschicht ständig feucht!
f) Beobachte mehrere Wochen lang!

Auswertung:
a) Was hat sich nach einigen Wochen verändert?
Stelle die Veränderungen in einer Zeichnung dar!
b) Erläutere die Zusammenhänge!

1 Am Flusskrebs fallen die großen Scheren auf.

Einige Insektengruppen

1	• Körper geflügelt, deutlich 4 gleichartige Flügel oder 2 gleichartige Flügel	2
1*	• Körper scheinbar ungeflügelt oder 2 Flügeldecken und 2 häutige Hinterflügel	3
2	• Flügel durchscheinend	4
2*	• Flügel undurchsichtig gefärbt durch bunte Schuppen	5
3	• Mundwerkzeuge zangenförmig ausgebildet **Käfer**	
3*	• Mundwerkzeuge fadenförmig oder rüsselförmig ausgebildet **Wanzen oder Schmetterlinge**	
4	• Vorder- und Hinterbeine gleich lang • Hinterbeine nicht als Sprungbeine	6
4*	• Vorderbeine kürzer als Hinterbeine Hinterbeine als Sprungbeine **Heuschrecken**	
5	• Flügel weiß oder lebhaft bunt gefärbt Körper schlank Fühlerende knopf- oder keulenförmig **Tagfalter (Schmetterlinge)**	
5*	• Flügel oft unauffällig gefärbt Körper dick Fühlerende kamm- oder borstenförmig **Nachtfalter (Schmetterlinge)**	
6	• Körper und Flügel etwa gleich lang • Hinterflügel als Schwingkölbchen **Zweiflügler**	
6*	• Körper und Flügel etwa gleich lang Hinterflügel nicht als Schwingkölbchen **Libellen**	

1*

3

3*   3*

Wanze   Schmetterling

4*

5   5*

6

6*

Teste dein Wissen

1. Fische, Lurche und Kriechtiere sind wechselwarm, Vögel und Säugetiere gleichwarm.
   a) Definiere die Begriffe wechselwarm und gleichwarm!
   b) Vergleiche die Überwinterung von Grasfrosch, Zauneidechse und Eichhörnchen!

2. Nenne die Merkmale, die die Angepasstheit der folgenden Tiere an das Leben im Wasser verdeutlichen:
   Delfin, Teichmolch, Buckelwal, Biber, Nutria, Pinguin, Karpfen!
   Verwende zur Beantwortung der Aufgabe Literatur bzw. das Internet!

3. Alle Wirbeltiere sind miteinander verwandt, so auch Hecht, Grasfrosch, Erdkröte und Igel.
   Welche beiden Tiere sind enger miteinander verwandt?
   Begründe!

4. Du kannst verschiedene Lebewesen in Gruppen einteilen.
   Ordne folgende Tiere zwei Gruppen zu:
   Esel, Grasfrosch, Feuersalamander, Rothirsch, Hausrind, Erdkröte, Hund, Wasserfrosch! Begründe deine Einteilung!

5. Fische, Lurche, Kriechtiere, Vögel und Säuger sind die Klassen der Wirbeltiere.
   a) Nenne typische Vertreter der verschiedenen Wirbeltierklassen und beschreibe ihre Lebensräume!
   b) Erläutere an je einem Vertreter der Wirbeltierklassen deren Angepasstheit an den Lebensraum!
   Beachte dabei insbesondere Körperbau und Fortbewegung!

6. Nach der Funktion kann man Grannen- und Wollhaare im Fell unterscheiden. Erläutere mithilfe der Funktion, wie sich Sommer- und Winterfell unterscheiden.

7. Im Frühjahr kann man beobachten, dass Haustiere wie z. B. der Hund Haare verlieren. Viele Säugetiere wechseln beim Übergang zur warmen oder kalten Jahreszeit ihr Haarkleid. Erkläre, warum Tiere ein Sommer- bzw. Winterfell besitzen!

8. Der Mensch gehört ebenfalls zu den Säugetieren. Wie schützt sich der Mensch vor Wärmeverlust?

9. Richtig oder falsch?
   a) Die Wirbelsäule ist das gemeinsame Erkennungsmerkmal aller Vögel gegenüber anderen Tiergruppen.
   b) Federn sind das gemeinsame Erkennungsmerkmal aller Vögel gegenüber anderen Tiergruppen.
   c) Federn und Flügel sind das gemeinsame Erkennungsmerkmal aller Vögel gegenüber anderen Tiergruppen.

10. Erkläre, warum das Einfetten der Federn für die Vögel lebensnotwendig ist!

11. a) Können die Hornschuppen und Hornplatten den Kriechtierkörper vor Wärmeverlust schützen? Begründe deine Antwort!
    b) Beantworte entsprechend deiner ersten Antwort folgende Frage: Welchen Einfluss hat die Außentemperatur auf die Körpertemperatur der Kriechtiere?

12. Vergleiche die Körperbedeckung von einem Vogel und einem Lurch! Erläutere daran den Zusammenhang zwischen der Körperbedeckung und dem Lebensraum!

Merkmale von Tieren   191

Das Wichtigste im Überblick
Merkmale der Wirbeltiere

Fische, Lurche, Kriechtiere, Vögel und Säugetiere bilden die **Klassen der Wirbeltiere**. Alle Wirbeltiere besitzen gemeinsame Merkmale, z. B. Wirbelsäule, Körpergliederung. Jede Wirbeltierklasse ist durch charakteristische Merkmale gekennzeichnet (z. B. Körperbedeckung).

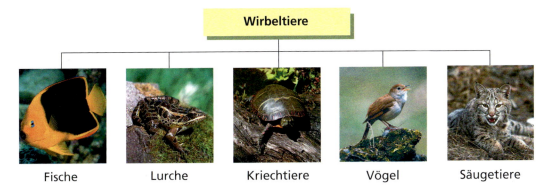

Merkmale der wirbellosen Tiere

Alle Tiere, die keine Wirbelsäule im Körperinneren besitzen, gehören zu den **wirbellosen Tieren**. Die Gruppen der wirbellosen Tiere besitzen auch charakteristische Merkmale (z. B. Körpergliederung, Anzahl der Gliedmaßen).

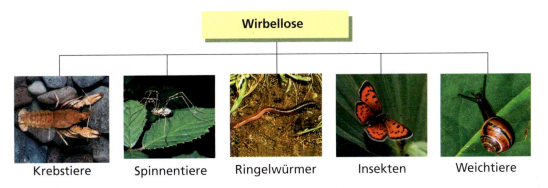

Verwandtschaft und systematische Kategorien

Äußere und innere **Merkmale** der Lebewesen werden genutzt, um **Verwandtschaftsbeziehungen** festzustellen. Je mehr Merkmale bei den Lebewesen übereinstimmen, desto enger sind sie miteinander verwandt.
Aufgrund ihrer Merkmale kann man die Lebewesen den **Verwandtschaftsgruppen**
Art, Gattung, Familie, Klasse zuordnen.

Klasse: Säugetiere
Familie: Mäuse
Gattung: Ratten
Art: Hausmaus

6.2 Merkmale der Samenpflanzen

Wohin man schaut – Samenpflanzen
Insgesamt gibt es etwa 250 000 verschiedene Samenpflanzen. Sie unterscheiden sich nicht nur im Aussehen, sondern auch in der Größe (über 100 m und nur wenige Millimeter), der Farbe der Blüten, der Lebensdauer.
Gibt es trotz vieler Unterschiede auch Gemeinsamkeiten?

Familienbande
Es gibt unendlich viele und verschieden aussehende Samenpflanzen auf der Erde: Bäume, Sträucher, Kräuter.
Um die Vielfalt überschaubar zu machen, ordnet man Samenpflanzen nach ihren gemeinsamen Merkmalen in Pflanzenfamilien.
Nach welchen Merkmalen werden Pflanzen geordnet?

Weit verbreitet
Ca. 3 200 Arten von Kreuzblütengewächsen gibt es auf der Erde. Bevorzugt kommen sie in den gemäßigten Breiten der Nordhalbkugel sowie im Mittelmeergebiet vor. Sie besiedeln auch Gebiete, in denen Dauerfrost herrscht, gleichermaßen wie tropische Regionen.
Woran erkennt man, ob eine Pflanze zu den Kreuzblütengewächsen gehört?

Vielfalt und Einheitlichkeit der Samenpflanzen

Wenn von Pflanzen gesprochen wird, denken viele nur an die Pflanzen, die Samen ausbilden, wie *Garten-Erbse* oder *Kiefer*.
Zu den Pflanzen gehören aber nicht nur die **Samenpflanzen**.
Dazu gehören Lebewesen, die einen grünen Farbstoff besitzen und daher meist grün aussehen: die **Algen**, die **Moos-** und **Farnpflanzen** und die **Samenpflanzen** (Abb. 1).

Auf dem Lande fallen uns oft zuerst die Samenpflanzen auf, Bäume, Sträucher und Kräuter. Sie prägen wesentlich das Landschaftsbild.

Samenpflanzen kommen auf der Erde in einer großen Vielfalt vor. Etwa 250 000 verschiedene Samenpflanzen sind bisher bekannt.

Samenpflanzen unterscheiden sich u. a. in der **Größe.** Die kleinste Samenpflanze, die *Wasserlinse* (Abb. S. 192) ist nur wenige Millimeter groß. Der *Mammutbaum* (Abb. S. 49) dagegen kann über 100 m hoch werden.
Auch die **Lebensdauer** ist unterschiedlich. Einige Samenpflanzen *leben nur kurze Zeit*. Beispielsweise lebt die *Garten-Erbse* von der Keimung bis zur Samenbildung nur ein Jahr. Der *Mammutbaum* oder die *Eiche* können dagegen über 1 000 Jahre alt werden.
Auch die Blätter und Blüten sind unterschiedlich geformt.
Erstaunlich ist auch die *Angepasstheit der Samenpflanzen* an unterschiedliche **Lebensbedingungen** (u. a. Feuchtigkeit, Licht).

Aufgabe

1. Linde, Johannisbeere und Tulpe sind Samenpflanzen. Worin unterscheiden sie sich?

1 Übersicht über die Vielfalt der Pflanzen

Samenpflanzen kann man ordnen

Es gibt eine Fülle verschiedener Samenpflanzen (Abb. unten, s.a. S. 50, 193). Allen ist **gemeinsam**, dass sie **Blüten** und **Samen** ausbilden.

Die Samen ermöglichen es den Samenpflanzen u. a. auch, über längere Zeit z. B. Kälte oder Trockenheit zu überleben.

Die Vielfalt an Samenpflanzen hat sich im Laufe der Zeit herausgebildet. Sie ist nur schwer überschaubar. Deshalb haben die Menschen schon vor Jahrhunderten versucht, die vielen verschiedenen Samenpflanzen zu ordnen.

Um etwas zu ordnen, muss man **Merkmale** finden, die für eine Ordnung genutzt werden können.

Bei Geldmünzen aus verschiedenen Ländern ist es beispielsweise möglich, das Herkunftsland als Merkmal zu verwenden, um die Münzen zu ordnen.

Als Merkmal zum Ordnen der Samenpflanzen wurde zunächst deren *Bedeutung für den Menschen* herangezogen. So kam es zu Gruppen wie *Getreidepflanzen, Ölpflanzen, Gemüsepflanzen, Obstpflanzen, Heilpflanzen.*

CARL VON LINNÉ (1707–1778; Abb. 1), ein schwedischer Naturforscher, versuchte auf der Grundlage von Baumerkmalen eine Ordnung in die Vielzahl der Lebewesen zu bringen. LINNÉ beobachtete dazu ganz ge-

1 CARL VON LINNÉ

nau die Natur und beschrieb die Lebewesen. Die von ihm beschriebenen Arten ordnete er nach wichtigen **Merkmalen**, z. B. nach dem Bau der Blüte. Er vergab dabei Namen nach einem festgelegten Schema. Jedes Lebewesen bekam einen Art- und Gattungsnamen (z. B. Weiße Taubnessel). Diese Bezeichnung der Lebewesen wird bis heute verwendet.

LINNÉ hat selbst über 7 000 Pflanzenarten und über 4 000 Tierarten beschrieben.

Man sagte von LINNÉ: Gott habe die Welt geschaffen, aber LINNÉ habe sie geordnet. Er schuf also eine künstliche Übersicht, um Pflanzen zu ordnen. Man nennt diese Übersicht auch künstliches System (s. S. 182).

LINNÉ gilt deshalb als Begründer der Systematik.

Heute werden zur Ordnung der Samenpflanzen u. a. die nachfolgenden Merkmale herangezogen (s. Tab.). Nach diesen und anderen Merkmalen werden die Samenpflanzen **verglichen**.
Diejenigen, die in bestimmten Merkmalen übereinstimmen, werden im Ergebnis zu Gruppen zusammengefasst.

So bilden z. B. alle Samenpflanzen, die bestimmte gemeinsame Merkmale besitzen, eine **Familie** (z. B. **Kreuzblütengewächse**, S. 196).
Die Familie kann dann in die nächstkleinere Gruppe, die **Gattungen**, und die Gattungen schließlich in die kleinste Gruppe, die **Arten**, unterteilt werden (s. S. 182).

Herangezogene Merkmale zur Ordnung der Samenpflanzen	Beispiel
1. Bau des Stängels Der Stängel kann *holzig* oder *krautig* sein. Bei krautigen Pflanzen kann er z. B. *rund* (a), *gefurcht* (b) oder *kantig* (c) ausgebildet sein.	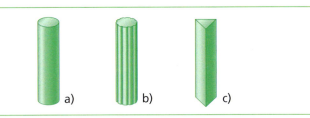
2. Stellung der Blätter am Stängel Sie können z. B. *gegenständig* (a), *wechselständig* (b) oder *quirlständig* (c) angeordnet sein.	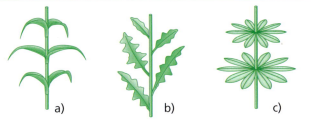
3. Gestalt der Blätter Sie können z. B. *pfeilförmig* (a), *nierenförmig* (b) oder *eiförmig* sein. Die Blätter können einfach oder zusammengesetzt (c) sein. Die Blattränder sind verschieden ausgebildet, z. B. *ganzrandig* (d), *gekerbt* (e).	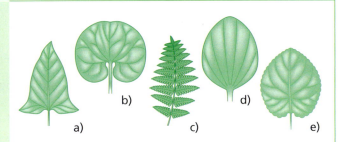
4. Bau der Blüte Die Blüten können *einzeln* (a) stehen oder in einem *Blütenstand* (b) vereint sein; ihre Kronblätter können *frei* (c) oder *verwachsen* (d) sein; ihre Kronblätter können *gleich* oder *ungleich* gestaltet sein; sie können *verschiedenfarbig* sein.	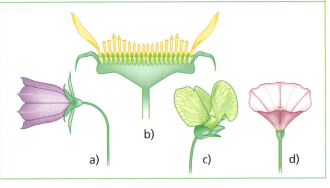

Familie der Kreuzblütengewächse

Der **Raps** ist eine Samenpflanze, die zu den **Kreuzblütengewächsen** gehört. Er wird auf großen Flächen vor allem zur Gewinnung von Speiseöl aus seinen Samen angebaut. Im Frühjahr sind diese Flächen durch die gelben Blüten unübersehbar (Abb. 1).

Wenn man z. B. die Blüte einer *Rapspflanze* mit der Blüte der *Weißen Taubnessel* vergleicht, kann man die **Merkmale der Kreuzblütengewächse** leicht erkennen.
Die **Einzelblüten** beim *Raps* stehen in einer Traube zusammen.
Jede Einzelblüte (Abb. 2) besitzt:
– 4 Kelchblätter, kreuzweise gegenüberstehend;
– 4 Kronblätter, kreuzweise gegenüberstehend;
– 6 Staubblätter (2 kürzere und 4 längere);
– 1 Fruchtblatt (Narbe, Griffel, Fruchtknoten besteht aus 2 verwachsenen Fruchtblättern).
Die **Frucht** ist eine *Schote*, die innen eine Mittelwand besitzt. An ihr befinden sich die Samen. Andere Kreuzblütengewächse besitzen Schötchen als Frucht.

Außer dem *Raps* als **Ölpflanze** gehören die verschiedenen Kohlformen (Abb. 1, S. 197)

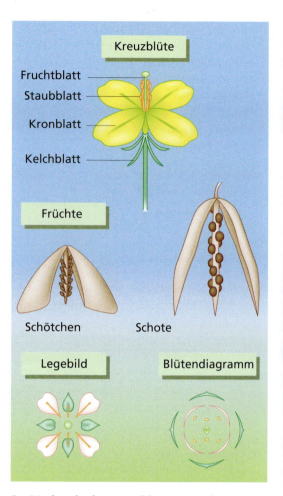

2 Merkmale der Kreuzblütengewächse

als wichtige **Gemüsepflanzen** zu den Kreuzblütengewächsen. Sie wurden aus dem *Wildkohl* in langen Zeiträumen gezüchtet. Dabei hat sich die ursprüngliche Gestalt der Laubblätter, der Sprossachse und des Blütenstandes verändert. Durch die Zunahme der Anzahl und Zartheit der Laubblätter, die fleischig wurden und sich einrollten, entwickelten sich die Kopfkohle *Rotkohl* und *Weißkohl*.
Durch Verkürzung und Verdickung der Sprossachse entstand der *Kohlrabi*.
Beim *Rosenkohl* wachsen in den Blattachseln Knospen zu Köpfchen, den „Röschen", heran.

1 Blühendes Rapsfeld

Merkmale der Samenpflanzen **197**

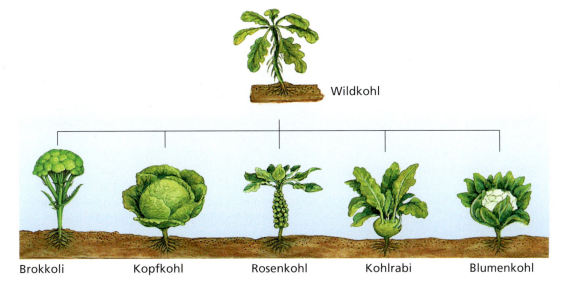

1 Verschiedene Kohlsorten, die alle aus dem Wildkohl gezüchtet werden.

Durch Fleischigwerden des Blütenstandes entstand der *Blumenkohl*.
Gemüsekohl enthält sehr viel Eiweiß und Vitamin C und ist deshalb wichtiger Bestandteil der gesunden Ernährung.
Wichtige Gemüsepflanzen sind auch der *Meerrettich* (Abb. 2) und das *Radieschen*.

Viele Wildkräuter sind ebenfalls Kreuzblütengewächse. Auf Äckern und Schuttplätzen findet man den *Hederich* und den *Ackersenf*. Überall, z. B. auch zwischen Pflasterritzen, ist das *Gemeine Hirtentäschel* zu finden.

Auf Wiesen fallen im Frühjahr die rosafarbenen Blüten des *Wiesen-Schaumkrautes* (Abb. 3) auf.
Auch unter den Zierpflanzen gibt es Kreuzblütengewächse, z. B. die *Levkoje* und den *Goldlack*.

 Samenpflanzen, die Blüten mit sich kreuzweise gegenüberstehenden 4 Kelch- und 4 Kronenblättern sowie 6 Staubblättern (4 längere, 2 kürzere) besitzen und als Früchte, Schoten oder Schötchen ausbilden, gehören zur Familie der Kreuzblütengewächse.

2 Meerrettich

3 Wiesen-Schaumkraut

Wie bestimme ich eine Pflanze?

Bei einem Spaziergang findest du eine schöne Pflanze. Du möchtest gern wissen, wie sie heißt und zu welcher Pflanzenfamilie sie gehört. Deshalb musst du die Pflanze bestimmen.

Bestimmen ist ein Verfahren, um den Namen einer unbekannten Pflanze zu ermitteln und einer systematischen Gruppe (z. B. einer Familie) zuzuordnen (s. a. S. 194).
Es gibt mehrere Möglichkeiten, den Namen herauszufinden:
1. Du vergleichst eine dir unbekannte Pflanze mit vorhandenen Abbildungen. Dabei kommt es aber leicht zu Irrtümern, da sich manche Pflanzen sehr ähneln und doch zu einer anderen Gruppe gehören.
2. Du bestimmst die Pflanze mithilfe eines **Bestimmungsschlüssels**. Das ist ein viel sicherer Weg.

In der Regel ist in einem Bestimmungsschlüssel immer ein gegensätzliches Merkmalspaar angegeben.
Die dir unbekannte Pflanze wird mit dem Merkmalspaar verglichen. Dann entscheidet man, welches der beiden Merkmale (1 oder 1*) zutrifft (s. a. S. 184).
So geht man Schritt für Schritt weiter, bis man bei dem Namen der Pflanze angelangt ist und damit auch weiß, zu welcher systematischen Gruppe (z. B. Familie) sie gehört.

Wie ein solcher Bestimmungsschlüssel aufgebaut ist, zeigt die folgende Übersicht am Beispiel der Gruppe der „Taubnesseln" (Übersicht unten).

Diese bildhafte Form benötigt viel Platz. Sie kann deshalb in eine **Tabelle** umgeschrieben werden (s. S. 199).
Zu dem Zweck erhält jedes Merkmal des Merkmalspaares eine Ziffer – das jeweils gegensätzliche Merkmal zusätzlich zur Ziffer einen Stern (z. B. 1*). Am Ende der Zeile erscheint eine Ziffer (z. B. 2; 3). Die Ziffer führt dich zu dem Merkmalspaar, bei dem du die Bestimmung fortsetzen musst.
So ist es einfach, eine Tabelle zu schreiben (s. S. 199).

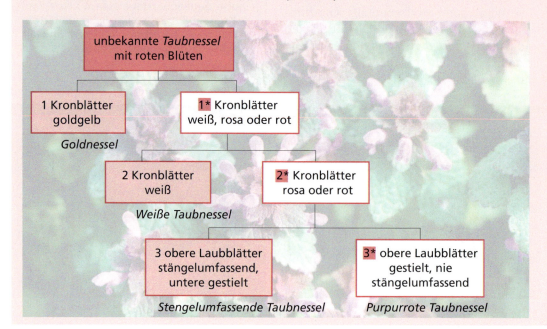

Merkmale der Samenpflanzen 199

Wir bestimmen einige Taubnesselarten	
entweder 1	• Kronblätter gelb, Unterlippe mit rötlichen Flächen **Goldnessel**
oder 1*	• Kronblätter weiß, rot oder rosa 2
entweder 2	• Kronblätter weiß **Weiße Taubnessel**
oder 2*	• Kronblätter rot oder rosa . . 3
entweder 3	• Kronröhre aufwärts gebogen **Gefleckte Taubnessel**
oder 3*	• Kronröhre gerade 4
entweder 4	• Obere Blätter stängelumfassend, untere Blätter gestielt und tief gekerbt **Stängelumfassende Taubnessel**
oder 4*	• Obere Blätter gestielt oder fest sitzend, nie stängelumfassend 5
entweder 5	• Obere Blätter eiförmig bis dreieckig, untere Blätter rundlich, unregelmäßig gekerbt • Blattstiel der oberen Blätter nur wenig verbreitert **Purpurrote Taubnessel**
oder 5*	• Obere Blätter tief eingeschnitten • Blattstiel der obersten Blätter stark verbreitert **Eingeschnittene Taubnessel**

Wenn man z. B. die *Purpurrote Taubnessel* (als unbekannte *Taubnessel*) in der Hand hat, führt der Weg in der Bestimmungstabelle zum Namen über 1* zu 2*, von 2* zu 3*, von 3* zu 4*, von 4* zu 5. Damit ist das Ziel erreicht. Von diesem Beispiel ausgehend, können wir nun einige Kreuzblütengewächse bestimmen.

200 Lebewesen besitzen gemeinsame und unterschiedliche Merkmale

Wir bestimmen einige Kreuzblütengewächse

1 • Frucht weniger als 3-mal so lang wie breit (Schötchen) 2

1* • Frucht mehr als 3-mal so lang wie breit (Schote) . . 8

2 • Kronblätter verschieden groß
Bauernsenf
Blätter in grundständiger Rosette, Schötchen löffelförmig gebogen, schmal geflügelt

2* • Kronblätter gleich groß 3

3 • Kronblätter violett
Blaukissen
Blätter sitzend, meist behaart, Schötchen kleiner als 1 cm, nicht geflügelt, Pflanze kleiner als 20 cm

3* • Kronblätter gelb, gelblich weiß oder weiß 4

4 • Kronblätter weiß 5

4* • Kronblätter gelb oder gelblich weiß
Sumpfkresse
Schötchen kugelig bis länglich, vielsamig, untere Blätter fiederspaltig oder gefiedert

5 • Kronblätter bis zur Mitte gespalten, 2-lappig
Frühlings-Hungerblümchen
Blätter als grundständige Rosette, Pflanze kleiner als 20 cm

5* • Kronblätter ungespalten 6

6 • Schötchen dreieckig bis verkehrt herzförmig, ungeflügelt
Gemeines Hirtentäschel
Grundblätter kurz gestielt, Rosette bildend, Blätter stängelumfassend

6* • Schötchen rundlich-eiförmig 7

7 • Schötchen deutlich geflügelt, Flügel oben tief eingeschnitten, vielsamig
Acker-Hellerkraut

7* • Schötchen kaum oder nur an der Spitze geflügelt, mit 2 Samen
Kresse

Bauernsenf

Blaukissen

Sumpfkresse

Frühlings-Hunger-blümchen

Hirtentäschel

Schutt-Kresse

Acker-Hellerkraut

Wir bestimmen Kreuzblütengewächse

8	• Blätter alle ungeteilt, gestielt oder sitzend 9
8*	• Blätter mehr oder weniger geteilt 10
9	• Kronblätter goldgelb bis braun und stark angenehm duftend • Narben geteilt und nicht aneinander liegend • Pflanze graufilzig **Goldlack**
9*	• Kronblätter rot bis rotviolett, wohlriechend • Narben geteilt und aneinander liegend, • Pflanze grün **Gemeine Nachtviole**
10	• Kronblätter rot, violett oder weiß. 11
10*	• Kronblätter gelb oder gelblich weiß. 13
11	• Blätter nicht aus getrennten Blättchen, fiederteilig, zusammengesetzt, dickfleischig und unbehaart **Meersenf** Kronblätter hellviolett, Schoten zweigliedrig, Strandpflanze
11*	• Blätter gefiedert, gefingert, meist aus völlig getrennten Blättchen zusammengesetzt 12
12	• Schoten mit verlängertem Schnabel • Blattachseln selten mit braunen Zwiebeln (Brutknospen) **Zahnwurz**
12*	• Schoten sehr kurz geschnäbelt • Blattachseln immer ohne Zwiebeln (Brutknospen) **Schaumkraut**
13	• Kelchblätter aufrecht, anliegend • Schote stark gegliedert, perlenschnurartig geschnürt (Gliederschote) **Acker-Hederich**
13*	• Kelchblätter abstehend • Frucht kaum eingeschnürt **Acker-Senf**

Goldlack

Gemeine Nachtviole

Meersenf

Zwiebel-Zahnwurz

Wiesen-schaumkraut

Acker-Hederich

Acker-Senf

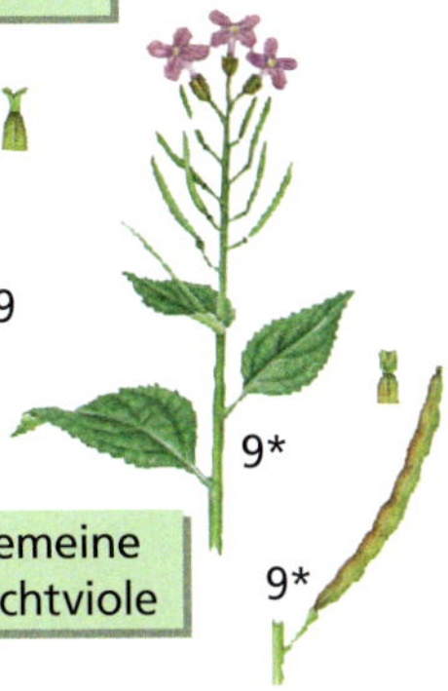

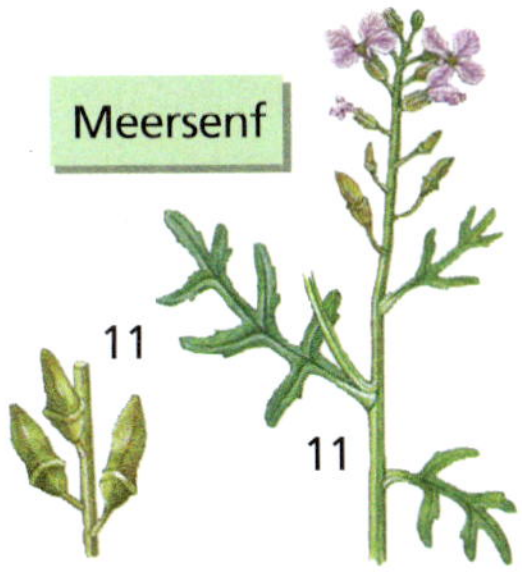

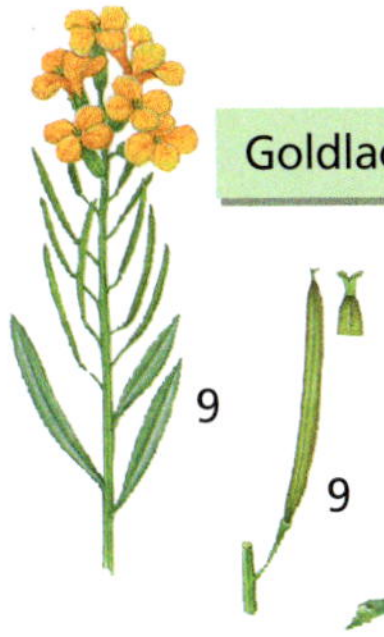

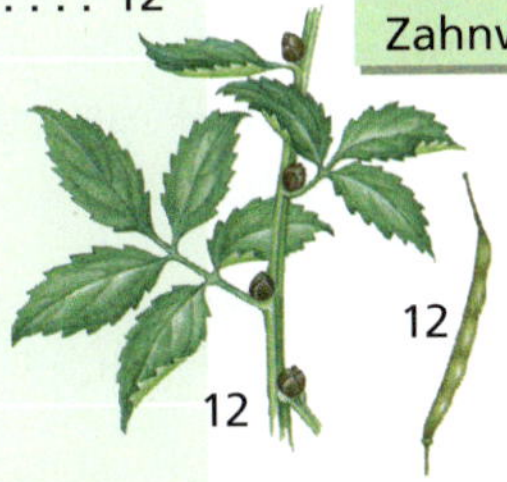

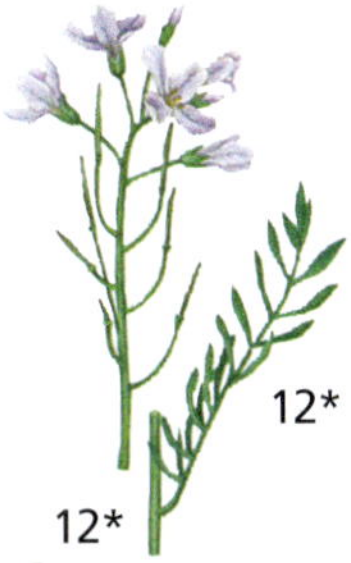

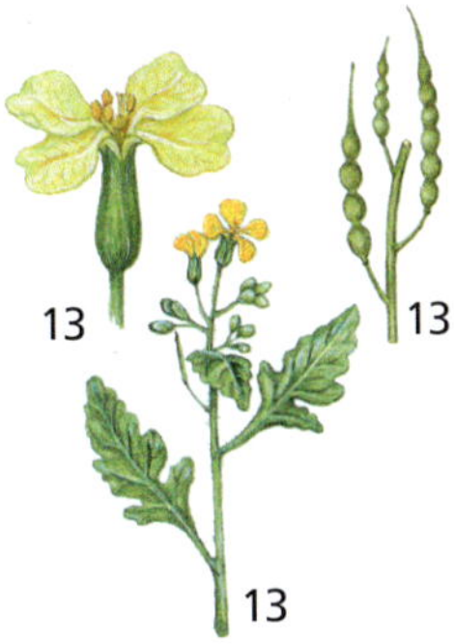

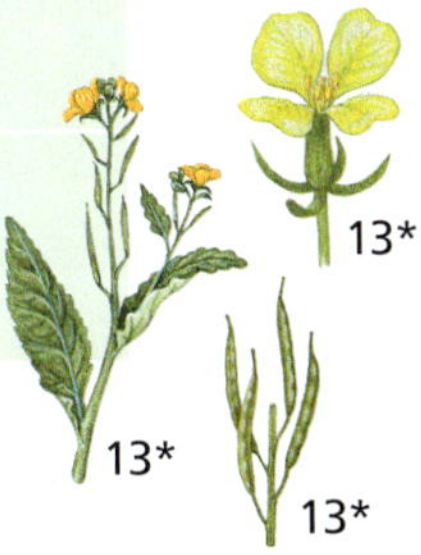

Familie der Schmetterlingsblütengewächse

Vergleicht man die Blüte vom *Raps* z. B. mit der Blüte von der *Garten-Erbse*, fallen sofort große Unterschiede auf. Die Blüte der *Garten-Erbse* hat u. a. verschieden gestaltete Kronblätter, die in ihrer Gesamtheit einem Schmetterling ähneln. Deshalb werden Samenpflanzen, die dieses und andere Merkmale aufweisen, **Schmetterlingsblütengewächse** genannt.

Pflanzen dieser Familie besitzen eine Reihe charakteristischer Merkmale:
- Es sind 5 Kelchblätter vorhanden (Abb. 2).
- Die 5 Kronblätter sind unterschiedlich gestaltet: 1 Fahne, 2 Flügel, 2 zu einem Schiffchen verwachsene Kronblätter („Schmetterlingsblüte").
- Das Schiffchen umschließt die 10 Staubblätter, 9 davon sind meist ähnlich einer Röhre verwachsen, das zehnte Staubblatt liegt oben frei.
- Das Fruchtblatt mit einem länglichen Fruchtknoten liegt in der Röhre.
- Die Frucht sind Hülsen, die vielgestaltig sein können. Sie haben keine Mittelwand.
- Die Laubblätter sind wechselständig und meist zusammengesetzt, z. B. gefiedert, gefingert, dreizählig (s. Abb. S. 204/205).

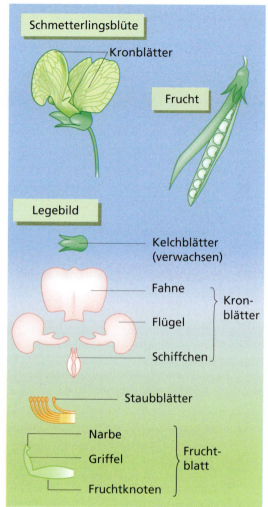

2   Merkmale der Schmetterlingsblütengewächse

1   Lupinen blühen vom Juni bis zum Herbst.

An diesen Merkmalen sind die etwa 10 000 verschiedenen Arten, die zu den Schmetterlingsblütengewächsen gehören, leicht zu erkennen.

M Samenpflanzen, die eine „Schmetterlingsblüte" mit 5 Kelchblättern, 5 Kronblättern (Fahne, 2 Flügel, Schiffchen aus 2 Kronblättern, 1 Fruchtknoten) besitzen und deren Frucht eine Hülse ist, gehören zur Familie der Schmetterlingsblütengewächse.

Merkmale der Samenpflanzen

1 Erdnuss

2 Luzerne

Zu den Schmetterlingsblütengewächsen gehören bekannte **Gemüsepflanzen,** wie die *Garten-Erbse* und *Garten-Bohne.* Ihre Samen enthalten viel Eiweiß bzw. Stärke. Deshalb werden sie überall in der Welt als Nahrungsmittel genutzt. Die Erbse wird bei uns auf großen Flächen angebaut. Die *Erdnuss* (Abb. 1) als **Ölpflanze** gehört auch in diese Familie.
Als **Futterpflanzen** werden ebenfalls eine Reihe Schmetterlingsblütengewächse angebaut. Bekannt sind der *Klee,* die *Luzerne* (Abb. 2), die *Lupine* sowie *Serradella.*

Im Juni leuchten in vielen Parkanlagen die weißen Blütentrauben der *Robinie* oder die gelben Blütentrauben des *Goldregens.* Es sind **Zierpflanzen**.
Die Früchte des *Goldregens* sind sehr **giftig.** Deshalb nie in den Mund nehmen oder gar essen!

Als **Wildpflanzen** findet man an Straßenrändern z. B. den *Steinklee* (Abb. 3), verschiedene Wicken (Abb. 4).
Vor allem auf trockenen Standorten blüht im Juni der *Besenginster* (Abb. 5).

3 Steinklee

4 Vogel-Wicke

5 Besenginster

204 Lebewesen besitzen gemeinsame und unterschiedliche Merkmale

Wir bestimmen einige Schmetterlingsblütengewächse

1	• Holzgewächse: Baum oder Strauch	2
1*	• Krautige Pflanze	4
2	• Baum **Weiße Robinie oder Falsche Akazie** **Giftig!** Blätter gefiedert, oft Dornen, Blüten weiß, in hängenden Trauben und duftend	
2*	• Strauch.	3
3	• Obere Blätter klein, einfach, untere dreizählig • Blüten gelb, einzeln oder zu 2 an den Zweigen **Gelber Besenginster** Strauch mit langen, aufrecht wachsenden Zweigen, Zweige grün, kantig	
3*	• Blätter gefiedert • Blüten gelb, zu 1 bis 3 in den Blattachseln **Gemeiner Erbsenstrauch**	
4	• Blätter gefingert.	5
4*	• Blätter 3-zählig oder gefiedert	6
5	• Blüten violett, selten weiß, • Blätter 10- bis 15-zählig gefingert **Vielblättrige Lupine**	
5*	• Blüten gelb • Blätter 5- bis 9-zählig gefingert **Gelbe Lupine**	
6	• Blätter gefiedert.	7
6*	• Blätter 3-zählig	11
7	• Blätter paarig gefiedert	8
7*	• Blätter unpaarig gefiedert.	9
8	• Nebenblätter am Blattgrund meist größer als die Fiederblättchen des Blattes • Blüten weiß **Garten-Erbse**	

Weiße Robinie

2

Gelber Besenginster

3

3*

Gemeiner Erbsen-strauch

Vielblättrige Lupine

5

5

Gelbe Lupine

5*

5*

Garten-Erbse

8

Merkmale der Samenpflanzen **205**

Bestimmen einiger Schmetterlingsblütengewächse

8* • Nebenblätter am Blattgrund kleiner als die Fieder-
blättchen des Blattes
• Blüten gelb, rot oder rötlich, selten weiß
Platterbse

8* Frühlings-Platterbse

9 • Endblättchen des Blattes größer als die anderen
Fiederblättchen
• Blüten goldgelb, selten rötlich, in Köpfchen
• Blütenköpfe von fingerförmigen Deckblättern
umgeben
Gemeiner Wundklee

Gemeiner Wundklee **9**

9* • Endblättchen des Blattes so groß wie die anderen
Fiederblättchen.............................. 10

10 • Blüten gelb, außen rötlich, in Blattachseln
• Hülsen walzenförmig, ungegliedert
• unteres Fiederblättchenpaar dicht am Stängel
Hornklee

10

Hornklee

10* • Blüten rosa
• Hülsen walzenförmig, gegliedert
• unteres Fiederblättchenpaar nicht dicht am Stängel
Serradella

10* **10***

Serradella

11 • Blüten in Köpfchen, Kronblätter der Blüten gelb,
rot oder weiß
Klee

11

11* • Blüten in Trauben......................... 12

12 • Blüten in langen, schmalen und lockeren Trauben
• Kronblätter der Blüten weiß oder gelb
• Frucht eiförmig
Steinklee

11

Rot-Klee

Weiß-Klee

12* • Blüten in kurzen Trauben
• Kronblätter der Blüten gelb, blau
oder violett
Frucht nieren-, sichel- oder
schneckenförmig
Luzerne oder Schneckenklee

Luzerne

12

12

Echter Steinklee

12* **12***

Andere Familien der Samenpflanzen

Wer aufmerksam Samenpflanzen beobachtet, stellt schnell fest, dass es außer den Kreuz- und Schmetterlingsblütengewächsen noch zahlreiche andere Familien der Samenpflanzen gibt – in Deutschland allein etwa 130. Einige Beispiele sind:

Kieferngewächse
getrennte weibliche und männliche Blüten, weibliche Blüten oft in verholzten Zapfen, Blätter nadelförmig, meist Bäume; *Kiefern* (Abb.), *Lärchen, Fichten, Tannen*

Hahnenfußgewächse
männliche und weibliche Teile in einer Blüte, Blütenhülle einfach oder in Kelch- und Kronblätter gegliedert, viele Staubblätter, meist auch viele Fruchtblätter, Blätter meist geteilt; *Rittersporn, Windröschen, Leberblümchen* (Abb.)

Rosengewächse
männliche und weibliche Teile in einer Blüte, meist 5 frei stehende Kelchblätter und 5 Kronblätter, oft viele Staubblätter, 1 oder viele Fruchtblätter, Früchte, z.B. Nüsse, Steinfrüchte; *Rose, Erdbeere, Schlehe, Birne, Apfel* (Abb.)

Lippenblütengewächse
männl. und weibl. Teile in einer Blüte, 5 Kronblätter (2 zur Oberlippe, 3 zur Unterlippe verwachsen), 4 Staubblätter (2 längere, 2 kürzere), Stängel meist vierkantig; *Salbei, Thymian, Ziest, Basilikum* (Abb.)

Korbblütengewächse
Einzelblüten (Zungen- und Röhrenblüten) in Körben (täuschen oft eine Einzelblüte vor); *Huflattich, Gänseblümchen* (Abb.), *Aster, Schafgarbe, Distel, Kamille, Löwenzahn*

Süßgräser
Blüten klein und unscheinbar, in Ähren oder Rispen, Früchte: Nüsse (Körner); *Roggen, Weizen* (Abb.), *Hafer, Gerste, Mais, Quecke, Knäuel-Gras, Zittergras, Schilf*

Samenpflanzen brauchen unseren Schutz

Samenpflanzen können wie andere Lebewesen nur dann existieren, wenn bestimmte Lebensbedingungen gegeben sind. Dazu gehören u. a. sauberes Wasser, schadstoffarme Luft, geeignete Bodenverhältnisse.
Diese Lebensbedingungen werden häufig durch den Menschen so verändert, dass Gefahren für viele Samenpflanzen entstehen. Gefahren bewirken Baumaßnahmen, Abgase, z. B. von Autos, Einleiten ungereinigter Abwässer in Seen und Flüsse.
Als Folge sind in *Brandenburg* bereits Arten ausgestorben. Ein hoher Prozentsatz der Samenpflanzen ist vom Aussterben bedroht oder gefährdet (Abb. 1–6).

Um die Vielfalt an Samenpflanzen zu erhalten, ist es daher notwendig, alles zu ihrem Schutz zu tun, vor allem
– sollten nicht Lebensräume unüberlegt durch Baumaßnahmen (z. B. Straßenbau) zerstört werden;
– alle Abwässer gereinigt werden, bevor sie in Gewässer gelangen;
– Feuchtgebiete nicht entwässert werden;
– der Schilfgürtel von Gewässern nicht durch Boote beeinträchtigt werden.

Jeder kann z. B. durch sorgsamen Umgang mit Schadstoffen (z. B. sparsamer Umgang mit Haushaltschemikalien) dazu beitragen, dass wir uns auch in Zukunft an der Formen- und Farbenpracht der Samenpflanzen erfreuen können.

In Brandenburg ausgestorbene bzw. vom Aussterben bedrohte Samenpflanzen

1 Stattliches Knabenkraut (ausgestorben seit 1945)

2 Wassernuss (vom Aussterben bedroht)

3 Pyramiden-Günsel (ausgestorben)

In Brandenburg gefährdete bzw. stark gefärdete Samenpflanzen

4 Schlangenknöterich (stark gefährdet)

5 Bären-Lauch (vom Aussterben bedroht)

6 Königsfarn (stark gefährdet)

Wie lege ich ein Herbarium an?

Ein **Herbarium** ist eine Sammlung gepresster Pflanzen oder Pflanzenteile. Man legt es an, um Pflanzen länger aufzubewahren, um sie immer wieder untersuchen zu können, z. B. wie sie gebaut sind, aus welchem Land sie stammen oder auf welchem Boden sie wachsen. Beim Anlegen eines Herbariums geht man folgendermaßen vor.

1. Schritt

Pflanzen bestimmen und sammeln

Beim Sammeln der Pflanzen musst du die Regeln des Natur- und Umweltschutzes beachten. Bevor du eine Pflanze abschneidest, solltest du sie bestimmen. Nur so bist du ganz sicher, dass sie nicht geschützt ist.
Außerdem sind die Pflanzen noch frisch, alle Farben sind natürlich, und man kann alle Teile gut erkennen. Zum Bestimmen nutzt man Bestimmungsbücher.

Wenn du die Pflanze bestimmt hast, wird sie knapp über dem Boden abgeschnitten oder mit der Wurzel entnommen. Du musst darauf achten, dass alle Teile der Pflanze (Stängel, Laubblätter und Blüte) vorhanden sind. Die Pflanze wird vorsichtig in eine feuchte Plastiktüte gesteckt und der Fundort notiert. Die Pflanze wird nach Hause transportiert.

2. Schritt

Vorbereiten und Pressen der Pflanzen

Pflanzen enthalten sehr viel Wasser und müssen zur Aufbewahrung im Herbarium getrocknet und gepresst werden.
Dazu wird jede Pflanze zwischen dünnes, saugfähiges Papier (z. B. Seidenpapier) und dann in einen Zeitungsaufschlag gelegt. Die Pflanze musst du so zwischen das Papier legen, dass alle Pflanzenteile gerade und nicht übereinander liegen und dass sie nicht geknickt werden.

Pflanzenpresse

Etwa 50 solcher „Lagen" können in einer **Pflanzenpresse** untergebracht werden.
Schau alle 2–3 Tage nach, ob das verwendete Zeitungspapier noch trocken ist! Besonders in der Anfangszeit tritt nämlich noch viel Feuchtigkeit aus der Pflanze aus, und das Papier sollte gegen trockenes Papier ausgetauscht werden.
Die Pflanze ist vollständig trocken, wenn sie sich nicht mehr biegen lässt.

ARBEITSMETHODEN 209

3. Schritt

Pflanzen auf Herbarbogen befestigen

Lege die getrocknete Pflanze vorsichtig auf den Herbarbogen (Zeichenpapier oder Zeichenkarton, DIN A4), und befestige sie mit kleinen Klebestreifen. Achte unbedingt darauf, dass wichtige Merkmale nicht verdeckt werden!
Nun beschrifte den Herbarbogen mit der befestigten Pflanze nach folgendem Muster auf dem Blatt.

4. Schritt

Aufbewahren

Zum Schluss werden die fertigen Herbarbögen sortiert, z. B. nach Familien. Lege für jede Familie ein Deckblatt mit Inhaltsverzeichnis an und lege die Herbarblätter in einen Ordner!
Zum Schutz gegen Insektenfraß sollte man das Herbarium mit einem handelsüblichen Insektizid (z. B. Flip, Vapona) besprühen. Zum besseren Schutz der Pflanzen können die Herbarbögen zu Hause auch in Klarsichthüllen aufbewahrt werden.

dt.: Name:	Gänse-Fingerkraut
lat.: Name.:	Potentilla anserina
Familie:	Rosengewächse
Datum:	10. 08. 2011
Fundort:	Wegrand in Templin
Name:	Harry P. Mustermann

Teste dein Wissen

1. CARL VON LINNÉ versuchte Ordnung in die Vielfalt der Lebewesen zu bringen. Bereite einen Vortrag über LINNÉ und seine wissenschaftlichen Leistungen mithilfe des Internets vor! Nutze dazu auch im Netz: www.schuelerduden.de, Suchwort: LINNÉ!

2. Pflanzen kann man ordnen. Beschreibe, welche Merkmale man dazu heranzieht!

3. Besuche einen Gemüse- und Obstmarkt!
   a) Welches einheimische Gemüse bieten die Händler an?
   b) Ermittle, welches Gemüse zur Familie der Kreuzblütengewächse gehört!

4. a) Zerlege die Blüte des Acker-Senfs! Ordne die Blütenteile auf einer Unterlage entsprechend ihrer Anordnung in der Blüte an. Klebe die Blütenteile auf!
   b) Zu welcher Pflanzenfamilie gehört der Acker-Senf? Begründe!

5. a) An welchen Merkmalen erkennst du, dass eine Pflanzenart zu den Kreuzblütengewächsen gehört?
   b) Sammle drei Kreuzblütengewächse und herbarisiere diese nach der Schrittfolge S. 208/209!

6. Die Früchte der Kreuzblütengewächse enthalten häufig Inhaltsstoffe, die der Mensch nutzt.
   a) Wie heißen die Früchte der Kreuzblütengewächse und um welche Inhaltsstoffe handelt es sich hierbei?
   b) Welche Inhaltsstoffe sind bei Kreuzblütengewächsen verbreitet?
   c) Informiere dich, wozu der Mensch diese Inhaltsstoffe nutzt!

7. Blühende Rapsfelder im Frühjahr werden als Bienenweide bezeichnet. Imker transportieren ihre Bienenstöcke in dieser Zeit häufig in die Nähe der Rapsfelder. Aus den Samen des Rapses wird Öl gewonnen.
   a) Begründe, warum Rapsfelder als Bienenweide bezeichnet werden!
   b) Welche Auswirkungen hat „Bienenmangel" auf den Ertrag des Rapses? Begründe deine Antwort!

8. a) An welchen Merkmalen erkennst du, dass eine Pflanzenart zu den Schmetterlingsblütengewächsen gehört?
   b) Nenne drei Schmetterlingsblütengewächse!

9. Betrachte die Früchte der Kreuzblüten- und Schmetterlingsblütengewächse!
   a) Wie heißen die Früchte der Keuzblüten- und Schmetterlingsblütengewächse?
   b) Vergleiche den Bau beider Früchte! Gehe dabei nach der Schrittfolge von S. 177 vor!

10. Der Mensch nutzt eine Reihe von Schmetterlingsblütengewächsen. Nenne einige Vertreter der Schmetterlingsblütengewächse und ihre Bedeutung für den Menschen!

Merkmale der Samenpflanzen **211**

Das Wichtigste im Überblick

Ordnung in der Vielfalt der Samenpflanzen
Samenpflanzen kommen in sehr großer Anzahl auf der Erde vor, und sie sind sehr vielgestaltig. Sie unterscheiden sich z. B. in der Größe und in der Lebenszeit. Die große Anzahl von Samenpflanzen haben Wissenschaftler in Pflanzenfamilien (Pflanzen mit übereinstimmenden charakteristischen Merkmalen) geordnet. Pflanzen einer Familie sind miteinander verwandt.

Merkmale, die zum Ordnen herangezogen werden

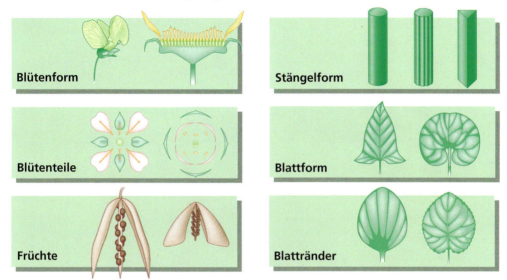

Merkmale der Kreuzblütengewächse

Kreuzblüte — Fruchtblatt, Staubblatt, Kronblatt, Kelchblatt

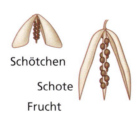

Schötchen, Schote — Frucht

Vertreter: *Kohl, Rettich, Hederich, Raps, Senf, Acker-Senf, Hirtentäschel, Hellerkraut, Kresse, Goldlack,*

Merkmale der Schmetterlingsblütengewächse

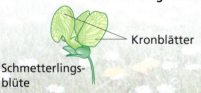

Schmetterlingsblüte — Kronblätter

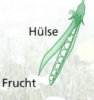

Hülse — Frucht

Vertreter: *Robinie, Ginster, Lupine, Erbse, Klee, Bohne, Wicke, Linse, Goldregen, Blauregen*

Samenpflanzen brauchen unseren Schutz!
Viele Samenpflanzen sind durch Zerstörung ihrer Lebensräume (z. B. Baumaßnahmen) bzw. ihrer Lebensbedingungen (z. B. Überdüngung, Einleitung ungereinigter Abwässer) bedroht. Der wichtigste Schutz ist der Erhalt ihrer Standorte.

7 Lebewesen bestehen aus Zellen

Zellen – Bausteine des Lebens

Kleine Dinge kommen groß raus – das Mikroskop
Lupen und Mikroskope sind heute unentbehrliche Hilfsmittel für den Forscher. Aber auch für die Schüler sind sie unentbehrliche Arbeitsmittel. Mikroskope sind wertvolle und empfindliche Geräte.
Wie handhabt man ein Mikroskop?
Was muss man wissen und können, um richtig und sorgfältig mit dem Mikroskop umzugehen?

Pflanzliche Zellen durch das Mikroskop betrachtet
Beim Betrachten eines zarten Moosblättchens mithilfe eines Mikroskops sieht man erstaunliche Dinge: geometrische Figuren, in denen sich grüne runde Teile befinden.
Was sind das für Gebilde?
Welche Aufgaben haben die grünen runden Teile?
Sehen alle Laubblätter so aus?

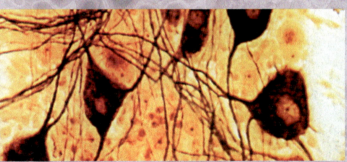

Tiere – durch das Mikroskop betrachtet
Betrachtet man dagegen menschliche Zellen (z.B. Nervenzellen) mithilfe eines Mikroskops kann man zwar auch Zellen sehen, aber grüne Bestandteile fehlen.
Gibt es Unterschiede zwischen pflanzlichen und tierischen Zellen?

Aufbau des Lichtmikroskops und seine Handhabung

Lupen und Mikroskope sind unentbehrliche Hilfsmittel im Biologieunterricht, um kleine Objekte (Prozesse) betrachten und untersuchen zu können. In der Schule werden vorwiegend Lichtmikroskope (Abb. 1) genutzt.

Für die Betrachtung der Objekte mithilfe von Lichtmikroskopen sind *Glaslinsen* zuständig.
Im **Okular**, dem dem Auge zugewandten Teil des Mikroskops, ist eine Linse, die das Bild des betrachteten Objekts um das 5- bis 24fache vergrößert.

Im **Objektivrevolver** (nicht bei allen Lichtmikroskopen vorhanden) befinden sich meist drei **Objektive**. Diese enthalten ebenfalls Linsen.
Der **Tubus** verbindet Okular und Objektiv miteinander.
Der **Objekttisch** trägt das zu untersuchende Objekt (z. B. in einem Präparat). Durch eine kleine Öffnung im Tisch wird das Objekt von unten beleuchtet.
Mit der **Blende** wird die passende Helligkeit für das Objekt eingestellt. Je kleiner die Blende, desto dunkler, aber auch schärfer wird das Bild.
Mit dem **Triebrad** wird die Schärfe des Bildes eingestellt. Es gibt einen Grob- und einen Feintrieb (kleines und großes Rad).

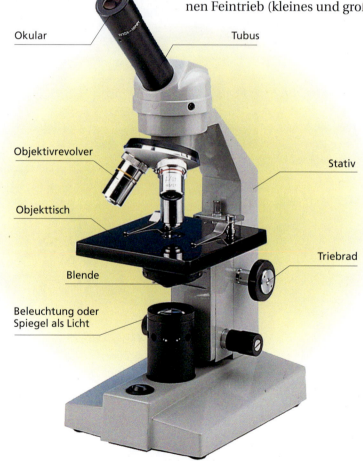

1 Das Lichtmikroskop – seine Bestandteile und deren Funktionen

Wie mikroskopiere ich Objekte?

Durch das Lichtmikroskop erfolgt eine Vergrößerung des Objektbildes. Es kommt ein Bild zustande, das das Objekt, z. B. ein Haar, bis über das 2 000fache vergrößert zeigt.
Um ein Objekt so vergrößert mit dem Mikroskop betrachten zu können, muss man das Mikroskop sachgerecht handhaben und eine bestimmte **Schrittfolge** einhalten.

Aufgabe

Betrachte ein Haar mithilfe des Mikroskops!
Klemme es dazu auf dem Objekttisch fest!

1. Schritt

Einstellen der Vergrößerung
Stelle zunächst die kleinste Vergrößerung und die Lampe ein!

2. Schritt

Scharfstellen des Bildes
Drehe den Tubus mit dem Grobtrieb bis auf etwa zwei Millimeter an dein Präparat heran (s. Abb. a)!
Sieh durch das Okular und drehe den Tubus langsam nach oben! Erscheint ein scharfes Bild, reguliere mit dem Feintrieb nach. (s. Abb. b)!

3. Schritt

Einstellen der nächsten Vergrößerung
Wenn du die nächste Vergrößerung nutzen willst, musst du zuerst den Objekttisch nach unten drehen. Dann kannst du das Objektiv verändern!

4. Schritt

Fehlersuche
Wenn du nichts sehen kannst, prüfe, ob dein Präparat genau über der Lichtöffnung im Objekttisch liegt. Wiederhole dann die Schritte 1 bis 3!

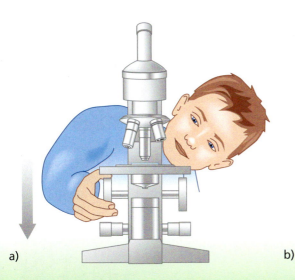

a)

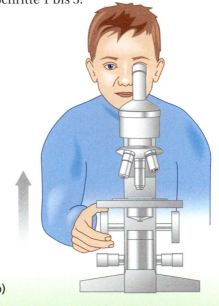

b)

216 Lebewesen bestehen aus Zellen

Geschichte der Mikroskopie	
Jahrhundert	**Wissenschaftliche Leistung**
13. Jahrhundert	ROGER BACON, englischer Mönch, ihm gelingt es, Glaslinsen für Brillen zu schleifen. Die Kunst des Glasschleifens war eine wichtige Voraussetzung für die Erfindung des Mikroskops. Mode war es zur damaligen Zeit, ein „Flohglas" bei sich zu tragen. Dabei handelte es sich um ein Metallrohr, so groß wie ein Daumen, mit einer Linse am Ende.
16. Jahrhundert	ZACCHARIAS JANSSEN, holländischer Brillenmacher, entdeckte um 1590, dass alles, was er durch zwei Linsen hintereinander betrachtete, vergrößert erschien. Er verfolgte seine Entdeckung aber nicht weiter. GALILEO GALILEI, italienischer Naturforscher, verbesserte das von Janssen erfundene Gerät und untersuchte damit die Augen von Insekten.
17. Jahrhundert	ANTONIE VAN LEEUWENHOEK, holländischer Tuchhändler, baute ein „Mikroskop" nach seinen Vorstellungen und untersuchte damit die verschiedensten Dinge. Ihn interessierte der Aufbau von Samen, Früchten, Blüten, aber auch von Läusen und Augen verschiedener Tiere. Er gehörte zu den ersten, die die mikroskopischen Objekte genau aufzeichneten und beschrieben. Seine Aufzeichnungen veröffentlichte er in wissenschaftlichen Briefen an die *Royal Society of London*. 1683 verblüffte er die Leser mit der Feststellung, dass es in seinem Munde mehr Lebewesen als Menschen in den Niederlanden gäbe. Grund für diese Behauptung war die Untersuchung des Zahnbelages eines achtjährigen Jungen. Leeuwenhoek hatte somit als Erster jene Lebewesen entdeckt, die wir heute als Bakterien bezeichnen. Da er die Kunst des Linsenschleifens als sein Geheimnis hütete, konnten Bakterien erst wieder im 19. Jahrhundert beobachtet werden, als man die Technik des Mikroskopbaus besser beherrschte. ROBERT HOOKE, englischer Wissenschaftler, entdeckte mit seinem selbst gebauten Mikroskop im Jahr 1667, dass Kork aus kleinen voneinander getrennten „Schachteln" oder Zellen besteht.

Zellen – Bausteine des Lebens 217

| 19. Jahrhundert | **Matthias Jakob Schleiden** und **Theodor Schwann**, deutsche Wissenschaftler, begründeten zusammen die Zelltheorie: Sie gingen davon aus, dass **Zellen die Grundbausteine** aller Pflanzen und Tiere sind. Ein Studium der Natur ohne mikroskopische Untersuchungen war für sie undenkbar. Nicht alle Wissenschaftler teilten ihre Ansicht. Einige vertraten die Auffassung, dass es auch ohne Mikroskop noch genügend zu entdecken gäbe. Dies hielt die kleinen Werkstätten aber nicht davon ab, ihre Geräte zu verbessern. |

Robert Koch, deutscher Bakteriologe, entdeckte 1882 unter dem Mikroskop die stäbchenförmigen Tuberkelbakterien, Erreger der Tuberkulose, einer damals gefährlichen Infektionskrankheit, gegen die du heutzutage geimpft bist.
Es entstanden Unternehmen zur Herstellung mechanisch-optischer Geräte. Zu den bekanntesten gehört der 1846 in Jena eingerichtete Betrieb von Carl Zeiss.

Ernst Abbe, deutscher Physiker, begann dort die wissenschaftlichen Grundlagen für den Bau der Mikroskope zu erarbeiten. Man produzierte Lichtmikroskope, deren Vergrößerung darauf beruht, dass Licht vom Präparat durch zwei Glaslinsen dringt, die Objektivlinse und das Okular.

| 20. Jahrhundert | **Ernst Ruska** und **Max Knoll** entwickelten zusammen das erste Elektronenmikroskop.
Es funktioniert nach einem ähnlichen Prinzip wie das Lichtmikroskop. Allerdings wird der Lichtstrahl durch einen Elektronenstrahl und die optischen Linsen werden durch elektromagnetische Linsen ersetzt. |

Transmissionselektronenmikroskop

| 21. Jahrhundert | Entwicklung des Rastertunnelmikroskops |

Rastertunnelmikroskop

Aufgaben

1. Unterstreiche alle Fremdwörter im Text und schlage sie im Schülerduden nach!

2.* Erkundige dich im Englischunterricht über die Royal Society of London! Versuche in englischer Sprache zu erklären, worum es sich hierbei handelt!

Mikropräparate und ihre Herstellung

Objekte, die mit einem Mikroskop betrachtet werden sollen, müssen meist erst dafür hergerichtet werden. Es muss ein Mikropräparat hergestellt werden.

Ein Mikropräparat besteht aus dem Objektträger, dem Objekt, oftmals einem Einschlussmittel (z. B. Wasser), und einem Deckgläschen.

Wenn man Objekte mithilfe eines Mikroskops betrachten will, müssen sie lichtdurchlässig sein. Bei vielen trockenen Objekten (z.B. Blütenstaub, Fischschuppen, Haare, Flügel von Insekten) ist das so. Sie können ohne vorherige Bearbeitung auf einen Objektträger gelegt und mikroskopisch untersucht werden. Man stellt dann so genannte *Trockenpräparate* her.

Andere Objekte muss man erst speziell bearbeiten, man sagt auch *präparieren*.

Von den Blättchen von Moosen oder Teilen von Früchten z.B. stellt man *Feuchtpräparate* her. Die Objekte werden in einen Wassertropfen auf den Objektträger gelegt und mit einem Deckgläschen abgedeckt.

Bei wieder anderen Objekten, beispielsweise dem Holundermark, dem Kork oder dem Kürbis- und Maisstängel, müssen erst dünne Schnitte angefertigt werden, damit Licht hindurchtreten kann. Erst dann können diese Objekte mithilfe des Mikroskops betrachtet werden.

Bei den Trocken- und Feuchtpräparaten handelt es sich um **Frischpräparate**. Diese halten sich meist nicht lange.

Durch besondere Behandlung können Mikropräparate auch lange haltbar gemacht werden. Die Objekte werden in Harz oder Gelatine eingeschlossen. Solche Präparate werden dann **Dauerpräparate** genannt.

Will man von den Objekten alle Einzelheiten untersuchen und diese genau betrachten, müssen die Objekte angefärbt werden. Man benötigt also spezielle Färbemittel.

Für die Herstellung eines Mikropräparates werden einige Geräte (Abb. 1) und Chemikalien gebraucht.

Bei der Herstellung des Mikropräparates selbst müssen bestimmte **Arbeitsschritte** eingehalten werden (Abb. S. 219).

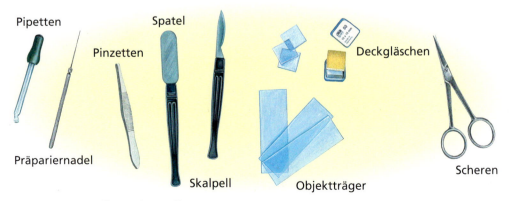

1 Geräte zur Herstellung eines Mikropräparates

Herstellung eines Frischpräparates vom Zwiebelhäutchen

1. Bereitstellen der benötigten Arbeitsgeräte und Objekte (Objektträger, Deckgläschen, Pinzette, Pipette, Rasierklinge, Wasser, Zwiebel)!
   Tipp: rote Küchenzwiebel verwenden

2. Reinigen der Objektträger und Deckgläschen!

3. Auftropfen von etwas Wasser mithilfe einer Pipette in die Mitte des Objektträgers!

4. Zerschneiden der inneren durchsichtigen Haut einer Zwiebelschuppe mithilfe einer Rasierklinge in kleine Quadrate (Arbeitsschutz beachten)!

5. Abheben eines Stückchens der durchsichtigen Zwiebelhaut mit der Pinzette und in den Wassertropfen auf den Objektträger legen!
   (Achtung! Wenn sich das Hautstückchen einrollt, dann vorsichtig mit zwei Präpariernadeln aufrollen!)

6. Vorsichtig ein Deckglas auf das Objekt im Wassertropfen legen!
   Dazu das Deckglas schräg an den Wassertropfen heranbringen und langsam auf das Objekt im Wasser sinken lassen!

7. Seitlich hervorquellendes Wasser mithilfe eines Filterpapierstreifens absaugen! Bei Wassermangel Wasser mithilfe einer Pipette seitlich am Deckglas hinzutropfen!

8. Betrachten des Objektes mithilfe des Mikroskops!

9. Soll das Objekt angefärbt werden, einige Tropfen Farbstofflösung an den Rand des Deckgläschens tropfen und mithilfe eines Filterpapierstreifens unter dem Deckglas hindurchsaugen!

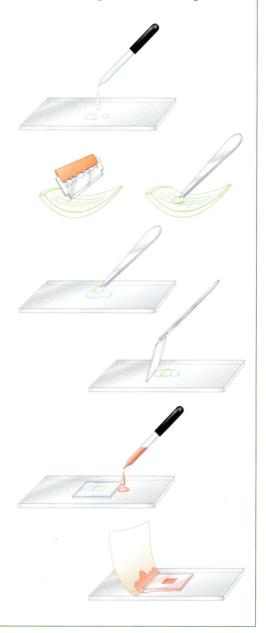

Bau von Pflanzenzellen

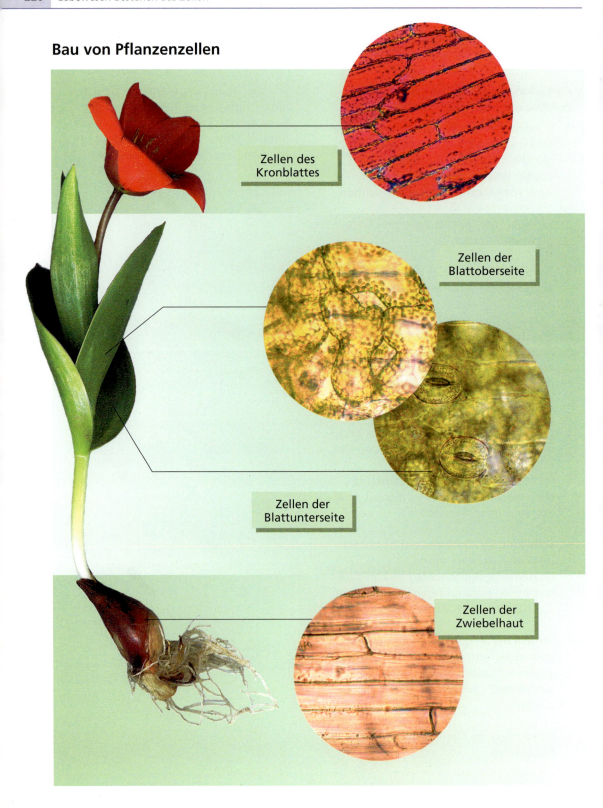

Pflanzen bestehen wie alle anderen Lebewesen aus Zellen.
In den Zellen z.B. der Kronblätter fallen die großen **Vakuolen** mit dem roten Zellsaft in der Mitte der Zelle auf. Sie sind von einem zähflüssigen, durchsichtigen **Zellplasma** umgeben. Es enthält zahlreiche verschiedene Stoffe.
Im Zellplasma liegt der rundliche **Zellkern**. Er steuert alle Lebensvorgänge der Zelle.
Das Zellplasma wird von einer dünnen Haut, der **Zellmembran,** begrenzt. Den Abschluss nach außen bildet die **Zellwand**. Sie verleiht der Zelle die Gestalt und Festigkeit.

In den Zellen des Laubblattes erkennt man viele grüne Körner. Das sind **Chloroplasten**. Sie enthalten den Farbstoff *Chlorophyll*, der für die grüne Farbe, z.B. der Laubblätter, verantwortlich ist.
Die Chloroplasten spielen beim Aufbau organischer Stoffe eine große Rolle. Dort wird nämlich aus den anorganischen Stoffen Wasser und Kohlenstoffdioxid unter Nutzung des Sonnenlichtes Traubenzucker gebildet. Bei diesem Vorgang, der Fotosynthese (s. S. 55), entsteht Sauerstoff.

Die Zellen von Blattoberseite und -unterseite unterscheiden sich. An der Blattunterseite befinden sich bohnenförmige Schließzellen (Spaltöffnungen), durch welche die Pflanzen Gase (u. a. Sauerstoff, Kohlenstoffdioxid) aufnehmen und abgeben, auch Wasser in Form von Wasserdampf.

Die Zwiebelhautzelle ist ähnlich gebaut. Ihre Zellwand und Zellmembran sind besonders zart und dünn aufgebaut. Dadurch können Wasser und die darin enthaltenen Mineralstoffe (z. B. Blumendünger) leichter aufgenommen werden.
Im Vergleich zu anderen Zellen ist die Wurzelzelle farblos. Sie besitzt keine Chloroplasten mit Chlorophyll.

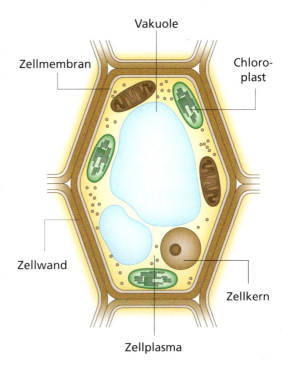

1 Bau einer Pflanzenzelle (schematisch)

Aufgaben

1. Übernimm die Tabelle in dein Heft und fülle die Lücken aus!

Teil der Pflanzenzelle	Funktion
	Steuerung …
Zellwand	
	Begrenzung …
Vakuolen	
Chloroplast	Herstellung von Nährstoffen aus …

2. Vergleiche die auf S. 220 abgebildeten Pflanzenzellen! Was haben sie gemeinsam, worin unterscheiden sie sich? Finde eine Erklärung dazu!

Untersuche den Querschnitt vom Holundermark!

Materialien:
Mikroskop, Objektträger, Deckgläschen, Rasierklinge, Lanzettnadel, Pipette, Filterpapier, Wasser, Holundermark

1 Querschnitt der Sprossachse

Durchführung und Beobachtung:
1. Entnimm aus einem jungen Holunderzweig das Mark!
2. Fertige mit der Rasierklinge mehrere sehr dünne Schnitte vom Holundermark an (Vorsicht, Arbeitsschutz beachten!)! Lass dir gegebenenfalls das Vorgehen vom Lehrer vormachen!
3. Übertrage den dünnsten Schnitt auf einen Objektträger!
4. Betrachte das Objekt mithilfe des Mikroskops! Zeichne einige Zellen und beschrifte die erkannten Teile!

Auswertung:
1. Beschreibe deine Beobachtungsergebnisse!
2. Erläutere die Funktion der erkannten Bestandteile!
3. Welche Aufgabe erfüllt das Mark im Holunderstängel?

Untersuche ein Blättchen vom Sternmoos bzw. von der Wasserpest!

Materialien:
Blättchen von Sternmoos oder Wasserpest, Lupe, Mikroskop, Objektträger, Deckgläschen, Pipette, Wasser, Pinzette

Durchführung und Beobachtung:
1. Trenne ein Blättchen vom Stämmchen der Moospflanze oder der Wasserpestpflanze ab!
2. Fertige ein Frischpräparat von Moosblättchen oder Wasserpest an!
3. Betrachte das Objekt mithilfe eines Mikroskops oder einer Lupe!
4. Fertige eine Zeichnung von einem Ausschnitt des mikroskopischen Bildes an!

Auswertung:
Beschreibe das mikroskopische Bild!

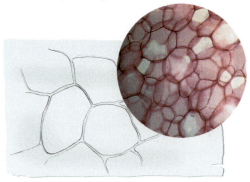

2 Mikroskopisches Bild und Schülerzeichnung

3 Zellen des Moosblättchens (600fach vergrößert)

Zellen – Bausteine des Lebens 223

Untersuche das Fruchtfleisch der Ligusterbeere!

Materialien:
Mikroskop, Objektträger, Deckgläschen, Lanzettnadel, Pipette, Wasser, Ligusterbeeren

Durchführung und Beobachtung:
1. Entnimm einer reifen Ligusterbeere mit der Lanzettnadel etwas Fruchtfleisch!
2. Übertrage das Fruchtfleisch auf einen Objektträger, gib wenig Wasser (kleiner Tropfen) dazu und lege ein Deckgläschen auf!
3. Drücke mit der Lanzettnadel das Deckgläschen vorsichtig an, damit das Fruchtfleisch etwas gequetscht wird!
4. Betrachte das Objekt mithilfe des Mikroskops!
   Zeichne einige Zellen und beschrifte die erkannten Teile!

Auswertung:
1. Beschreibe den Bau der Zellen!
2. Erläutere die Funktion der erkannten Zellbestandteile!
3. Worin besteht das Besondere dieser Zellen?

Untersuche einige Zellen der Kartoffelknolle!

Materialien:
Kartoffelknolle, Skalpell oder Rasierklinge mit Halter, Mikroskop, Objektträger, Deckgläschen, Pipette, Iod-Kaliumiodid-Lösung

Durchführung und Beobachtung:
1. Schneide aus einer Kartoffelknolle mehrere Zylinder heraus! Nimm einen Zylinder und versuche mit der Rasierklinge möglichst dünne und durchsichtige Scheibchen zu schneiden (Arbeitsschutz beachten!)!
2. Gib ein Scheibchen mit der Pinzette in einen Wassertropfen auf dem Objektträger, bedecke das Objekt mit einem Deckgläschen!
3. Betrachte das Objekt mithilfe des Mikroskops und zeichne einige Zellen!
4. Sauge mithilfe von Filterpapier Iod-Kaliumiodid-Lösung unter dem Deckgläschen hindurch!
5. Betrachte das gefärbte Objekt mit dem Mikroskop und zeichne einige Zellen!

Auswertung:
1. Beschreibe beide mikroskopischen Bilder!
2. Erläutere die Aufgaben der Zellen der Kartoffelknolle!

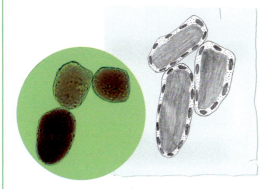

1 Zellen aus dem Fruchtfleisch der Ligusterbeere (Schülerzeichnung)

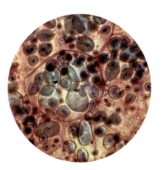

2 Zellen der Kartoffelknolle mit einer Vielzahl von Stärkekörnern

Wie fertige ich eine mikroskopische Zeichnung an?

Eine mikroskopische Zeichnung fertigt man nur auf weißem Papier mit einem gut gespitzten, mittelharten Bleistift an. Damit die mikroskopische Zeichnung auch gelingt, sollte man folgende **Schritte** beachten.

Aufgabe
Zeichne die Zellen einer Zwiebelhaut!

1. Schritt

Auswählen eines geeigneten Ausschnittes
Entscheide, ob du eine Zelle oder mehrere von deinem Objekt zeichnen möchtest. Suche eine geeignete Stelle aus.

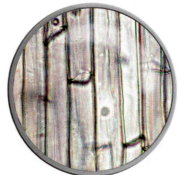

1 Original

2. Schritt

Betrachten des Objektes
Betrachte das Objekt mithilfe des Mikroskops mit dem linken Auge und schau mit dem rechten Auge auf das Zeichenblatt!
Lass dich nicht entmutigen, wenn es dir nicht gleich gelingt! Für diese Technik braucht man Übung!

3. Schritt

Zeichnen des gewählten Ausschnittes
Zeichne die Zellen viel größer, als du sie siehst! Zeichne möglichst mit einer glatten Linie! Die Linien sollen nicht gestrichelt werden.

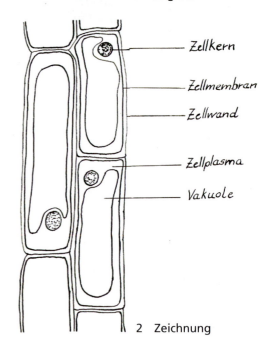

2 Zeichnung

4. Schritt

Beschriften der Zeichnung
Beschrifte deine Zeichnung.
Dazu gehören: Name des Objektes, Bezeichnung des Organs/Gewebes, mikroskopische Vergrößerung, Hinweis auf Färbung, das Datum.

Objekt: Zwiebel
Objektteil: Haut der Zwiebelschuppe
Vergrößerung: 60-fach
Datum: 11. 11. 2004
Name: Max Fröhlich

Formenvielfalt und Größe von Zellen

In ihrer Form und Größe sind sowohl die Zellen von Tieren und dem Menschen sowie den Pflanzen unterschiedlich. Nach der *äußeren Form* sind die Zellen z. B. quaderförmig, kugelig oder zylindrisch (Abb. unten). Die verschiedenen Zellen erfüllen auch unterschiedliche Aufgaben.

Im mikroskopischen Bild erscheinen die Zellen flächig. Sie sind aber kleine Körper, die aus verschiedenen Bestandteilen bestehen. Erhebliche Unterschiede gibt es auch in der *Größe der Zellen* (Tab., Abb. rechts). Da viele Zellen sehr, sehr klein sind, wird zum Messen der Zellgröße die Maßeinheit Mikrometer (µm) verwendet. Ein Mikrometer ist immer der tausendste Teil (1/1000) eines Millimeters.
Im Allgemeinen beträgt der Zelldurchmesser 10 bis 250 µm.
Sehr kleine Zellen findet man u. a. bei Pilzen. Sie sind nur den Bruchteil eines Millimeters lang. Faserzellen der Leinpflanze z. B. können dagegen bis zu 15 cm lang werden.
Auch Nervenzellen können eine erhebliche Länge von einem Meter erreichen. Sehr groß sind auch die Eizellen einiger Tiere, z. B. erreicht die Eizelle unseres Haushuhnes (das Eigelb) eine Größe von 20 mm (20 000 µm).

Zellen sind in ihrer Größe verschieden und in ihrer Form mannigfaltig. Zellen sind die Grundbausteine aller Lebewesen.

menschliche Eizelle
(100 µm)

menschliche Samenzelle
(58–67 µm)

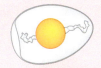
Hühnerei
(20 000 µm)

glatte Muskelzellen
(300 µm)

Moosblättchenzelle
(250 µm)

Nervenzelle
(1 000 000 µm)

Zellarten	Zellgrößen
menschliche Samenzelle	50 µm (Länge)
menschliche Eizelle	100 µm
Hühnerei	20 000 µm
Straußenei	75 000 µm
Mundschleimhautzelle	60–80 µm
Nervenzelle	1 000 000 µm
glatte Muskelzelle	300 µm
Moosblättchenzelle	250 µm
Zwiebelhautzelle	400 µm
Holundermarkzelle	200 µm
Korkzelle	30 µm
Faserzelle vom Lein	70 000–150 000 µm

Zellen, quaderförmig
(z. B. Zellen vom Flaschenkork)

Zellen, kugelig
(z. B. Zellen vom Holundermark)

Zellen, zylindrisch
(z. B. Zellen der Zwiebelhaut)

Bau von Tierzellen

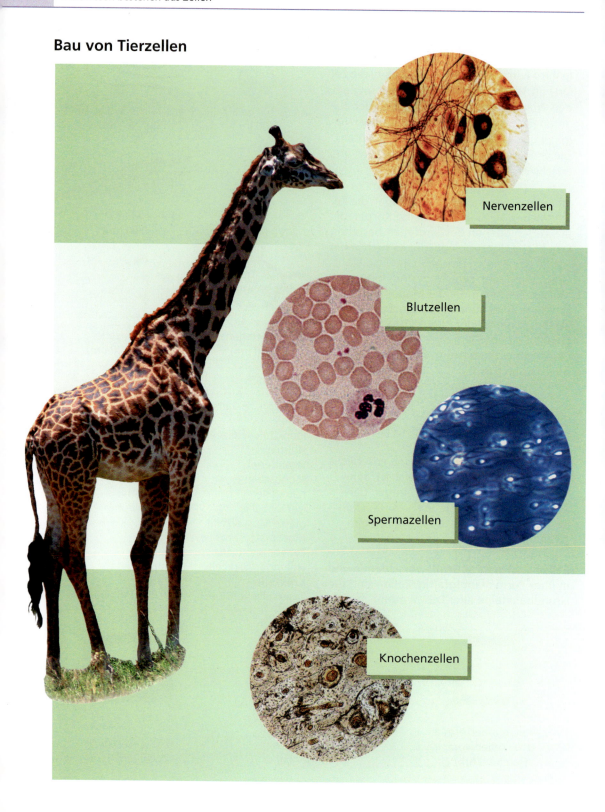

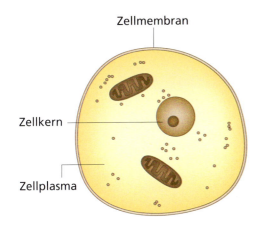

1 Bau einer Tierzelle (schematisch)

Im mikroskopischen Bild einer Tierzelle (Abb. 1) ist wie bei pflanzlichen Zellen ein **Zellkern** zu erkennen. Abgegrenzt werden die Zellen ebenfalls durch eine **Zellmembran**. Die Zellmembran ist ein dünnes Plasmahäutchen, das mithilfe eines Lichtmikroskops nur schwer erkennbar ist.
Eine *Zellwand* ist bei tierischen Zellen **nicht** vorhanden.

Der Raum zwischen Zellkern und Zellmembran ist bei jungen wie auch bei älteren tierischen Zellen vollständig mit **Zellplasma** ausgefüllt.
Im Zellplasma befinden sich winzige, von einer Membran umschlossene Bläschen. Sie enthalten verschiedene Verdauungssäfte.

Mit Zellsaft gefüllte große Vakuolen und Chloroplasten sowie eine feste Zellwand fehlen in einer tierischen Zelle.

Wenn man pflanzliche und tierische Zellen vergleicht, findet man Gemeinsamkeiten und Unterschiede.
Beide Zellen besitzen eine Zellmembran und einen Zellkern. Beide Zellen sind mit Zellplasma ausgefüllt. Den tierischen Zellen fehlt eine Zellwand.

Untersuche einige Zellen der Mundschleimhaut!

Materialien:
Mikroskop, Objektträger, Deckgläschen, Streichholz, 2 Pipetten, Filterpapier, Wasser, Methylenblau- oder Eosinlösung, Zellen der Mundschleimhaut

Durchführung und Beobachtung:
1. Schabe mit dem Streichholz wenig Mundschleimhaut von der Innenseite deiner Wange ab (Beachten der Hygiene!) und übertrage sie auf einen Objektträger!
2. Vermische sie mit einem Tropfen Wasser und lege ein Deckgläschen auf!
3. Sauge mithilfe des Filterpapiers einen Tropfen der Farbstofflösung unter dem Deckgläschen durch!
4. Betrachte die Zellen mithilfe des Mikroskops! Zeichne eine Zelle und beschrifte die erkannten Teile!

Auswertung:
1. Beschreibe den Bau der Zellen!
2. Erläutere die Funktion der erkannten Zellbestandteile!

Wusstest du schon,...

dass ein Neugeborenes aus ca. 2 Billionen Zellen (2 000 000 000 000) besteht, ein Erwachsener aber aus ca. 60 Billionen Zellen?

Aufgaben

1. Vergleiche pflanzliche und tierische Zellen! Fertige dazu eine Tabelle an!
2. Errechne um das Wievielfache die Anzahl der Zellen während des Wachstums eines Menschen zunimmt!

Von der Zelle zum Organismus

Zelle	Gewebe
Alle Lebewesen sind durch die gleichen Merkmale gekennzeichnet; sie ernähren sich, sie wachsen, sie vermehren sich, sie reagieren auf die Umwelt, und sie bestehen aus Zellen. Bei Lebewesen, die nur aus einer **Zelle** (Einzeller) bestehen, ganz gleich, ob sie tierischen oder pflanzlichen Ursprungs sind, führt diese Zelle alle Lebensvorgänge aus.	Mit der Entwicklung vielzelliger Lebewesen haben sich Zellen oder Zellgruppen auf die Ausführung bestimmter Lebensfunktionen spezialisiert. Das bedeutet, es erfolgte eine Funktionsteilung unter den Zellen. Einige von ihnen sind z.B. nur noch für die Ernährung oder die Fortpflanzung zuständig. Zellgruppen, die gemeinsam eine Lebensfunktion ausführen, bilden einen Zellverband, sie stehen untereinander in Verbindung, sind aber in der Regel allein nicht lebensfähig, sie bilden ein **Gewebe**.

Pflanze

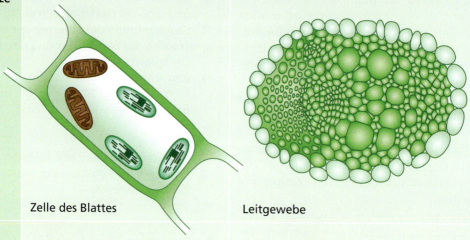

Zelle des Blattes — Leitgewebe

Tier

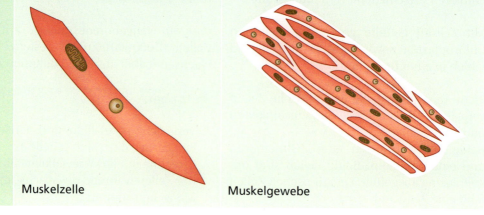

Muskelzelle — Muskelgewebe

Zellen – Bausteine des Lebens **229**

Von der Zelle zum Organismus

Organ

Wenn verschiedene Gewebe gemeinsam eine Lebensfunktion ausführen, spricht man von **Organen**. So sind Wurzel, Stängel, Blätter und Blüten Organe einer Pflanze.
Herz, Lunge, Gehirn, Haut und Augen sind Beispiele für Organe bei Mensch und Tier.
Organe, welche eine gemeinsame Aufgabe in einem Lebewesen lösen, fasst man als **Organsysteme** zusammen. So hast du bestimmt schon vom Verdauungssystem oder Nervensystem bei Tier und Mensch gehört. Bei den Pflanzen spricht man z.B. vom Leitungssystem und Fortpflanzungssystem.

Organismus

Erst das Zusammenwirken von Zellen, Geweben, Organen und Organsystemen ermöglicht das tierische bzw. pflanzliche Leben, man spricht von einem Organismus.
In ihm arbeiten viele „Spezialisten" zusammen. Durch diese Arbeitsteilung nimmt die Leistungsfähigkeit eines Lebewesens, eines **Organismus**, zu.

Blatt

Baum

Mensch

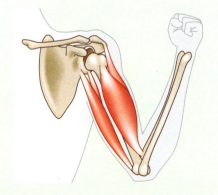
Skelettmuskulatur des Arms

Einzellige Lebewesen

Das Pantoffeltierchen

Beim Mikroskopieren von Wassertropfen aus einem Heuaufguss kann man ein einzelliges Tier entdecken, das seiner Form nach *Pantoffeltierchen* (Abb. 1) genannt wird. Es ist 0,1 bis 0,3 mm lang.
Die gesamte elastische und formgebende Zellmembran, von der das Pantoffeltierchen umgeben ist, trägt *Wimpern*. Durch das Schlagen mit den Wimpern erfolgt die **Fortbewegung** der Pantoffeltierchen in ihrem Lebensraum, z.B. in stehenden Gewässern wie Tümpeln und Pfützen.

Zur Ernährung nehmen die Pantoffeltierchen Bakterien und Algen durch den *Zellmund* auf. Im Zellplasma werden *Nahrungsvakuolen* gebildet, in denen die Nahrung verdaut wird. Dabei wandern die Nahrungsvakuolen durch die Zelle. Die unverdaulichen Reste werden durch den *Zellafter* ausgeschieden.
Zur Regulierung des Wassergehaltes im Zellplasma dienen *pulsierende Vakuolen*. In ihnen sammelt sich überschüssiges Wasser, das durch rhythmisches Zusammenziehen der Vakuolen nach außen abgegeben wird.

Chlorella und Hüllengeißelalgen

Es gibt auch Pflanzen, die nur aus einer Zelle bestehen, z.B. die einzellige *Chlorella* (Abb. 2) aus der Pflanzengruppe der Grünalgen. Sie hat einen Durchmesser von etwa 10 µm (Mikrometer). Ein Mikrometer ist der tausendste Teil eines Millimeters.
Man findet sie in zahlreichen Süßgewässern und an Land, z. B. an feuchten Baumstämmen.

In der Chlorellazelle befinden sich ein Zellkern und ein *Chloroplast* mit *Chlorophyll*. Chlorella und alle anderen pflanzlichen Einzeller nehmen anorganische Stoffe (Kohlenstoffdioxid, Wasser, Mineralstoffe) aus dem Wasser auf.

Hüllengeißelalgen bestehen ebenfalls nur aus einer Zelle, die von einer *Zellwand* umgeben ist. Sie sind z.B. eiförmig und etwa 20 µm groß. Zwei Gei*ßeln* ermöglichen ihr die **Fortbewegung** im Wasser. Dabei kann ihre Bewegungsgeschwindigkeit das 10fache der Körperlänge in der Sekunde betragen.
In der Hüllengeißelalgenzelle befinden sich ein Augenfleck, der *Zellkern* und ein *Chloroplast* mit dem grünen Farbstoff *Chlorophyll*.

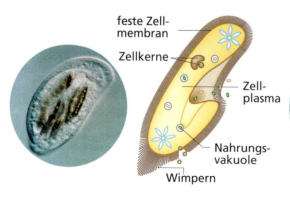

1 Bau des Pantoffeltierchens (Mikrofoto und schematische Zeichnung)

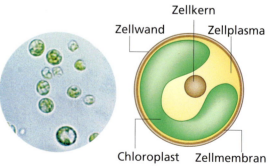

2 Bau der Chlorella (Mikrofoto und schematische Zeichnung)

Wir basteln Zellmodelle

Zellen sind räumliche Gebilde. Wie ROBERT HOOKE im 17. Jahrhundert schon feststellte, besteht Kork aus kleinen voneinander getrennten „Schachteln".

Zellmodelle aus Streichholzschachteln und Tischtennisbällen

Material:
Streichholzschachtel, alten Tischtennisball, Knete, braune Kugel – Zellkern, grüne Kugeln – Chloroplast,
Auskleidung mit Alufolie als Zellmembran, hellblaue Knete als Vakuole, Watte – Zellplasma

Hinweis: Schachteln jedes Schülers können zu einem Gewebe zusammengesetzt werden!

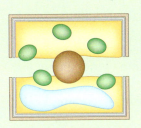
a) pflanzliche Zelle

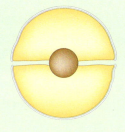
b) tierische Zelle

Auswertung:
Schaut euch eure Mitschüler/innen an. Ihr seht alle unterschiedlich aus, es gibt kleinere und größere unter euch. Genauso ist es mit den Zellen der Pflanze.
Dies ist ein Nachteil des obigen Modells, die Zellen eines Gewebes sind nicht alle so einheitlich wie im Streichholzschachtelmodell.

Zellmodell aus Seifenblasen

Mit dem Seifenblasenmodell kann man die räumliche Anordnung eines Zellgewebes ebenfalls verdeutlichen.
Material:
flaches Glas (z.B. Petrischale) oder Einweckglas, Wasser, Spülmittel, Trinkhalm
Durchführung:
Gebt etwas Wasser auf das Glas, so dass der Boden ca. 2 cm bedeckt ist! In das Wasser wird nun etwas Spülmittel getropft.
Nehmt einen Trinkhalm und pustet vorsichtig hinein, bis sich Schaum bildet!
Betrachtet die Schaumkrone!

Auswertung:
Für welches Objekt steht die Seifenblase in diesem Modell?
Vergleicht dieses Modell mit dem Modell aus Streichholzschachteln (auch als Partnerarbeit möglich)!

Zellmodell aus Plastikdosen

Bastelt aus folgenden Materialien eine pflanzliche Zelle!

Teste dein Wissen

1. Die folgende Abbildung stellt ein Mikroskop (Lichtmikroskop) dar.
   Wie heißen die einzelnen Teile?
   Übernimm die Ziffern in dein Heft und schreibe den Namen hinter die entsprechende Ziffer!

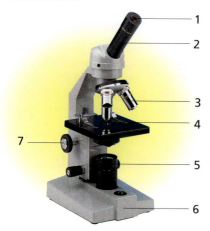

2. Bereite einen Kurzvortrag über die Bedeutung des Mikroskops (Lichtmikroskops) vor!
   Beachte u.a.:
   – Wann wurde das Lichtmikroskop erfunden?
   – Welche Entdeckungen waren erst möglich, nachdem das Lichtmikroskop erfunden war?
   – Welche Forscher haben an diesen Entdeckungen besonderen Anteil?
   – Wo wird das Mikroskop heute genutzt?

3. Übertrage die Tabelle in deinen Hefter und ergänze die Aufgaben der einzelnen Teile des Mikroskops!

   Bau und Funktion der Teile des Mikroskops

Teile	Aufgabe

4. Was musst du beachten, um mit einem Lichtmikroskop richtig und sorgsam umzugehen?

5. Stelle in einer Tabelle die möglichen Gesamtvergrößerungen des Mikroskops zusammen!
   Besprich mit deinem Partner, wie du vorgehst!

6. Für das Mikroskopieren, insbesondere zur Herstellung von Präparaten, werden eine Reihe von Geräten benötigt. Diese Geräte sind im Foto abgebildet.
   Übernimm die Ziffern in dein Heft und benenne die Geräte!

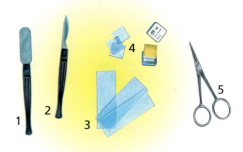

7. Um einen Gegenstand mithilfe des Mikroskops zu betrachten, muss meistens ein Präparat hergestellt werden.
   – Erläutere, was man unter einem Präparat versteht!
   – Welche Arten von Präparaten kennst du?

8. Betrachte Frischpräparate vom Blütenstaub (Pollen) verschiedener Pflanzen!
   – Fertige zunächst die Frischpräparate an!
   – Betrachte den Blütenstaub (Pollenkörner) nacheinander mithilfe des Mikroskops!
   – Zeichne je ein Pollenkorn! Zeichne groß genug und zeichne nur das, was du siehst!

Zellen – Bausteine des Lebens 233

9. Betrachte z. B. eine Vogelfeder mit Hilfe des Mikroskops!
   - Beschreibe deine Beobachtungen!
   - Fertige eine Skizze an!

10. Überlege, ob es möglich ist, Bilder vom Mikroskop auf einen Computer zu übertragen!

11. Fertige ein räumliches Modell einer Zelle an!
    Verwende dazu geeignetes Material, z.B. Plastikbehälter!
    Stelle das Modell deinen Mitschülern vor!
    Erläutere, welche Teile den Bestandteilen der Zelle entsprechen!

12. Die folgende Abbildung veranschaulicht Zellen von der *Wasserpest*!
    Welche Bestandteile sind abgebildet?
    Nenne die Funktionen der Bestandteile!

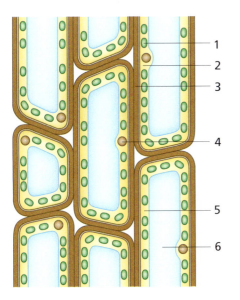

13. Lies den Text auf den Seiten 221 bis 227 aufmerksam durch und finde heraus, welche Aufgaben (Funktionen) die verschiedenen Bestandteile der Zelle haben!

Fertige dazu eine Übersicht nach folgendem Muster an!

Bestandteile	Aufgaben
…	…

14. Entnimm aus einem Aquarium einen Tropfen Wasser und fertige damit ein Frischpräparat an!
    Betrachte den Wassertropfen mithilfe des Mikroskops!
    Was kann man erkennen?
    Überlege, ob Zellen darunter sind!

15. Übertrage den folgenden Text in dein Heft! Fülle den Lückentext aus!
    Alle Lebewesen sind aus … aufgebaut.
    Sowohl die Zellen der Tiere und des Menschen als auch die Zellen der Pflanzen sind von einer … begrenzt.
    Bestandteile aller lebenden Zellen sind weiterhin das … und der …
    In den Zellen grüner Pflanzen befinden sich außerdem … und …
    Sie besitzen zusätzlich eine …

16. Welcher der folgenden Sätze ist richtig? Begründe!
    A Pflanzliche und tierische Zellen sind völlig gleich aufgebaut.
    B Pflanzliche und tierische Zellen haben gemeinsame, aber auch unterschiedliche Merkmale.
    C Pflanzliche und tierische Zellen unterscheiden sich völlig voneinander.

Das Wichtigste im Überblick

Das Mikroskop

Durch die Erfindung des Mikroskops wurde es möglich, sehr kleine, mit bloßem Auge nicht wahrnehmbare Gegenstände zu beobachten. Beispielsweise wurde von ROBERT HOOKE vor 300 Jahren mithilfe des Mikroskops die Zelle entdeckt. Um das Mikroskop sachgerecht zu nutzen, müssen sein Aufbau und seine Handhabung bekannt sein.

Ein **Mikropräparat** besteht aus Objektträger, Objekt und Deckgläschen, oftmals wird ein Einschlussmittel (z. B. Wasser) benötigt.

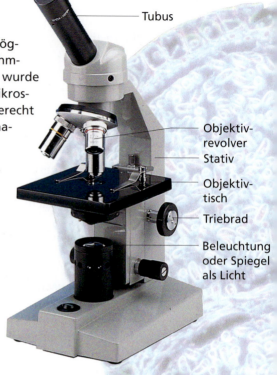

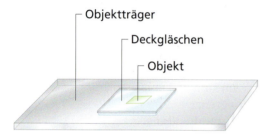

Bau von Zellen

Zellen sind Grundbausteine aller Lebewesen. Alle Lebewesen sind aus mikroskopisch kleinen Bausteinen („Kammern"), den Zellen, aufgebaut.
Form und Größe der Zellen sind in Abhängigkeit von ihren Funktionen sehr unterschiedlich. Pflanzliche und tierische Zellen weisen im Bau Gemeinsamkeiten, aber auch Unterschiede auf.

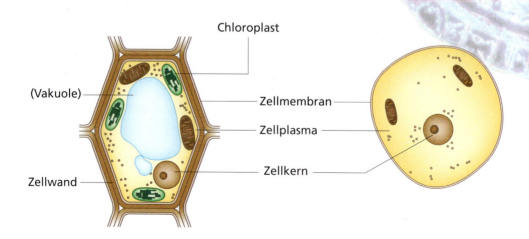

A

Abbe, Ernst 217
Ableger 166
After 29, 41
Aids 133, 134
Akne 132
Algen 193
Allesfresser 40, 41, 44, 48
Allesfressergebiss 41, 48
Ameisenfrüchte 161
Amphibien 73
anorganische Stoffe 55
Antibabypille 133
Arbeitsgebiete 9
Arbeitsgeräte 9
Arbeitsmethoden 14, 23, 42, 43,
   53, 94, 177, 183, 184, 185
Arm 101
Art 182, 191, 195
Artenreichtum 46
Atembewegung 78
Atemmuskeln 67
Atemmuskulatur 70
Atemöffnung 80
Atemvolumen 67
Atmung 7, 11, 17, 61, 65, 70, 72,
   73, 74, 78, 79, 84, 86, 87, 152,
   180
Atmungsorgane 61, 62, 72, 74,
   84
Aufnahme 52
Auftriebskraft 118
Ausatemluft 69
Ausatmen 64
Ausläufer 165
Außenkiemen 77, 82
   büschelartige 78
Außenskelett 188
äußerer Körperbau 114, 120

B

Baby 150
Bacon, Roger 216
Ballaststoffe 20, 26
Bandscheiben 92, 93, 95
Baptist van Helmont 57
Bau der Knochen 96
Bau des Samens 162
Bauchatmung 66

Bauchspeicheldrüse 29
Beeren 159
Befruchtung 130, 153, 156, 157,
   158, 165, 169, 180
   äußere 142, 144, 180
   innere 140, 146, 147
Begattung 140
Begründen 183
Beißkiefer 46
Bergeidechse 146
Besamung 140
Bestäubung 153, 155, 156, 169
Bestimmen 94, 184, 198
Bestimmungsschlüssel 184, 198
Beugemuskel 100
Bewegung 7, 10, 12, 17, 104,
   110, 173
Bewegungssystem 104
Bildung von Samen und Frucht
   169
Biologie 6, 9
Birke 160
bisexuell 135
Blasenkeim 130
Blätter 50
Blattfarbstoff 55
Blende 214
Blinddarm 29
Blüte 50, 51, 153, 154, 155, 169,
   194
Blütendiagramm 155
Blütenstand 154
Blütenstaub 156
Bohnenpflanze 13
Bronchien 63
Brustatmung 64
Brustbein 117
Brustbeinkamm 117
Brut 148
Brutblatt 166
Brutpflege 139, 143, 149
Bulimie 33
büschelartige Außenkiemen 78

C

Chitin 188
Chlorella 230
Chlorophyll 55
Chloroplasten 221

D

Darm 41
Darmzotten 31
Daunenfedern 115
Deckfedern 115
Dickdarm 29
Dreistachliger Stichling 142,
   143
Dünndarm 29, 31

E

Eier 139, 147, 148
Eierstöcke 128
Eigelege 147
Eigenschaften von Knochen 97
Eileiter 128, 147
Einatmen 64
Eingeweidemuskulatur 99, 109
Einheitlichkeit 193
Einzelblüten 196
einzellige Lebewesen 230
Eisprung 128
Eiweiße 20, 21, 31, 162
Eizelle 128, 130, 157, 165
Eltern-Kind-Beziehung 131
Embryo 130, 140, 148
Empfängnisverhütung 133
Energie 21, 33
Energielieferanten 21
Entwicklung 11, 13, 17, 139,
   142, 148, 153
Entwicklung des Säuglings 131
Enzyme 27
Ergänzungsstoffe 20, 24, 26, 32,
   38
Erkältungskrankheiten 67
Ernährung 11, 17, 19, 38, 39, 48,
   173
   der Insekten 46
   der Pflanzen 49, 57
   der Säugetiere 40
   der Tiere 39
Erste-Hilfe-Maßnahmen 105
Ess-Störungen 33, 57
Experiment 23, 53

F

Familie 182, 191, 195, 206
Farnpflanzen 193

Fast Food 35
Fast-Food-Check 35
Feder 116
Federkleid 115
Federn
 Auftrieb 116
 Feinbau 114, 116, 118
 Wärmeisolation 116
Fell 175
Fette 20, 21, 22, 27, 28, 31
Fettfleckprobe 22
Fettsucht 33
Fetus 130
Feuchtlufttiere 179, 188
Fische 73, 76, 82, 123, 142, 179, 191
 Entwicklung 142
 Fortpflanzung 142
Fischlarven 142
Fleischfresser 40, 41, 44, 45, 48
Flossenstrahlen 174
Fortbewegung 111, 114
Fortbewegungsgeschwindigkeit 112
Fortpflanzung 7, 11, 13, 17, 125, 139, 140, 142, 146, 147, 150, 152, 153, 165, 166, 173, 180
 geschlechtliche 51, 165, 180
 ungeschlechtliche 165, 169
Fortpflanzungsverhalten 142
Fotosynthese 86, 87, 221
Fremdbestäubung 156
Fremdverbreitung 160
Frischpräparate 218, 219
Froschlarve 144
Froschlurche 145
Frucht 154, 158, 169, 196
Fruchtblatt 154, 156
Früchte 13
Fruchtformen 159
Fruchtknoten 158
Fußschäden 103, 107
Futterpflanzen 203

G

Gallenblase 28
Garten-Erbse 56, 162, 193
Gasaustausch 72, 75, 77
Gattung 182, 191, 195

Gebärmutter 128
Gebiss 40, 41, 48
Gebiss der Insektenfresser 40
Geburt 125, 138, 140, 141, 150
Gegenspieler 100
gegliederter Körper 186
Gelenke 89, 98, 100, 202
Gelenkkapsel 98
Gelenkkopf 98
Gelenkpfanne 98
Gelenkverletzung 104
Gemüsepflanzen 196, 203
geprägt 149
geschlechtliche Fortpflanzung 51, 169
Geschlechtskrankheiten 133
Geschlechtsmerkmale
 primäre 126
 sekundäre 126, 132
Geschlechtsorgane 125, 138, 140
 äußere 126
 innere 127
 männliche 138, 140
 weibliche 128, 138, 140
Geschlechtsreife 132
Geschlechtszellen 127
 männliche 127
gesunde Ernährung 32, 35, 36
Gesunderhaltung des Bewegungssystems 104
Gesundheit 89
Gewebe 10, 12, 228
gleichwarm 175, 178
Gliederfüßer 187, 188
Gliedmaßen 90, 174
Gliedmaßenskelett 90, 109
Grannenhaare 175
Grasfrösche 144
Grundregeln für eine gesunde Ernährung 32
grüner Blattfarbstoff 86

H

Hahnenfußgewächse 206
Haltungsfehler 102
Haltungsschäden 102, 106
Hauptmahlzeiten 33
Haut 77

Häutung 178
Herbarium 208, 209
Hermelin 182
heterosexuell 135
HIV-Ansteckung 134
Hoden 127
Hohlrücken 102
Holundermark 222
homosexuell 135
Honigbiene 186
HOOKE, ROBERT 216
Hören 131
Hormone 126
Hornplatten 178
Hornschuppen 178
Hüllengeißelalge 230
Hülsen 159
Hygiene der
 männlichen Geschlechtsorgane 127
 weiblichen Geschlechtsorgane 129

I

Innenkiemen 77
innere Befruchtung 181
innere Kiemen 78
innerer Körperbau 117
Insekten 39, 80, 187, 191
Insektenbestäubung 156
Insektenfressergebiss 48
Insektengruppen 189
Iod-Kaliumiodid-Lösung 22, 56

J

JANSSEN, ZACCHARIAS 216
Jungfische 142

K

Kapseln 159
Katzen 139
Kaulquappen 144
Keimbedingungen 163, 164
Keimblätter 162, 163
Keimling 148, 162
Keimspross 162, 163
Keimwurzel 162, 163
Kelchblätter 154
Kennzeichen des Lebens 17

Kieferngewächse 206
Kiemen 74, 75, 82, 84, 144
Kiemenbögen 76
Kiemendeckel 74
Kiemenmodell 76
Kitzler 128
Klasse 182, 191
Klatsch-Mohn 160
Klettervogel 119
Knickfuß 103
Knochen 89, 96, 97, 100, 109
Knochenbrüche 104
Knochenhaut 96
Knochenskelett 15
Knochensubstanz 96
knöcherne Verstrebungen 117
KNOLL, MAX 217
KOCH, ROBERT 217
Kohlenhydrate 20, 21, 27, 31
Kohlenstoffdioxid 55, 65, 163
Kondome 133
Kopf 90, 120, 174
Kopfskelett 90, 109
Korbblütengewächse 206
Körnerfresser 44
Körperbau 120
Körperbedeckung 152, 175, 180, 188
Körpergliederung 174, 186
Körperhaltung 102
Körpertemperatur 175, 180
Krebstiere 187, 191
Kreuzblütengewächse 192, 195, 196, 197, 199, 200, 201, 211
Kreuzotter 146
Kriechtiere 82, 146, 178, 181, 191
    Entwicklung 146
    Fortpflanzung 146
Kronblätter 154
Kugelgelenk 98
Küken 148

L
Laubblatt 51, 59
Laufvogel 119
lebende Natur 8
Lebensmerkmal 7
Leber 28

Lebewesen 10, 11, 12, 13, 84
Leckrüssel 46
LEEUWENHOEK, ANTONIE VAN 216
Legebild 155
Lehre vom Leben 9
Leitbündel 51
Lernvorgang 149
Lesben 135
Leseaufgabe 42, 43
Lesetexte 42
Licht 163
Lichtmikroskop 214, 215
Linde 160
LINNÉ, CARL VON 194
Lippenblütengewächse 206
Lockfrüchte 160
Löwenzahn 160
Luft 68
Luftdurchlässigkeit 116
Luftröhre 62
Luftsäcke 79, 117, 181
Lunge 79, 82, 84, 180, 181
Lungenbläschen 63, 72, 181
Lungenentzündung 67
Lungenflügel 63
Lurche 73, 78, 82, 179, 180, 191
    Entwicklung 144
    Fortpflanzung 139, 144

M
Mädchen 126
Magen 28, 41, 43
Magensaft 28
Magersucht 33
Mammutbaum 193
Mannigfaltigkeit 17
Mastdarm 29
Mauswiesel 182
Meisen 185
Mengenelemente 25
Menschen 19
    Fortpflanzung 125
Menschenkunde 9
Menstruationsblutung 128
Menstruationszyklus 128, 129
Merkmale der Wirbeltierklassen 180, 181
Metamorphose 144, 145

Mikropräparat 218, 234
Mikroskop 213
mikroskopische Zeichnung 224
Milch- und Fleischlieferanten 43
Milchdrüsen 141
Mineralstoffe 20, 24, 25, 52, 55
Modell 94, 101
Monatsblutung 128, 129
Moospflanzen 193
Mundgliedmaßen 46
Mundhöhle 28, 41
Mundschleimhaut 227
Mundspeichel 30
Mundwerkzeuge 46
Muskelfaserbündel 99
Muskelfasern 99
Muskelmagen 44
Muskeln 89, 99, 100, 101, 109
Muskelverletzungen 105
Muskulatur 99, 102, 103, 109
Mutterkuchen 130

N
Nachkommen 165
Nachweis der Keimbedingungen 164
Nachweis von Fett 22
Nachweis von Stärke 22, 27
Nadeln 9
Nagergebiss 40, 48
Nährsalze 163
Nährstoffe 20, 21, 27, 32, 38, 41, 55
Nahrung 19, 20, 28, 38
Nahrungskette 45, 48
Nahrungsmittel 32
Nahrungsmittelkreis 32
Nase 62
Natur erleben 89, 110, 139, 153
Nest 143, 147
Nestflüchter 141, 149
Nesthocker 131, 141, 149
Neugeborene 131
nicht lebende Natur 8
Nikotin 67
Normalfuß 103
Normalhaltung 102
Nüsse 159

Nutztiere 42

O
Objektiv 214
Objektivrevolver 214
Objekttisch 214
Okular 214
Ölpflanzen 196, 203
Ordnung 182
Organ 10, 12, 50, 229
organische Stoffe 55
Organismus 10, 12, 229
Organsystem 10

P
Paarung 144, 147
Pantoffeltierchen 230
Penis 127
Peristaltik 30
Petrischale 9
Pflanzen 12, 13, 16, 45, 55, 84, 87, 157
Pflanzenatmung 85
Pflanzenfresser 40, 41, 44, 45, 48
Pflanzenkunde 9
Pflanzenteile 166
Pflanzenzelle 220, 221
pflanzliches Eiweiß 21
Pinzette 9
Plattenknochen 96
Plattfuß 103
Pollenschlauch 157
Priestley, Joseph 86
Prinzip der Oberflächenvergrößerung 63
Projektarbeit 34
Protokoll 23
Pubertät 125, 126, 128, 132, 138

Q
Quellung 163
    Samen 164

R
Raubtiergebiss 40, 48
Regelkalender 129
Regeln für alle sportlichen
    Übungen 104

Reifezeit 126, 132
Reizbarkeit 11, 12, 17
Reize 13
Resorption 31
Revier 143
Rinder 43
Ringelwürmer 187, 188, 191
Röhrenknochen 96, 117
Rosengewächse 206
Rumpf 90, 120, 174
Rumpfskelett 90, 109
Rundrücken 102
Ruska, Ernst 217

S
Samen 13, 56, 153, 158, 162, 164, 169, 194
Samenanlagen 156
Samenerguss 127, 130
Samenflüssigkeit 127
Samenpflanzen 50, 153, 154, 163, 169, 192, 193, 194, 206, 207, 211
    Blüte 154
    Entwicklung 153
    Fortpflanzung 153
Samenschale 162
Samenzellen 130,143, 156, 157, 165
Sattelgelenk 98
Sauerstoff 55, 65
Saugdrüse 46
Säugetiere 39, 79, 82, 110, 111, 123, 175, 181, 191
    Fortpflanzung 140
Säugling 131
Schädel 90, 174
Schadstoffe 67, 68
Schamlippen 128
Scharniergelenk 98
Scheide 128
Schere 9
Schiefrücken 102
Schleichjagd 113
Schleiden, Matthias J 217
Schließfrüchte 159
Schmetterlingsblütenge-
    wächse 202, 204, 205, 211
Schnabel 44

Schoten 159
Schuppen 179
Schutz 207, 211
Schwangerschaft 125, 130, 138, 150, 153
Schwanz 120, 174
Schwanzfedern 115
Schwanzlurche 145
Schwimmblase 121
Schwimmvogel 119
Schwule 135
Schwungfedern 114, 115
Sehen 131
Sehnen 89, 99, 100
sekundäre Geschlechtsmerk-
    male 132
Selbstverbreitung 160
Sexualität und Entwicklung des
    Menschen 125
Sexualverhalten 136
sexuell übertragbare Krankhei-
    ten 134
sexuelle Gewalt 136
sexuelle Wertorientierung 135
sexueller Missbrauch 136
Skelett 19, 89, 90, 102, 109, 110, 174, 180, 186
Skelettmuskeln 99, 109
Sohlengänger 112
Spaltöffnung 52, 84, 85
Speichel 28
Speicheldrüsen 28
Speicherorgane 56
Speicherung von Stoffen 56
Speiseröhre 28, 30, 41
Spermien 127
Spielen 131
Spinnentiere 187, 191
Spirale 133
Sport 104
Sprache 131
Spreizfuß 103
Springkraut 160
Spross 50
Sprossachse 50, 59
Sprossknolle 165
Spurenelemente 25
Stärke 22, 23, 27, 30
Staubblatt 154, 156

Stechrüsseln 46
Stecklinge 166
Steinfrüchte 159
Stoffumwandlung 31
Stoffwechsel 10, 11, 12, 17
Streckmuskel 100
Streufrüchte 159
Stütz- und Bewegungssystem 38, 109
Süßgräser 206
Syphilis 134

T
Teer 68
Teerstoffe 67
Teile der Pflanzen 166
Teile der Samenpflanze 59, 169
Tiere 10, 16
tierisches Eiweiß 21
Tierkunde 9
Tierzelle 226
Tochterzwiebeln 166
Tracheen 80
Tragzeit 141
Traubenzucker 27, 55
Triebrad 214
Tripper 134
Trockenlufttiere 178
Trockenpräparate 218
Tubus 214

U
Überblick über die Klassen der Wirbeltiere 180, 181
Übergewicht 21
Umwelt 87
unterirdische Ausläufer 165
Untersuchen eines Blättchens 103, 188

V
Vakuolen 221
Verbreitung
  durch den Wind 160
  durch Tiere 160
  durch Wasser 161
  von Früchten und Samen 160
Verdauung 27, 38
Verdauungsorgane 27, 28, 38

Verdauungssäfte 27
Verdunstung 52
Vergleichen 177
Verhalten 11
  angeborenes 141
Verhütungsmethoden 133
Vermehrung 166
Verrenkung 104
Verstauchung 104
Verwandtschaft 182
Verwandtschaftsbeziehungen 182
Verwandtschaftsgruppen 182, 191
Vielfalt 172, 173, 207, 211
Vielfalt der Lebewesen 7, 19, 39, 49, 61, 73, 83, 88, 110, 125, 139, 171, 192
Vielfalt der Säugetiere 182
Vitamine 20, 24
Vögel 39, 44, 79, 82, 110, 119, 123, 139, 178, 181, 191
  Entwicklung 147
  Ernährung 44
  Fortpflanzung 147
Vogelei
  Bau 148
Vogelflügel 118
Vogelschnabel 44
vorgeburtliche Entwicklung 138
Vorsorgeuntersuchungen 103

W
Wachstum 11, 13, 17, 163
Wachstumsschub 132
Wasser 20, 26, 29, 52, 55
  Aufnahme 52
  Leitung 52
Wasserabgabe 54
Wasseraufnahme 49, 52
Wasserfrösche 144
Wassergehalt 176
Wasserleitung 49, 52, 54
Wasserpflanzen 161
weibliches Geschlecht 132
Weichtiere 191
Weidenversuch 57
Wiederkäuergebiss 41, 48

Wildkräuter 197
Wildpflanzen 203
Windbestäubung 157
Wirbel 92, 117
wirbellose Tiere 14, 17, 77, 171, 173, 186, 191
Wirbelsäule 15, 17, 92, 93, 95, 117, 173, 174
Wirbeltiere 15, 17, 123, 152, 171, 173, 175, 191
  Entwicklung 139
  Fortpflanzung 139, 152
Wirkstoff 27, 28
Wollhaare 175
Wurzel 50, 59
Wurzelknollen 166
Wurzelstock 166

Z
Zähne 28
Zehengänger 112
Zehenspitzengänger 112
Zellen 10, 12, 17, 213, 225, 227, 228, 234
Zellkern 221, 227
Zellmembran 221, 227
Zellplasma 221, 227
Zierpflanzen 197, 203
Zigarettenrauch 68
Zimmerpflanzen 12
Zusammenwirken von Skelett und Muskulatur 109
Zwerchfell 64
Zwerchfellatmung 64, 66
Zwischenmahlzeit 33
Zwischenwirbelscheiben 92, 93
Zwölffingerdarm 28

Bildquellenverzeichnis

AKG Berlin, (Archiv für Kunst und Geschichte): 194/1; 217/1; Archenhold Sternwarte Berlin: 216/1; Art-Today: 126/2; Bahro, K., Berlin: 19/1; 20/1; BASF: 202/1; Bildarchiv Pflanzen/Makroaufnahmen: 7/2; 154/3; 159/4; blickwinkel/fotototo: 87/1 ;blickwinkel/Schmidbauer: 3; blickwinkel/Meul: 18/1; blickwinkel/Siebert: 73/1; Böhming, R., Rat für jeden Gartentag: 159/5;Brezmann, S., Hamburg: 17/10; 58/1−4; 154/2; 159/6; 161/6; 166/2; 168/1−5;191/10;193/2, 4; 206/4; 230/1; Brockstedt, J., VISUM: 7/3; Corel Photos Inc.: 6/1; 7/1 u. 3; 9/1; 17/1,2,9; 42/1; 83/2; 107/1 ; 153/1 ; 157/1 ; 176/1 ; 191/1,2,3,5,9; dpa/ZB Archiv Berlin: 60/1; 88/1; 89/1; 119/1; 141/1; Dornier Medienholding GmbH: 49/2; Eisenreich, W., Gilching: 159/2 ; 168/6; Firtzlaff, K.-H., Berlin: 166/1; Getty Images: 4/1; 19/3; 124/1; Horn, F., Rostock: 193/3; 206/1; IMA, Hannover: 161/3; 206/6; Klaeber, W., Rangsdorf: 207/3,6; Landesumweltamt Brandenburg: 171/1,3; Lavendelfoto, Pflanzenarchiv: 197/1,2; 203/2−5; Liesenberg, G., Berlin: 153/2; 159/1; 161/2; 210/1; Mahler, H., Berlin: 8/1 u. 3; 16/2 u. 5; 37/1; 49/1; 51/2; 56/1; 58/5; 61/1; 69/1; 70/1,2 ; 74/2 ; 97/1,2,3; 148/3 ;162/1, 3, 164/1-8; 165/1; Mauritius: 19/2; 36/1; 125/3; 139/2; 141/2; 183/2 ; 203/1; Meyer, L., Potsdam: 125/2; NASA: 61/3; Natura 2000, Silvestris online, Kastl: 61/2; 102/2; 126/1; 131/1; 149/1; 159/3; Naturfotografie Frank Hecker, Panten-Hammer: 8/2; 13/1u. 2; 16/1; 21/1; 39/1,2; 44/3; 161/1, 5; 170/1; 175/1;192/3; 207/2; Neuls, Z., Berlin: 68/1; 104/1; 129/1; Paetec Bildarchiv: 16/3; 133/1,2; 193/1; 213/3; 216/2; 226/1-3; Pews, H.-U., Berlin: 17/8; 196/1; 206/3,5; Photo Disc Inc.: 16/3; 17/1; 37/2; 89/2; 106/1; 110/1; 139/3, 183/1;192/2 PHYWE Systeme GmbH: 24/1; 212/1; picture-alliance/OKAPIA: 133/1; 172/1; picture press: 150/1; Probst, W., Flensburg: 84/1; 220/1-5; 224/1; 230/2; Quedens, G., Norddorf: 123/1; Raum, B., Neuenhagen: 35/2; 172/3; Reichenbach, A., Mühlenberg; Ruppin, Ch., Berlin: 21/1; 154/1; Schmidt, H., Berlin: 73/2; Schünemann, Neubrandenburg: 210/2; Staatliche Landesbildstelle, Südbayern: 206/2; Steffen, A. Schwalmtal: 172/4 ; Theuerkauf, H., Gotha: 12/1; 17/3 u.6; 29/2; 51/1; 77/2; 143/2; 172/2; 186/2; 191/6,8; 207/1; 213/1; 216/2; 222/1-4; 223/2; 233/2; Thüringer Landesanstalt für Umwelt: 31/1; Tierbildarchiv Angermayer: 17/4,5,7; 44/1,2; 77/1; 78/1; 110/2; 139/1; 144/1; 145/1-6; 146/2; 161/4; 172/2; 173/1;183/3; 186/1; 188/1; 191/4;191/7; Tordjmann, Cohen u. a., „Mann und Frau", Bd. 3: 125/1; Ullsteinbild-ddp, Berlin: 135/1; Weidemann, B., Berlin: 217/2; Welte, M.: 43/1;www.unibas.ch/botimage: 157/2; Zabel, E., Güstrow: 10/1;49/4; 83/1; 192/1; 207/4,5; 226/4; Zartbitter Köln: 136/1u.2; Zeitler, K.-H., München: 19/2; 38/1u.4; 51/2; 52/1; 58/1; 64/1u.3; 160/1; Zeiss Jena, Oberkochen: 60/1

Titelfoto: Mauritius; Phywe Systeme GmbH, dpa/ZB Archiv Berlin

Wir bedanken uns bei *Zartbitter Köln e.V.* (Kontakt- und Informationsstelle gegen sexuellen Missbrauch an Mädchen und Jungen) für die freundliche Genehmigung zum Abdruck der beiden Grafiken auf Seite 161.

Tätigkeiten im Biologieunterricht

Im Zusammenhang mit dem Erkennen bestimmter biologischer Zusammenhänge und Gesetzmäßigkeiten gibt es eine Reihe von Tätigkeiten, die immer wieder durchgeführt werden. Solche Tätigkeiten praktischer Art sind im Biologieunterricht u. a. das Sammeln bzw. Fangen von Organismen, Bestimmen von Organismen und Betrachten. Das Beschreiben, Vergleichen, Erläutern, Begründen und Klassifizieren sind Tätigkeiten geistiger Art.

Bestimmen

Beim Bestimmen stellt man den Namen von einem unbekannten Lebewesen (z. B. Weißstorch und Apfelbaum) anhand charakteristischer Merkmale fest. Dazu nutzt man Abbildungen oder Bestimmungsschlüssel.

Betrachten mit der Lupe

Mithilfe einer Lupe kann man Organismen bzw. deren Teile (z. B. unterschiedliche Blüten der Sonnenblume) wesentlich größer sehen als mit bloßem Auge. Gebräuchlich sind Lupen, die ein 5- bis 15fach vergrößertes Bild des untersuchten Objektes zeigen.

Beschreiben

Beim Beschreiben wird mithilfe der Sprache dargestellt, wie ein Naturgegenstand beschaffen ist bzw. wie ein Naturvorgang abläuft. Dabei werden vor allem wichtige Merkmale herangezogen (z. B. Beschreiben des Fortpflanzungsverhaltens – Gesang und Balz – von Vögeln).